全国高职高专教育“十二五”规划教材

Excel 在经济管理中的应用

主　编　焦世奇　蒋良骏

副主编　毛艳羚　吴　烽　田　跃

　　　　袁　亮　施建华

参　编　束礼菊　赵　琪　郭爱霞

东 南 大 学 出 版 社

·南京·

图书在版编目(CIP)数据

EXCEL 在经济管理中的应用 / 焦世奇，蒋良骏主编.
—南京 ：东南大学出版社，2013.12
ISBN 978-7-5641-4725-9

Ⅰ. ①E… Ⅱ. ①焦… ②蒋… Ⅲ. ①表处理软件—应用—经济管理—高等学校—教材 Ⅳ. ①F2-39

中国版本图书馆 CIP 数据核字(2013)第 318788 号

EXCEL 在经济管理中的应用

出版发行：东南大学出版社
社　　址：南京市四牌楼 2 号　邮编：210096
出 版 人：江建中
网　　址：http://www.seupress.com
经　　销：全国各地新华书店
印　　刷：南京玉河印刷厂
开　　本：787mm×1092mm　1/16
印　　张：12.25
字　　数：286 千字
版　　次：2014 年 2 月第 1 版
印　　次：2014 年 2 月第 1 次印刷
印　　数：1—3000 册
书　　号：ISBN 978-7-5641-4725-9
定　　价：23.00 元

本社图书若有印装质量问题，请直接与营销部联系。电话(传真)：025—83791830

前　言

非常感谢您选择《Excel 在经济管理中的应用》。

Excel 软件是 Microsoft Office 套装软件中的一个重要组成部分，是一个有着十分重要影响力的办公软件。Excel 2010 软件是微软公司推出的目前市场上最流行版本的 Excel 办公系列软件。相比以往版本，Excel 2010 提供了更强大的新功能和工具，可以通过比以往更多的分析方法、管理和共享信息，从而帮助用户做出更好、更明智的决策，同时全新的分析和可视化工具可以帮助用户跟踪和突出显示重要的数据趋势。

本书从企业实际应用出发，将企业实际的应用任务引入书本。全书分为 10 大任务，共 60 个子任务，按照循序渐进的方式，在解决实际问题的同时，讲解 Excel 2010 的基础应用、公式与函数、数据处理、图表、数据分析等内容。本书所有的任务都有详细的讲解过程，用到的素材文件都随书赠送，所有的操作都经过验证。

本书面向的读者群是所有需要使用 Excel 2010 的用户、大中专院校学生。无论是初学者，中、高级用户还是 IT 技术人员，都可以从书中找到值得学习的内容。当然，阅读本书的读者至少对计算机软硬件、Windows 7 操作系统要有一定的了解，能够熟练地掌握鼠标、键盘的使用，并能够至少掌握一种中文输入方法。

在正式开始阅读本书之前，建议读者花几分钟时间来了解一下本书在编写和组织上使用的一些惯例，这会对您的阅读有很大帮助。

软件版本。本书的编写是基于 Windows 7 专业版操作系统上的 Excel 2010 中文版。因此书中的内容可能不一定适用于早期版本的 Excel 软件。

菜单命令。本书在描述过程中用到的菜单操作都会描述为：单击"插入—(表格)—数据透视表"，其中"(表格)"表示功能区的功能组名。

键盘与鼠标操作。当读者见到 Ctrl＋1，表示按下 Ctrl 键不放松，再按 1 键，然后一起松开；如果见到 Ctrl＋Shift＋Enter，表示一手按下 Ctrl 和 Shift 键，再按下 Enter 键，然后一起松开。鼠标单击、双击、右击等这些操作读者都能够理解它们表示的意思，拖曳是指按住鼠标左键不放，拖动鼠标到某个位置，再松开鼠标左键。

注意　表示这部分内容需要引起注意和重视。

技巧　表示这部分内容是操作或应用技巧。

提高　表示这部分内容是高级应用的内容。

不同水平的读者可以使用不同的方式来阅读本书，以求在不同的时间内获得最大的收获。Excel 初级用户可以从头开始阅读，因为本书基本上是按照从易到难的顺序和从基础应用到高级应用的顺序来编写的。Excel 中高级用户可以挑选自己感兴趣的主题来有选择地学习，虽然知识点之间有联系，但是只要具备基础的应用知识，这些联系都可以越过，不构成任何阅读障碍。

另外，本书配有书中所有的示例文件，文件中有“原始数据”工作表以供读者练习。

编者

2013 年 9 月

目　录

任务 1　安装与设置 Excel 2010 软件

任务说明

Excel 2010 是由微软公司推出的一款收费软件，用户可以通过软件商店、网络等途径购买软件，然后安装在计算机中。

本任务主要是安装 Excel 2010 到计算机中，安装完毕后，运用多种方法启动 Excel 2010 软件，熟悉 Excel 2010 全新的界面风格，掌握多种退出软件的方法，学会设置 Excel 2010 快速访问工具栏、功能区。

对于新用户而言，需要花一定的时间来熟悉软件。由于不同用户的使用习惯不同，用户可以自由设置软件的界面风格。

任务结构

子任务 1　安装 Excel 2010 软件

子任务 2　认识功能区

子任务 3　设置 Excel 2010

子任务 4　认识 Excel 2010 工作界面

子任务 1　安装 Excel 2010 软件

Microsoft Office 2010 是微软推出的新一代办公软件，开发代号为 Office 14，实际是第 12 个发行版。该软件共有 6 个版本，分别是初级版、家庭及学生版、家庭及商业版、标准版、专业版和专业高级版，此外还推出 Office 2010 免费版本，其中仅包括 Word 和 Excel 应用。除了完整版以外，微软还将发布针对 Office 2007 的升级版 Office 2010。Office 2010 可支持 32 位和 64 位 Vista 及 Windows 7，仅支持 32 位 Windows XP，不支持 64 位 Windows XP。

Office 是一款功能巨大的办公套件，Excel 2010 是 Office 2010 软件家族的成员之一，它是一种电子表格软件，具有强大的数据分析、预测和制作图表功能，在数据统计及经济管理中的应用尤其广泛。

使用 Excel 2010 软件之前，必须事先购买并安装 Excel 2010 软件，如果已经正确安装好 Excel 2010，此子任务可以跳过。

步骤 1：

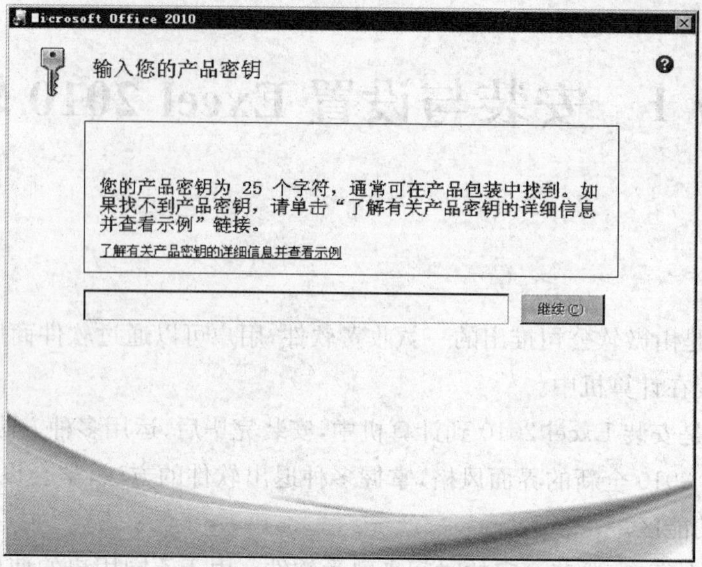

图 1-1　Office 2010 安装

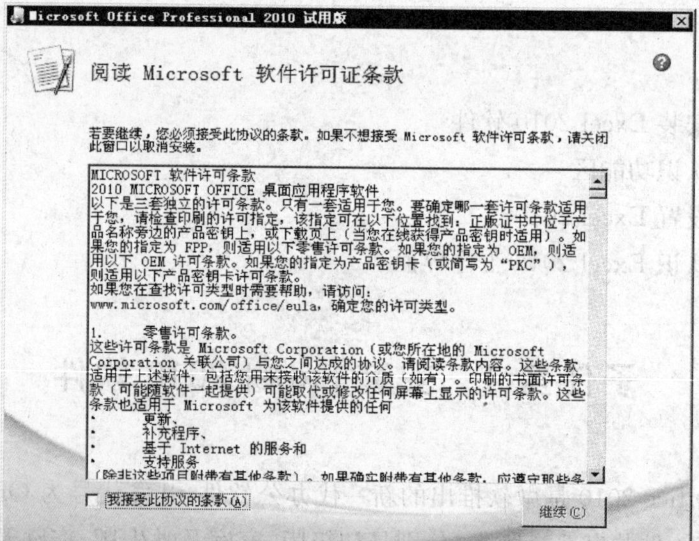

图 1-2　Office 2010 安装条款

用户将 Office 2010 安装光盘插入光盘驱动器后，计算机会自动运行安装向导，如图1-1所示；用户也可以手动运行安装包里面的安装程序“Setup. exe”，双击“Setup. exe”文件，即可运行安装程序。用户只需按系统提示，即可完成安装。

一般用户采用典型安装，系统会自动将常用的功能模块安装到计算机上。

Office 2010 在安装的过程中需要用户输入产品密钥，即一串由 25 个字母和数字组成的字符串，通常印在发行 CD 的外壳上，正确输入后方可继续安装。序列号与产品一一对应，是正版软件的重要特征。

若计算机中在已安装有 Office 2007 或更早版本的软件，运行安装程序时，向导会提示是选择全新安装还是升级，如图 1-3 所示。

图 1-3　升级安装

如果选择升级安装，则有更多的升级安装选项，如图 1-4 所示。

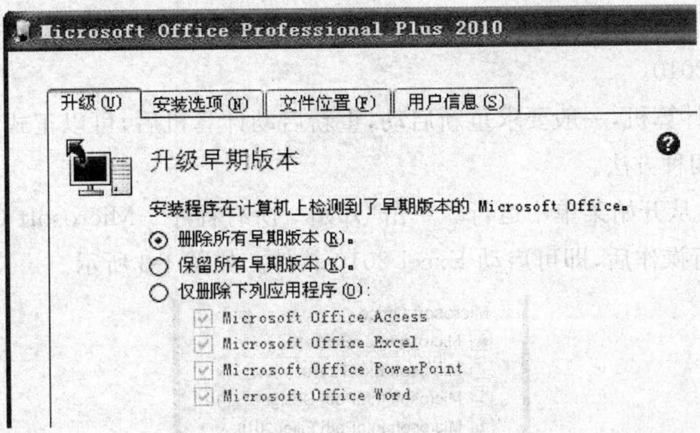

图 1-4　升级安装的选项

如果选择“删除所有早期版本”，则安装程序会先卸载计算机中低版本的 Office 软件，再进行升级安装。

如果选择“保留所有早期版本”，则会升级安装新版本的 Office 软件，同时保留原版本的 Office 软件。

如果选择“仅删除下列应用程序”，则会有选择地删掉部分 Office 组件，再进行升级安装。

注意

1. 选择典型安装时，某些功能可能不会被安装，这点在低版本的 Office 软件上体现得尤其突出，如：公式编辑器、分析工具库等。若要安装这些功能，请选择自定义安装，在下拉列表中，选择“从本机运行”，如图 1-5 所示。

2. 用户也可以在安装好后补安装这些功能，但会用到 Office 安装盘。

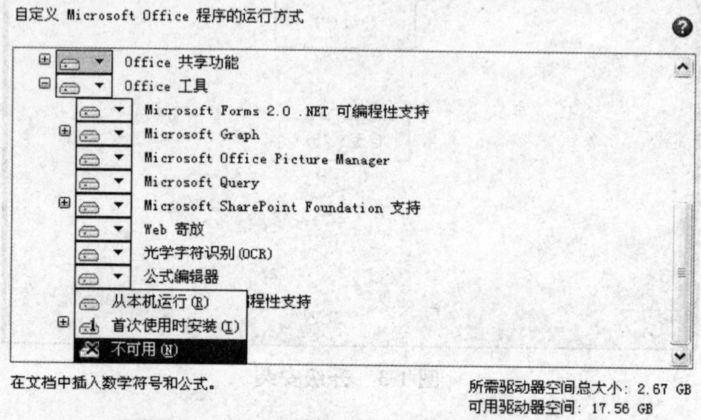

图 1-5　选择安装 Office 2010 组件

步骤 2：

启动 Excel 2010。

刚安装好的计算机，一般要求重新启动，重新启动计算机后，可以正式使用 Excel 2010。Excel 的启动有四种方法。

第一种方法：从开始菜单中运行。单击“开始—所有程序—Microsoft Office—Microsoft Excel 2010”，执行操作后，即可启动 Excel 2010 软件。如图 1-6 所示。

图 1-6　从开始菜单启动 Excel 2010

第二种方法：双击桌面快捷方式。双击快捷图标 

后软件会运行，并且默认新建一个

工作簿，文件名为“工作簿 1”。

第三种方法：双击任意一个磁盘上的 Excel 工作簿，双击后，此文档会调用 Excel 2010 软件，并且处于被编辑状态。如点击

，则会运行 Excel 2010 软件，并编辑此工作簿。

第四种方法：点击“开始—运行”，再点击“浏览”按钮，找到 Excel 2010 所在的位置，点击“确定”即可运行软件，如图 1-7 所示。

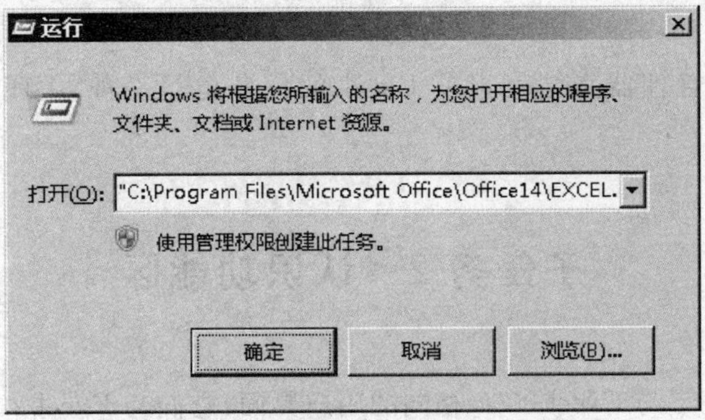

图 1-7　通过运行的方式打开 Excel 软件

步骤 3：

退出 Excel 2010，即终止软件在计算机中的运行。Windows 平台的软件退出的方法大多一样，而且多种方法殊途同归。

第一种方法：点击 Excel 2010 窗口菜单“文件—退出”，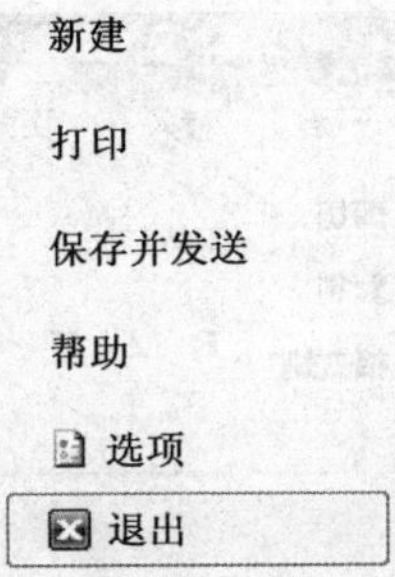

。

第二种方法：点击程序窗口右上角的关闭按钮。

第三种方法：双击程序窗口左上角的控制菜单图标；或者单击控制菜单图标，出现菜单，如图 1-8 所示。

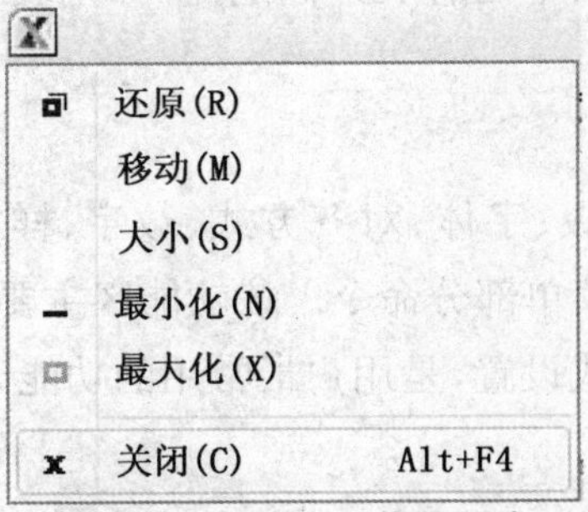

图 1-8　通过控制菜单退出

单击控制菜单中的"关闭"。从此操作可以看出，按 Alt＋F4 组合键也可退出软件。

第四种方法：右击任务栏上 Excel 对应的窗口，选"关闭窗口"，如图 1-9 所示。

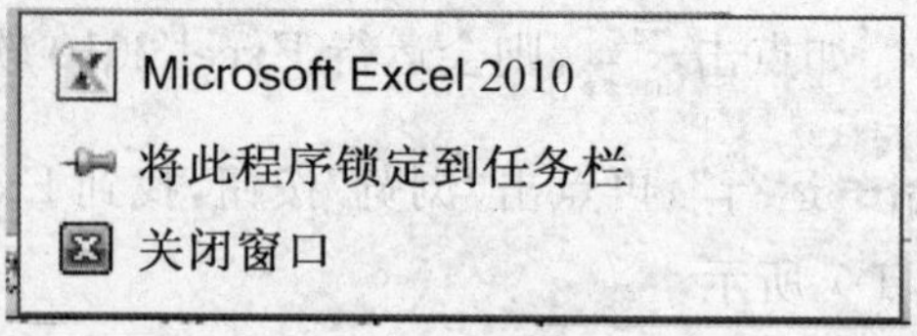

图 1-9　通过任务栏关闭程序

当然，通过任务管理器来结束当前 Excel 的任务也是一种"关闭"的方法，读者可以一试。

子任务 2　认识功能区

Excel 2010 使用了与 Excel 2007 相同的用户界面，它们与 Excel 2003 及更早的版本有很大的区别，以功能区代替了传统的菜单。在 Excel 2010 窗口上方看起来像菜单的名称，其实是功能区的名称选项卡，当单击这些名称选项卡时并不会打开菜单，而是切换到与之相对应的功能区。每个功能区根据功能的不同又分为若干个组，每个功能区所拥有的功能各不相同。

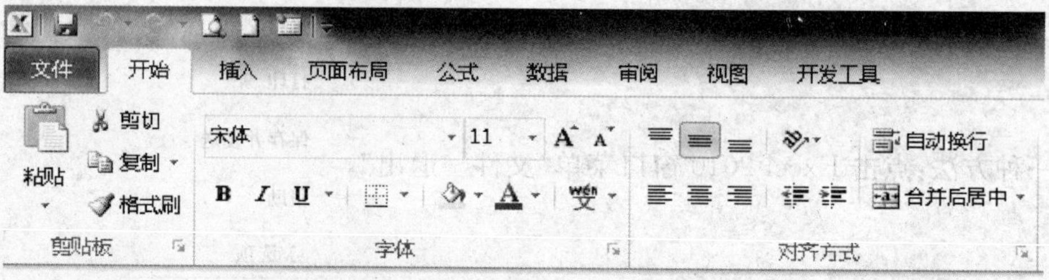

图 2-1　Excel 2010 的功能区

Excel 2010 的基本功能都可在功能区中实现，常用的功能区有："开始"、"插入"、"页面布局"、"公式"、"数据"、"审阅"和"视图"。用户可以自定义功能区，让用户更合理地组织出个性化的工作环境。

如果功能区块的某个组的右下角有展开标记时，则表示还有更多的操作选项。

步骤 1：

点击"开始"功能区。

"开始"功能区中包括剪贴板、字体、对齐方式、数字、样式、单元格和编辑七个组，对应 Excel 2003 的"编辑"和"格式"菜单部分命令。该功能区主要用于帮助用户对 Excel 2010 表格进行文字编辑和单元格的格式设置，是用户最常用的功能区，如图 2-1 所示。

步骤 2：

点击"插入"功能区。

“插入”功能区包括表格、插图、图表、迷你图、筛选器、链接、文本和符号几个组，对应 Excel 2003 中“插入”菜单的部分命令，主要用于在 Excel 2010 表格中插入各种对象，如数据透视表、各种图表、文本框、页眉页脚等，Excel 2010 中新增加的“切片器”、“迷你图”功能也在这个功能区，如图 2-2 所示。

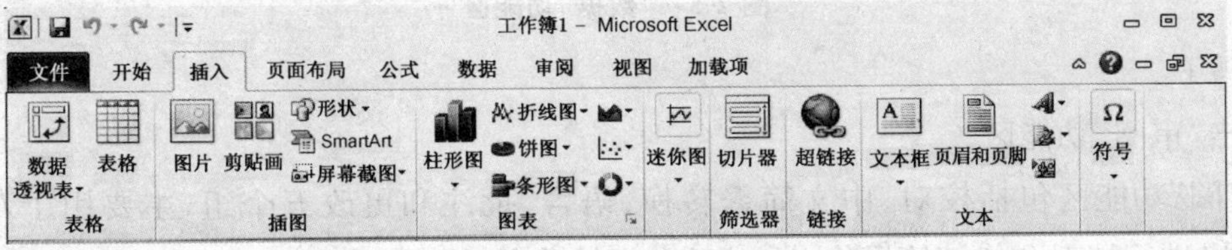

图 2-2 “插入”功能区

步骤 3：

点击“页面布局”功能区。

“页面布局”功能区包括主题、页面设置、调整为合适大小、工作表选项、排列几个组，对应 Excel 2003 的“页面设置”菜单命令和“格式”菜单中的部分命令，用于帮助用户设置 Excel 2010 表格页面样式，如图 2-3 所示。

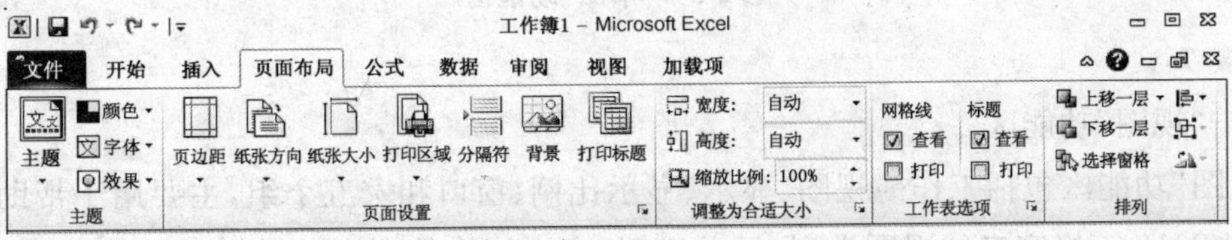

图 2-3 “页面布局”功能区

步骤 4：

点击“公式”功能区。

“公式”功能区包括函数库、定义的名称、公式审核和计算几个组，用于实现在 Excel 2010 表格中进行各种数据计算，区域名称的定义、管理也在“公式”功能区，如图 2-4 所示。

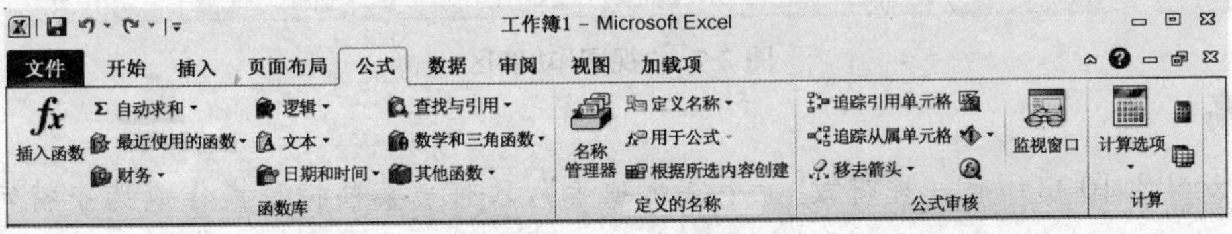

图 2-4 “公式”功能区

步骤 5：

点击“数据”功能区。

“数据”功能区包括获取外部数据、连接、排序和筛选、数据工具和分级显示几个组，主要用于在 Excel 2010 表格中进行数据处理相关方面的操作，如排序、数据有效性、模拟分析、分类汇总等，这些功能在数据分析中的作用十分大，如图 2-5 所示。

图 2-5 “数据”功能区

步骤 6:

点击“审阅”功能区。

“审阅”功能区包括校对、中文简繁转换、语言、批注和更改五个组,主要用于对 Excel 2010 表格进行校对和修订等操作,适用于多人协作处理 Excel 2010 工作表数据,如保护工作表、工作簿等,如图 2-6 所示。

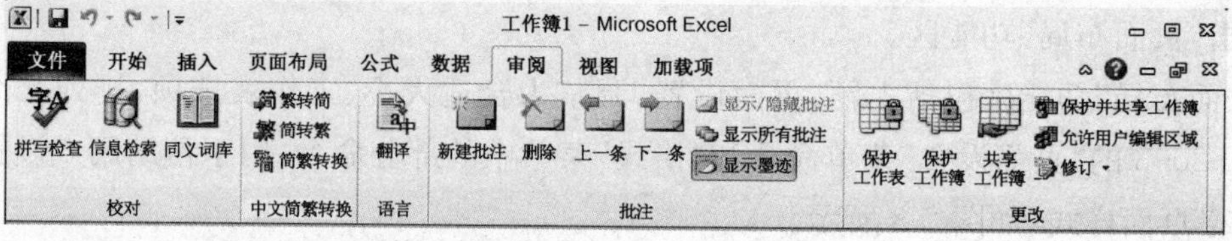

图 2-6 “审阅”功能区

步骤 7:

点击“视图”功能区。

“视图”功能区包括工作簿视图、显示、显示比例、窗口和宏五个组,主要用于帮助用户设置 Excel 2010 表格窗口的视图类型、显示比例、窗口切换等,其中宏操作是 Excel 2010 实现自动化操作的重要途径,如图 2-7 所示。

图 2-7 “视图”功能区

提高

Excel 2010 中还有一种叫做“上下文选项卡”,只有当某些特定操作或选中特定对象时才会出现,如创建“图表”或“数据透视图”时,会多出来一些选项卡,这些选项卡称为“上下文选项卡”,如图 2-8 所示。

图 2-8 图表和数据透视图“上下文选项卡”

子任务3　设置 Excel 2010

Excel 2010 软件像“汽车”一样，有很多设置选项，不同的用户有着不同的设置要求。对于 Excel 2010 来说，有些设置非常人性化，设置好软件后，操作起来十分方便。因此在安装完毕后，可以对软件进行简单设置。

步骤 1：

快速添加按钮到“快速访问工具栏”。快速访问工具栏是指将常用的操作按钮放到某个区域，方便操作。

点击控制菜单右侧的“自定义快速访问工具栏”下拉按钮，选择“其他命令”，如图 3-1 所示，用鼠标单击菜单项可以选中或取消相应的菜单项内容，选中某项则被添加到自定义快速访问工具栏中，取消选中则可以将现有的快速访问工具栏图标删除。

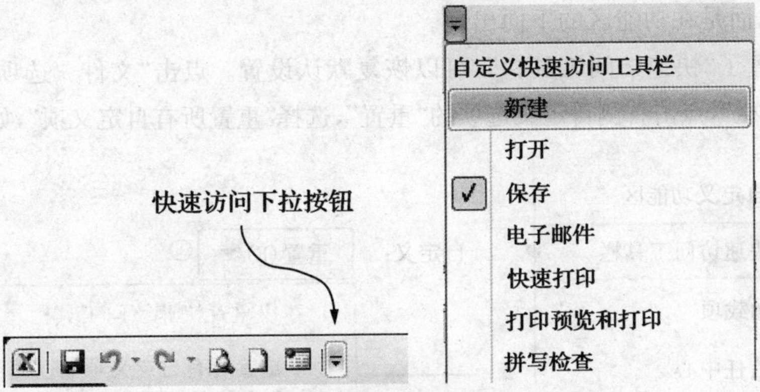

图 3-1　快速访问工具栏

快速访问工具栏默认放在功能区上方，也可以调整到功能区下方。点击“快速访问工具栏”右侧的下拉箭头，在弹出的菜单中选择“在功能区下方显示”

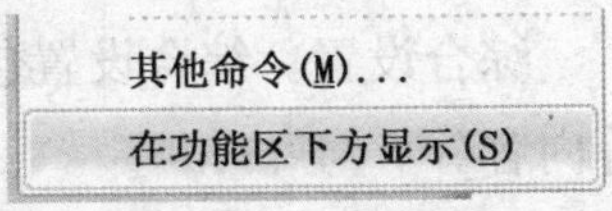

，则可以实现。反之，可以按同样操作将“快速访问工具栏”调至功能区上方。这个设置完全取决于用户的使用习惯。

步骤 2：

点击“文件—选项”，弹出“Excel 选项”对话框。在“Excel 选项”对话框的左侧栏中点击“快速访问工具栏”，选择“常用命令”中的某个命令，点击“添加”按钮，则可以将命令添加到快速访问工具栏。如图 3-2 所示。

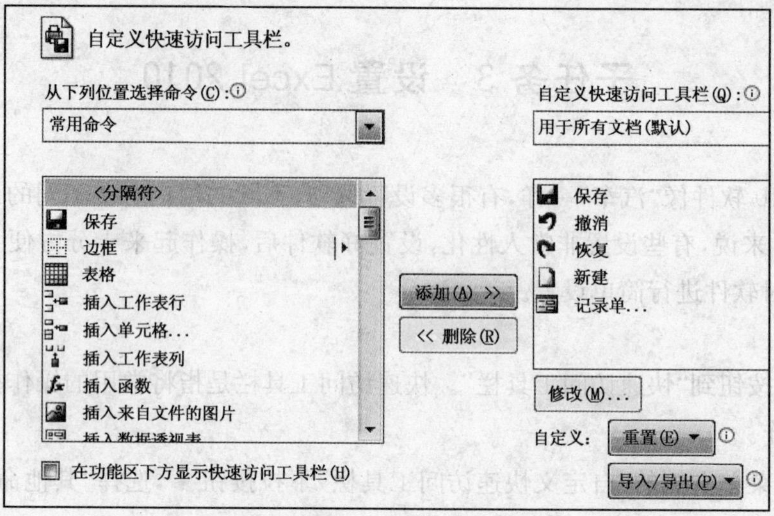

图 3-2 自定义快速访问工具栏

也可以将“在功能区下方显示快速访问工具栏”选中，这样，则快速访问工具栏不会在标题栏左侧出现，而是在功能区的下面出现。

如果已设置了“快速访问工具栏”，可以恢复默认设置。点击“文件—选项”，点击左侧的“快速访问工具栏”，点击右侧自定义选项的“重置”，选择“重置所有自定义项”，如图 3-3 所示。

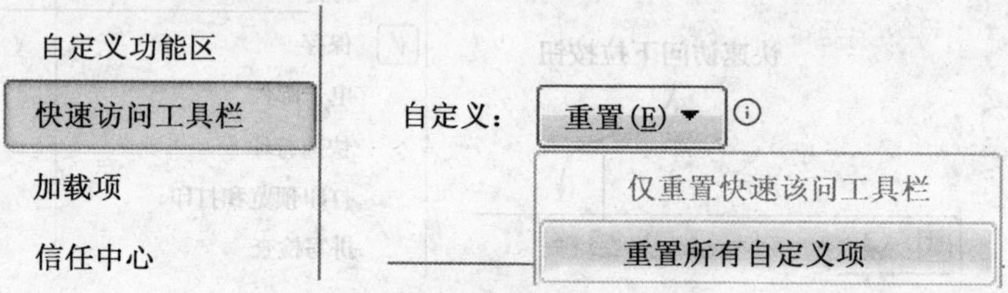

图 3-3 自定义快速访问工具栏

步骤 3:

综合设置。综合设置包括默认工作表数量、自动保存时间、行标列标样式、自定义序列等内容。

点击菜单“文件—选项”，出现选项设置窗口。

点击左侧“常规”，在“常规”选项中，如图 3-4 所示。

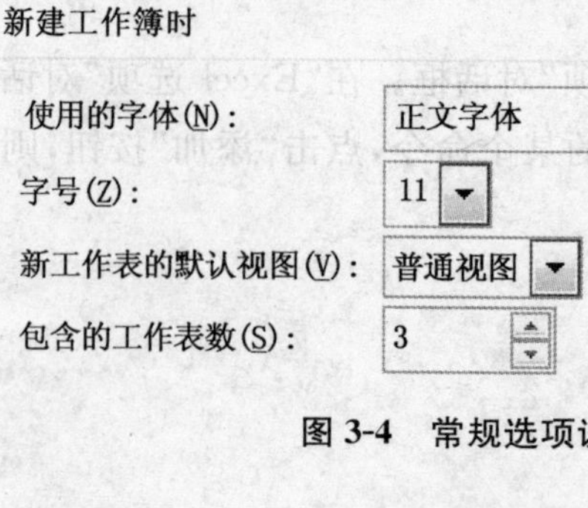

图 3-4 常规选项设置

点击“字号”旁的下拉按钮，可以改变默认的字号大小；点击“包含的工作表数”旁的数字框，改为 5，则下次打开工作簿时，默认包含的工作表数量是 5。

点击左侧“保存”，出现“保存”选项，如图 3-5 所示。

图 3-5　保存选项

在“将文件保存为此格式”选项中，可以更改文件保存格式，用户可以选择任意 Excel 2010 支持的格式保存。

在“保存自动恢复信息时间间隔”选项中，可以设置自动保存文档的时间间隔，以防断电等意外导致的信息丢失；系统默认时间间隔是 10 分钟。

在“默认文件位置”选项，可以设置文档默认存放在计算机中的位置。

点击左侧“高级”选项，如图 3-6 所示。

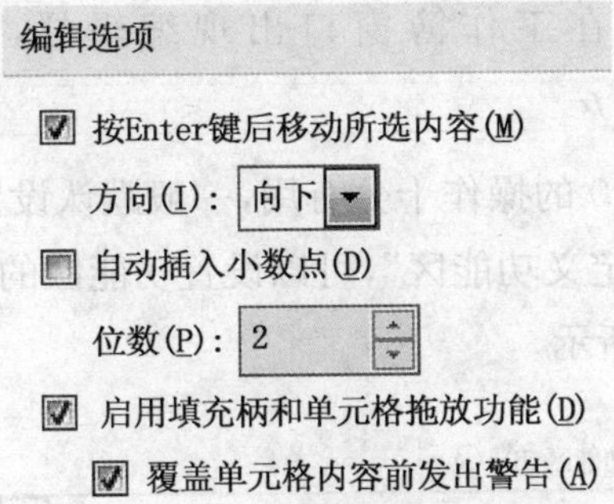

图 3-6　高级选项的编辑选项

在“编辑选项”中，点击“按 Enter 键后移动所选内容”的下拉箭头，可以设置按回车键后，光标默认的移动方向；勾选“自动插入小数点”，再设置“位数”，可以设置输入的数值的小数位数。

注意

在勾选“自动插入小数点”选项后，任意输入的数字将被设置为带有小数的格式。如设置小数为 2 位，在输入数字 12345 后，则显示为 123.45，原始数字被自动设置为两位小数；同理，如果输入 3，则显示为 0.03。但是，如果在输入的任意数字中带有小数点，则此法失效，如输入 12.3 或 12.（仅有小数点，不带小数位数），则显示不变。此法在会计等有固定位数数字的输入上十分有用。

勾选“启用填充柄和单元格拖放功能”，其作用是在使用到序列时，可以拖动填充柄产生序列。

在“显示”选项中，如图 3-7 所示。

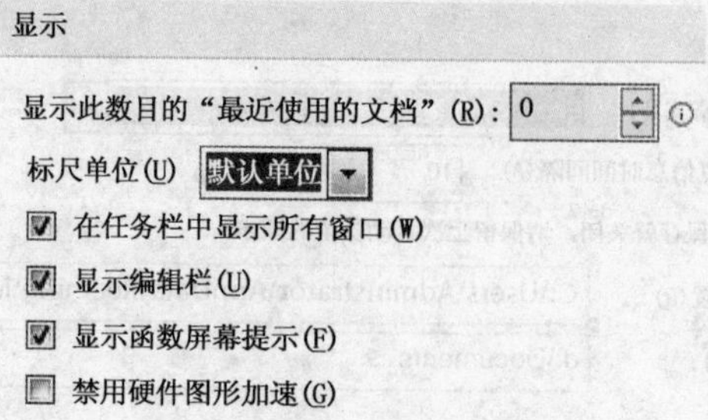

图 3-7　高级选项的显示选项

在标尺单位，可以选择 Excel 2010 中使用的标尺单位，可供选择的有：英寸、厘米和毫米。

勾选“在任务栏中显示所有窗口”，则所有打开的工作簿在任务栏可见，否则只出现当前工作簿窗口，仅当当前工作簿最小化后 

，可以出现最小化的工作簿窗口，单击可以还原。

勾选“显示编辑栏”，则在工作簿窗口出现编辑栏，编辑栏位于功能区的下方 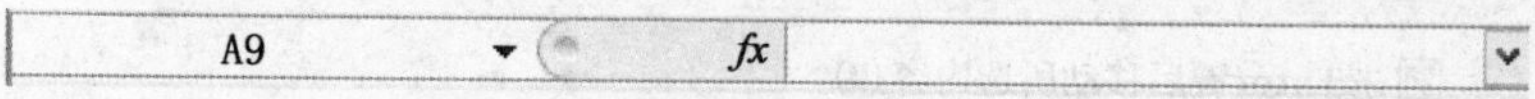

，包括“名称框”和“编辑栏”两个部分，编辑栏对 Excel 2010 的操作十分有用，一般默认设置为显示编辑栏。

点击“选项”窗口左侧“自定义功能区”，可以设置功能区的内容，还可以设置某些功能是否出现在功能区中，如图 3-8 所示。

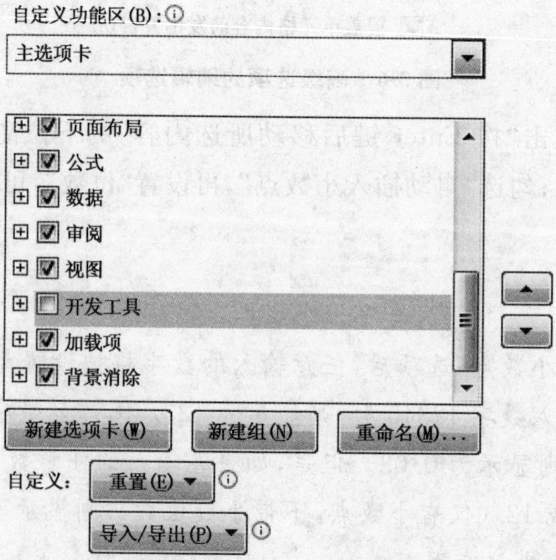

图 3-8　自定义功能区

勾选“开发工具”，再点击“确定”按钮，则“开发工具”出现在功能区中。

点击左侧“加载项”选项，在右侧窗口中出现当前的加载项内容，单击“转到”按钮。如图 3-9所示。

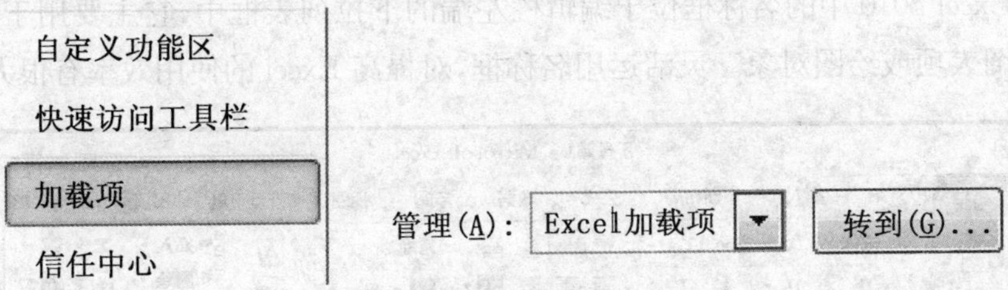

图 3-9　管理加载项

提高

1. 加载宏是一段特殊的程序代码，被勾选的加载宏会随着程序的启动而启动。

2. 加载宏是基于 Excel 自身数据分析和处理的一些功能模块，启动这些功能模块之后，会有相应功能类别下的功能，解决某个方面或领域的问题。

弹出“加载宏”对话框，在窗口中出现可用的加载宏和已被加载的宏，如图 3-10 所示。

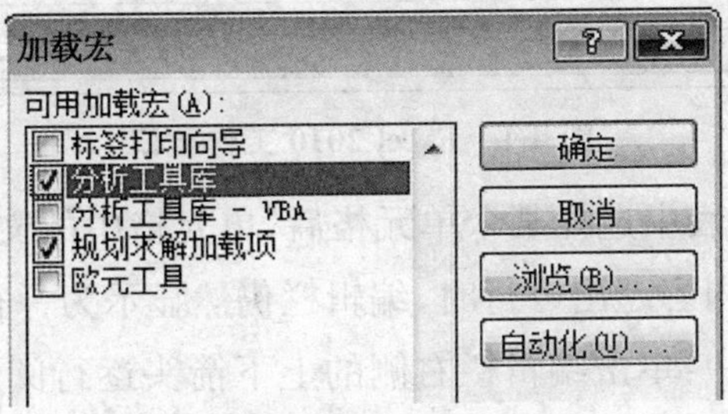

图 3-10　加载宏

勾选要使用的宏，如“标签打印向导”，单击“确定”按钮，这时，软件里增加了“标签打印向导”功能，可以方便地打印标签。

子任务 4　认识 Excel 2010 工作界面

Excel 2010 窗口与普通的窗口十分相似，均包含控制菜单、标题栏、窗口控制按钮、边框等，只是没有了传统的菜单，取而代之的是功能区。启动 Excel 2010 后，就出现 Excel 2010 工作窗口，如图 4-1 所示。

功能区：功能区包括选项卡和选项组。

选项卡：选项卡是 Excel 2010 操作界面的一个重要组成部分。选项卡中包含了多个选项分组，每个选项组中包含了多个甚至多级子菜单，用户可以在使用过程中自定义选项卡和选项组。

选项组：选项组由一些操作命令按钮组成，这些命令按钮可以是图标，也可以是文字。有的按钮其实就是菜单组中某个级联菜单项，但是将它添加到工具选项组上，操作起来会更方便快捷。

名称框：Excel 2010 中的名称框位于编辑栏左端的下拉列表框中，它主要用于指示当前选定的单元格、图表项或绘图对象。灵活运用名称框，对提高 Excel 的使用效率有很大帮助。

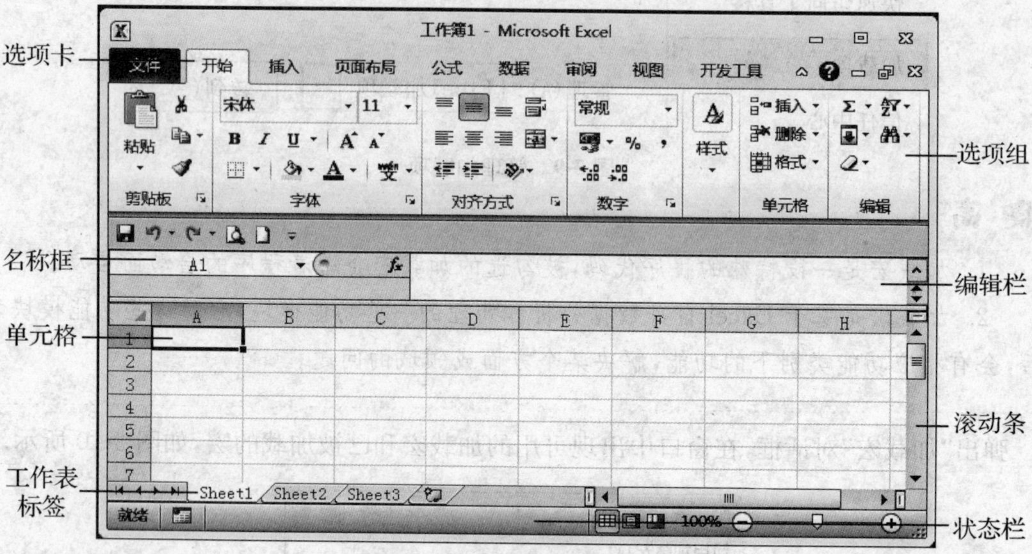

图 4-1　Excel 2010 工作窗口

编辑栏：在 Excel 工作表中选择某个单元格后，单元格中的文本或公式内容会显示在编辑栏中。当所选的单元格内容超出一行时，编辑栏仍然显示为一行，这时可以通过多种方法来调整编辑栏高度。方法一：单击编辑栏右侧的上下箭头逐行阅读；方法二：按快捷键“Ctrl＋Shift＋U”展开或折叠编辑栏；方法三：将鼠标指针放到行标题和编辑栏之间，鼠标指针变成上下箭头状，双击鼠标会将编辑栏调整到最适合的高度，或上下拖动鼠标调整编辑栏高度，如图 4-2 所示；方法四：右击编辑栏，在弹出的快捷菜单中选择“扩充编辑栏”即可扩展编辑栏，要折叠编辑栏，可再次右击编辑栏，选择“折叠编辑栏”。

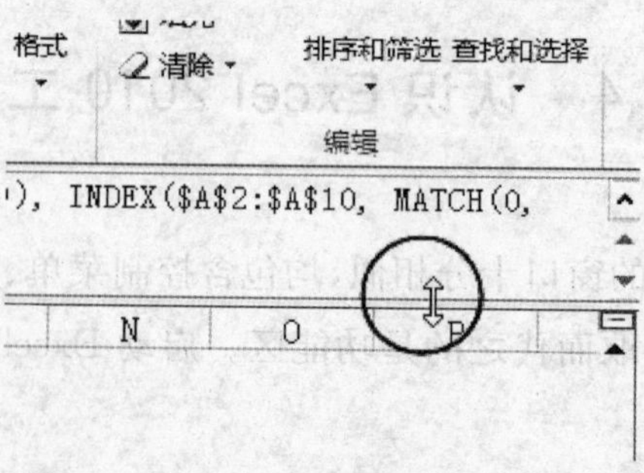

图 4-2　调整编辑栏

工作表标签：工作表标签就是工作表的名称。双击工作表标签或者右击工作表选“重命名”，即可更改工作表名称；右击工作表标签“工作表标签颜色”，可以更改标签颜色。右击工作表标签“隐藏”或“取消隐藏”，可以将工作表隐藏起来，或取消已隐藏的工作表。

任务 2　创建职工数据工作簿

任务说明

本任务主要是将文字数据电子化，即将各种类型的数据输入到 Excel 2010 中，形成电子表格，然后再进行数据处理和分析。不同类型的数据输入时有一定的方法和技巧，输入到 Excel 2010 工作表中的数据要有一定的逻辑性，也就是说相关数据输入到一个工作表中，形成一个“二维表”。

由于各种原因，用户输入的数据可能会发生错误或偏差，因此，要利用各种方法来提高数据输入的速度和准确性。

任务结构

子任务 5　创建空白工作簿

子任务 6　创建职工数据工作簿

子任务 7　利用填充产生数据

子任务 8　利用序列产生数据

子任务 9　利用记录单快速有效地输入数据

子任务 10　利用数据有效性提高数据输入的准确性

子任务 11　导入外部数据

通常情况下，Excel 文件就是指 Excel 的工作簿文件。如果把工作簿比作书本，那么工作表就类似于书本中的书页，工作表是工作簿的组成部分。工作簿在英文中叫做“Workbook”，而工作表则称为“Worksheet”，大致也就是包含了书本和书页的意思。

Excel 2010 工作簿文件的扩展名为 xlsx(Excel 97-2000 默认的扩展名为 xls)的文件，这是 Excel 2010 最基础的电子表格文件类型。

启用宏工作簿 xlsm 文件：启用宏的工作簿，是自 Excel 2007 以后的版本所特有的，是基于 XML 和启用宏的文件格式，用于存储存 VBA 宏代码或者 Excel 4.0 宏工作表，这也是基于安全考虑，普通工作簿无法存储宏代码，而保存为这种工作簿则可以保留其中的宏代码。

加载宏 xlam 文件：加载宏是一些包含了 Excel 扩展功能的程序，其中既包括 Excel 自带的加载宏程序(如分析工具库、规划求解等)，也包括用户自已或者第三方软件厂商创建的加载宏程序(如自定义函数、命令等)。加载宏文件(xlam)就是包含了这些程序的文件，通过移值加载宏文件，用户可以在不同的电脑上使用相同功能的加载宏程序。

工作区文件 xlw 文件。当用户处理一些较为复杂的 Excel 工作时，通常会用到多个工作簿，通过工作区的功能可以很方便地为用户记住这些工作所需要处理的工作簿。

子任务 5　创建空白工作簿

工作簿文件是用户进行 Excel 2010 操作的主要对象和载体。用户使用 Excel 2010 创建数据表格、在表格中进行编辑以及操作完成后进行保存等一系列操作的过程，大都是在工作簿这个对象上完成的。默认打开一个 Excel 2010 程序窗口，里面有一个工作簿①。

启动 Excel 2010 软件后，系统将自动创建一个工作簿，名称为“工作簿 1. xlsx”。

步骤：

创建空白工作簿。创建空白工作簿有四种方法。

第一种方法：双击桌面的“Microsoft Office Excel 2010”快捷方式图标

，这也是启动 Excel 2010 软件最常用的一种方法。

第二种方法：点击“开始菜单—所有程序—Microsoft Office—Microsoft Office Excel 2010”。

第三种方法：右击桌面“新建—Microsoft Excel 工作表”，这样可以在桌面新建一个 Excel 工作簿，如图 5-1 所示。

图 5-1　新建 Microsoft Excel 工作表

双击此工作簿

可以启动 Excel 2010 软件。与此类似的方法是，双击现成的 Excel 2010 工作簿，都可以启动软件，并编辑此工作表。这是编辑工作簿最常用的方法，对有数据的工作簿进行编辑修改，也是用这种方法。

---

① Excel 2010 程序窗口可以没有工作簿，通过新建工作簿可以创建。

第四种方法：点击“开始—运行”，在浏览窗口中找到 Excel 2010 程序文件所在位置，一般的存放路径是“C:\Program Files\Microsoft Office\OFFICE14\Excel. exe”，然后，点击确定，系统会运行 Excel 程序，与第一种方法殊途同归。

创建了工作簿的同时，也同时创建了工作表，因为工作表只能存在于工作簿中。一个工作簿默认包含有三张工作表，名称是：Sheet1、Sheet2 和 Sheet3。

工作簿中默认工作表的数量设置参见“子任务 3”。

注意

1. 新建工作簿在保存时，会出弹出“另存为”对话框。

2. 如果正在编辑的文件没有保存，在关闭或退出软件时，软件会提醒保存。

3. 菜单“文件—关闭”选项，仅对正在编辑的文档而言，是结束正在编辑的文档，但是 Excel 2010 软件仍处于运行状态。

提高

从 Microsoft Office 2007 开始，引入了 Open XML 格式，文件的扩展名默认加上“X”后缀，这类文件不能包含 VBA 宏和 Active X 控件，安全风险大大降低。扩展名中带“M”后缀的文件，可以包含 VBA 宏与 Active X 控件。

子任务6　创建职工数据工作簿

企业进行数据管理之前，必须对大量的信息进行电子化，即将这些信息输入到计算机中去，尤其是大中型企业，如果没有一个统一的资料存档，在查找职工资料或者进行统计分析时，将会十分繁琐，效率也十分低。

对应文件“6 创建职工数据工作簿”。

步骤 1：

点击“自定义快速访问工具栏”中的“新建” 按钮，或者点击“文件—新建”，在可用模版窗口中点击“空白工作簿”，如图 6-1 所示。

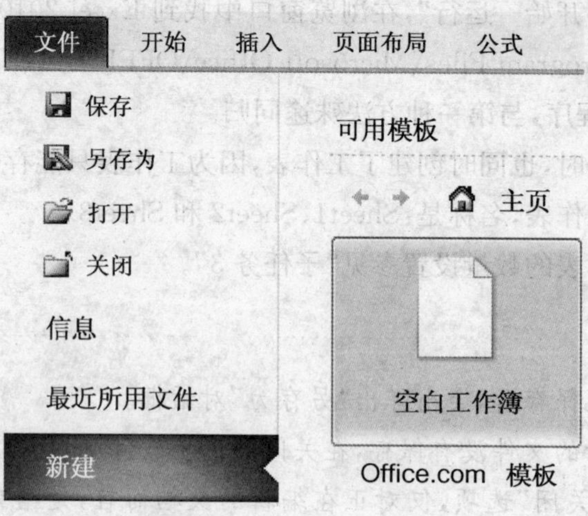

图 6-1 新建空白工作簿

步骤 2：

将光标移至窗口左下角工作表标签“Sheet1”上右击，选择“重命名”，将其重命名为“职工基本数据”，按回车键确认完成，如图 6-2 所示。

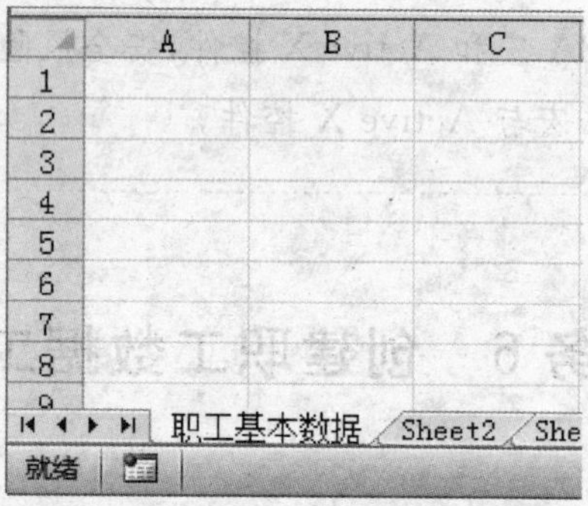

图 6-2 创建职工数据工作簿

技巧

1. 在工作表标签区域右击鼠标，选择“工作表标签颜色”，可以更改工作表标签颜色，如图 6-3 所示。

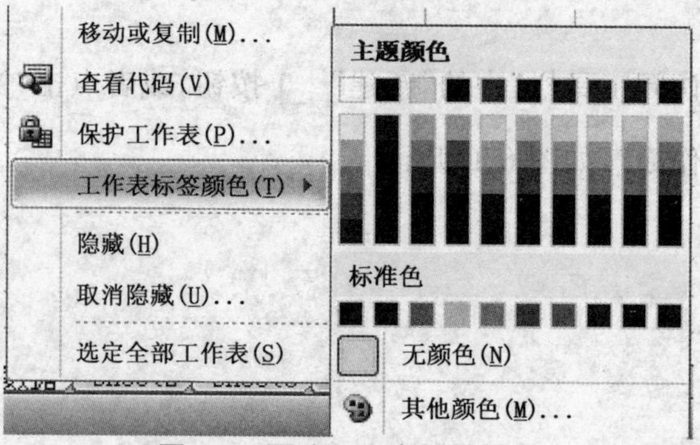

图 6-3 更改工作表标签颜色

2. 在工作表标签区域右击鼠标，选择“隐藏”，可以将整张工作表隐藏；鼠标右击非隐藏工作表标签，选择“取消隐藏”，在弹出的对话框中选择取消隐藏的工作表，则可以显示被隐藏的工作表。

步骤 3：

在 A1 至 H1 单元格分别输入：序号、姓名、性别、出生日期、学历、工资、部门、联系方式。可以看出，上述数据是一个表格的第一行。

步骤 4：

输入序号列和工资列。

点击 A2 单元格，输入 1，按回车键；点击 A3，输入 2，按回车键。依此类推输入数据。同样，点击 F2 单元格，输入相应工资数据。

	A	B	C	D	E	F	G	H
1	序号	姓名	性别	出生日期	学历	工资	部门	联系方式
2	1	王家鹏	男	1980/6/20	本科	5830.5	营销部	13113154321
3	2	冯志杰	男	1982/3/13	硕士	4890	财务部	13113154322
4	3	吴青松	男	1979/9/14	本科	6835.8	总经办	13113154323
5	4	印玉洁	女	1980/11/11	专科	4350.1	营销部	13113154324
6	5	高俊	男	1983/2/10	博士	3490.3	财务部	13113154325
7	6	丁俊	男	1981/1/17	本科	3000	采购部	13113154326
8	7	张军玲	女	1980/12/4	硕士	6090.5	广告部	13113154327
9	8	赵星宇	男	1978/12/3	本科	2370.6	人事部	13113154328
10	9	贾旻茜	女	1983/5/2	硕士	4580.3	后勤部	13113154329
11	10	张嘉惠	女	1977/10/16	博士	8850.7	人事部	13113154330

图 6-3 输入数据

提高

1. 序号与工资列输入的都是代表数量的数字形式（工资数据也可以称为货币形式），例如成绩、产值、身高、体重、温度等。数值可以是正值，也可以是负值，这些值都可以进行计算，如加、减、乘、除、求和、求平均值等。

2. 在 Excel 中，一些特殊符号也被理解为 Excel 数值，如：百分号（%）、货币符号（¥）、千分号（,）以及科学计数符号（E）。

步骤 5：

输入联系方式。

点击 H2 单元格，在编辑栏输入“'13113154321”，再点击编辑栏左侧的“✔”确定输入。如图 6-4 所示。

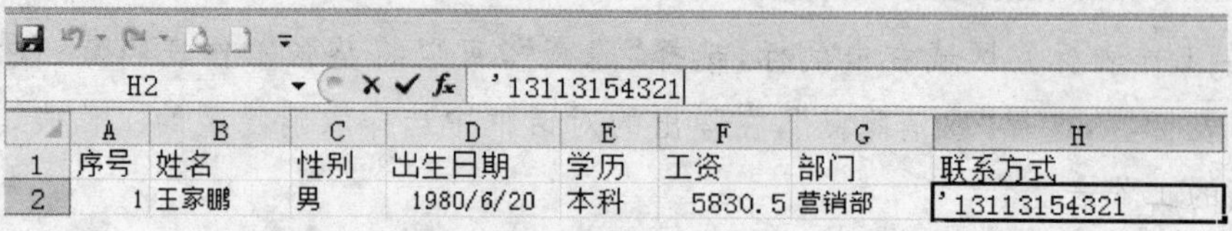

图 6-4 输入联系方式

提高

1. 联系方式中的内容为电话号码，看起来似数字，但这类数字不代表数量，不需要进行数值计算，因此在输入时，当作文本来处理。除了电话号码外，身份证号、股票代码、工号等，都属于文本型数值。

2. 在输入“文本型数值”时，为了与“数值型”数据区别开来，因此先输入前导控制符“'”(英文单引号)，输入的单元格左上角会有个绿色标记。

步骤 6：

输入姓名、性别、学历和部门列。

点击 B2 单元格，输入姓名，按回车；点击 C2 单元格，输入性别。依此类推。

Excel 2010 默认按回车键光标往下移动，如果更改设置，按“文件—选项—高级”，如图 6-5 所示。

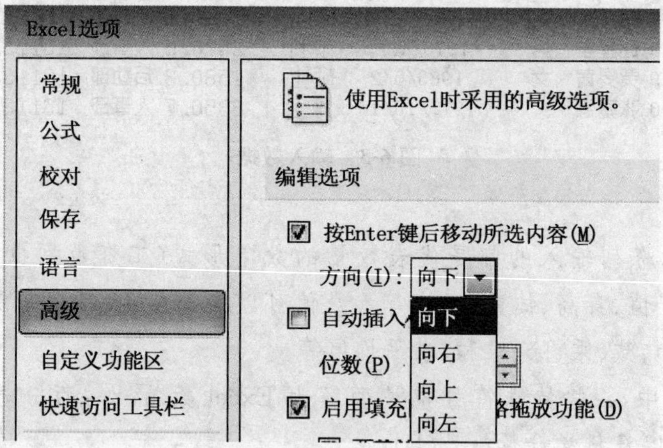

图 6-5 更改光标移动方向

技巧

1. 在输入性别时，如果输入本列的重复值，可以按“Alt+↓”，在下拉菜单中选择即可。

2. 在单元格内输入文本数据时，若要换行输入文本，即手动换行，可以按“Alt+回车键”。

步骤 7：

输入出生日期。

点击 D2 单元格，再点击编辑栏输入“1980/6/20”，确定输入。如图 6-6 所示。

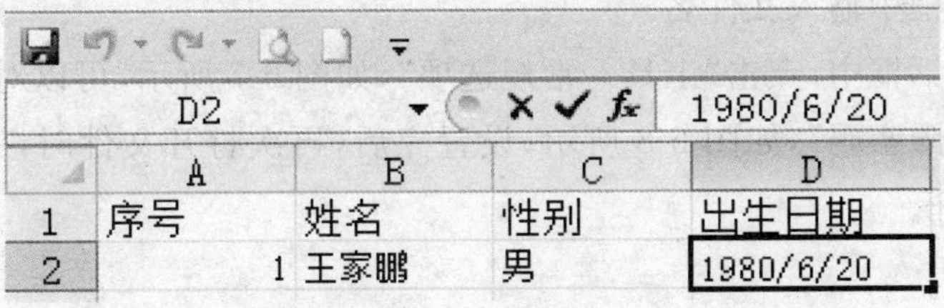

图 6-6　输入出生日期

在输入出生日期时，年月日之间可以用“/”、“－”(英文状态字符)分隔，也可以用汉字(年、月、日)或英语(如：March 8，Mar 8)分隔，Excel 2010 均可以自动识别，但是“.”不可以用作日期分隔符。

技巧

1. Excel 2010 中输入当前日期按 Ctrl＋;输入当前时间按 Ctrl＋Shift＋。

2. 可以在单元格输入 NOW()函数得到当前的日期时间，输入TODAY()函数得到当前的日期。这两个函数属于易失性函数，随工作簿的打开而更新结果。

注意

1. Excel 2010 有强大的自动识别技术，如输入 2/28，会被识别为 2 月 28 日，而输入 2/31 则被识别为字符串。这点需要读者细细体会。

2. Excel 2010 中，数字、时间日期默认右对齐，字符默认左对齐，逻辑值和错误值默认为居中。

3. Excel 2010 中一个单元格中的数字有效位数总和最大为 15 位。整数部分超过 15 位，则显示为 0;小数部分超过 15 位，则截去超过部分。

提高

1. Excel 中时间与日期是以 1900 年 1 月 1 日 0 时为基准的，一天为数量 1。依此类推，32 则为 1900 年 2 月 1 日，1/24 则为 1 小时。这样就将日期时间与数字联系起来。因此，一个数字，会根据用户的设置，显示出不同的形式。

2. 如果一个单元格里面是日期，将内容删除后，输入一个数值，则软件自动将数字格式改为日期形式，这称之为“格式保留”，要想改变保留，要么删除单元格再输入，要么更改单元格设置。

步骤 8：

保存工作簿。

方法一：点击快速访问工具栏中保存按钮 。

方法二：点击菜单“文件—保存”。

在弹出的对话框中输入文件名。

在“另存为”对话框中，点击“工具—常规选项”，如图 6-7 所示，可以对文件设置“打开权限密码”和“修改权限密码”，如图 6-8 所示；设置完后，再次打开文件时，工作簿会提示输入密码，否则不能打开。

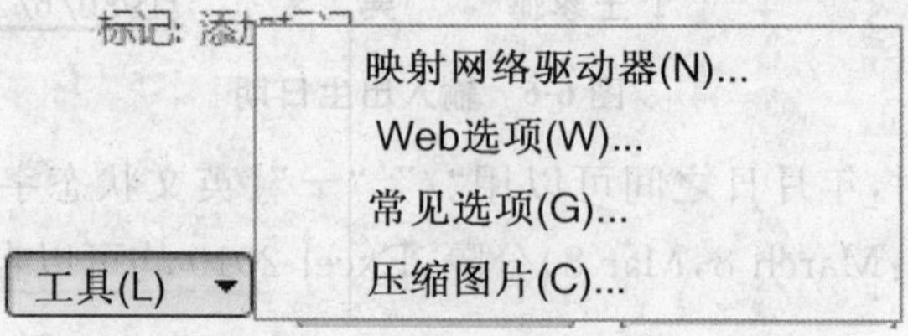

图 6-7　选择常规选项

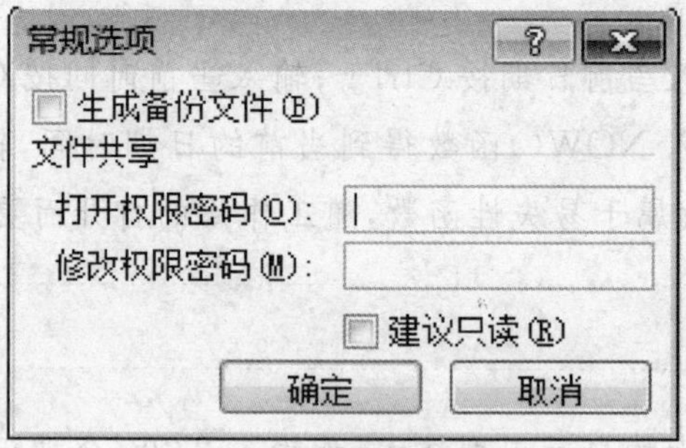

图 6-8　设置文件密码

子任务 7　利用填充产生数据

如果用户输入的数据带有某些“规律”，如“星期一、星期二……”、“甲、乙、丙、丁……”等，可以利用 Excel 2010 提供的填充功能，以实现快速输入。

填充一般是用户在前几个单元格输入数据，为 Excel 2010 提供识别内容及顺序信息，然后 Excel 2010 使用自动填充功能时，自动按照序列中的元素、间隔顺序来依次填充。

使用填充时，首先要确保“单元格施放”功能被启用，操作方式见“子任务 3”。

对应文件“7 利用填充产生数据”。

步骤 1：

单击工作表标签“填充”。

单击 A1 单元格，在 A1 输入 1；单击 A2 单元格，在 A2 输入 2。

步骤 2：

选中 A1:A2 区域，将鼠标移到区域的右下角，鼠标箭头变成黑色实心十字(称为填充柄)时，按住鼠标左键，向下拖曳到 A10 单元格。

这时，A3 至 A10 会出现 3 至 10 的数字。如图 7-1 所示。

	A	B	C	D	E
1	1	甲	1月	1月1日	1月31日
2	2	乙	2月	1月2日	2月28日
3	3	丙	3月	1月3日	3月31日
4	4	丁	4月	1月4日	4月30日
5	5	戊	5月	1月5日	5月31日
6	6	己	6月	1月6日	6月30日
7	7	庚	7月	1月7日	7月31日
8	8	辛	8月	1月8日	8月31日
9	9	壬	9月	1月9日	9月30日
10	10	癸	10月	1月10日	10月31日

图 7-1　填充

步骤 3：

单击 B1 单元格，在 B1 输入“甲”。

步骤 4：

移动鼠标到 B1 单元格的右下角，当鼠标出现“填充柄”形状时双击左键，填充完成，如图 7-1所示。

步骤 5：

单击 C1 单元格，在 C1 输入“1 月”。

步骤 6：

移动鼠标到 C1 单元格的右下角，当鼠标出现“填充柄”形状时双击左键，填充完成，整个单元格填充“1 月”至“10 月”，如图 7-1 所示。

提高

1. 不同的数据，在使用施放时，处理方式不一样。对于数值型数据，处理为复制方式；对于文本型数据(包括数值型文本)和日期型数据，处理为顺序填充。

2. 如果按住 Ctrl 拖放，上述默认方式会发生逆转，复制变填充，填充变复制。

步骤 7：

单击 D1 单元格，在 D1 中输入“1/1”，Excel 2010 识别为“2013 年 1 月 1 日”。

步骤 8：

移动鼠标到 D1 单元格的右下角，当鼠标出现“填充柄”形状时双击左键，填充完成，整个单元格填充“1 月 1 日”至“1 月 10 日”。如图 7-1 所示。

步骤 9：

单击 E1 单元格，输入“1/31”，系统转换为“1 月 31 日”；单击 E2 单元格，输入“2/28”，系统转换为“2 月 28 日”。

步骤 10：

选中 E1:E2 区域，双击填充柄，填充完成，系统以每月的最后一天填充到 E10 单元格。如图 7-1 所示。

子任务 8　利用序列产生数据

用户可以将带有规律的数据“告诉”计算机，当用户再次使用到这些数据时，可以快速地生成，这些存放在计算机中的数据称为序列。Excel 2010 中默认已存入一部分序列值，用户可以自定义序列值，序列在数据输入、排序等方面十分有用。

对应文件“8 利用序列产生数据”。

步骤 1：

单击工作表标签“序列”。

单击 A1 单元格，输入“星期一”；拖曳 A1 单元格的填充柄到 A10，系统自动产生星期序列。

步骤 2：

单击 B1 单元格，输入“周一”。双击 B1 单元格的填充柄，系统自动产生关于周几的序列（如果此步骤不能完成，请参照步骤 4）。

步骤 3：

单击 C1 单元格，输入“jan”。双击 C1 单元格的填充柄，系统自动产生关于月份简写的序列。

整个序列如图 8-1 所示。

	A	B	C
1	星期一	周一	jan
2	星期二	周二	feb
3	星期三	周三	mar
4	星期四	周四	apr
5	星期五	周五	may
6	星期六	周六	jun
7	星期日	周日	jul
8	星期一	周一	aug
9	星期二	周二	sep
10	星期三	周三	oct

图 8-1　序列值

步骤 4：

用户自定义序列。

点击“文件—选项—高级—（常规）—编辑自定义列表”，出现“自定义列表”对话框，如图 8-2 所示。

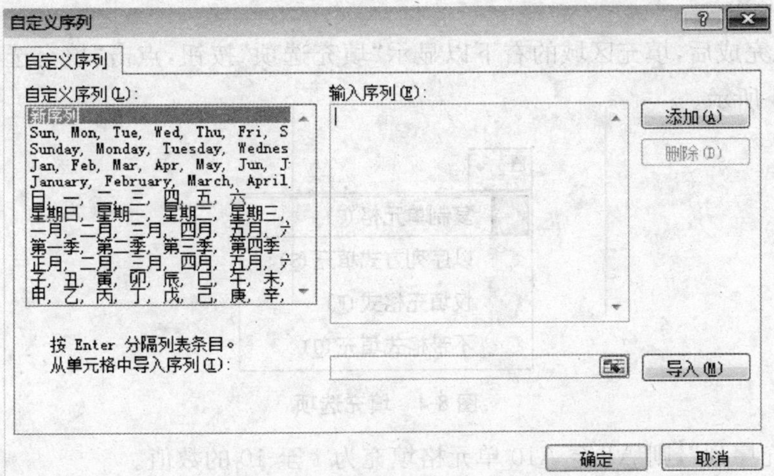

图 8-2　编辑自定义序列

图 8-2 中可见系统已经设置了一些序列值，在“自定义序列”框中点击“新序列”，在“输入新序列”框中输入“周日、周一、周二、周三、周四、周五、周六”，每个数据占一行。如图 8-3 所示。

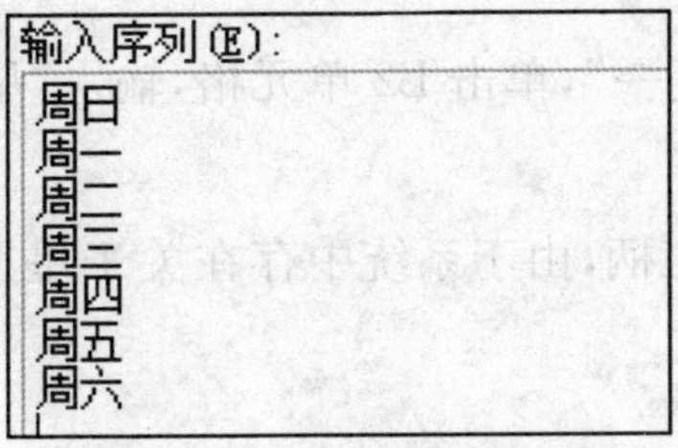

图 8-3　自定义新序列

点击“确定”按钮返回，再点击“确定”按钮退出选项设置。设置完成后，可以在工作簿中使用该序列输入数据。

技巧

1. 序列填充使用方式相当灵活，不一定要从序列的第一个值开始填充，可以是从任意值开始。

2. 当填充到序列值的尾部时，下一个填充数据将从序列的第一个值开始，循环填充。

步骤 5：

使用填充选项。

单击工作表标签“填充选项”。

单击 A1 单元格，输入 1；拖动 A1 单元格的填充柄到 A10，A1 单元格的值被复制到了 A10 单元格。

步骤 6：

自动填充完成后，填充区域的右下以显示“填充选项”按钮，点击“填充选项”按钮，出现菜单，如图 8-4 所示。

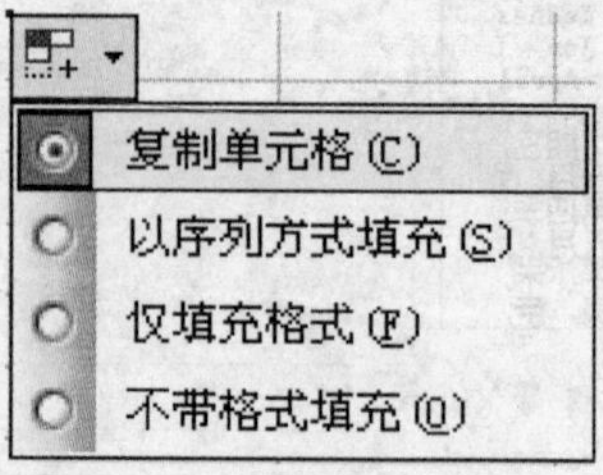

图 8-4　填充选项

选择“填充序列”，则 A1 至 A10 单元格填充为 1 至 10 的数值。

如果选择“仅填充格式”，则单元格的格式被复制到后序区域，相当于“格式刷”，而后序区域的数值没有任何变化。

如果选择“不带格式填充”，则单元格的内容被复制到后序区域，但原单元格的格式不被复制。

步骤 7：

单击 B1 单元格，输入“星期一”，单击 B2 单元格，输入“星期二”。

步骤 8：

选中 B1:B2 区域，双击填充柄，由于系统中存在关于星期的序列，因此系统自动以序列方式填充到 B10。

步骤 9：

单击“填充选项”按钮，选择“复制单元格”，则在 B3 至 B10 单元格区域中，循环填入“星期一、星期二”，如图 8-5 所示。

	A	B
1	1	星期一
2	2	星期二
3	3	星期一
4	4	星期二
5	5	星期一
6	6	星期二
7	7	星期一
8	8	星期二
9	9	星期一
10	10	星期二

图 8-5　在序列中使用复制

步骤 10：

完成等比数列数据输入。

单击工作表标签“填充菜单”。

单击 A1 单元格，输入 1；单击 A2 单元格，输入 3。

步骤 11：

选中 A1：A2 单元格区域；拖动填充柄到 A10，系统默认按等差方式填充整个区域。

点击“开始—(编辑)—填充—系列”，弹出“序列”对话框，在“类型”中点选“等比序列”，“步长值”输入 3，如图 8-6 所示。

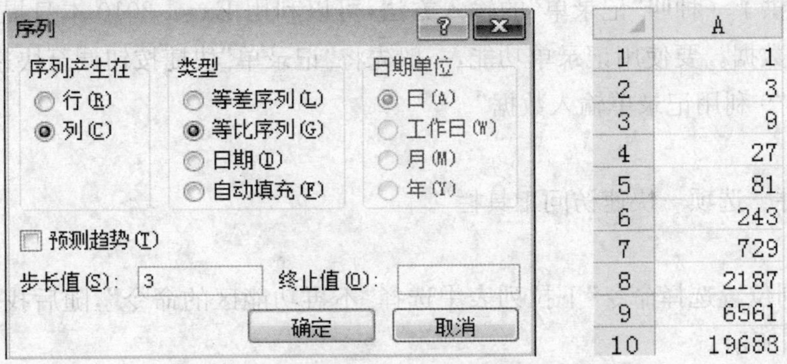

图 8-6　使用填充菜单输入等比数列

点击“确定”按钮，完成等比数列的输入，如图 8-6 所示。

步骤 12：

单击 B1 单元格，输入日期“2013/1/1”，拖动 B1 单元格的填充柄到 B10 单元格，系统自动以“日”为单位填充，最后日期为“2013/1/10”，点击“开始—(编辑)—填充—系列”，弹出“序列”对话框，在“类型”中点选“日期”，在“日期单位”类型中点选“工作日”，单击“确定”按钮。原有的日期数据序列中已没有双休日，如图 8-7 所示。

此步骤也可以在“填充选项”中选择“以工作日填充”。

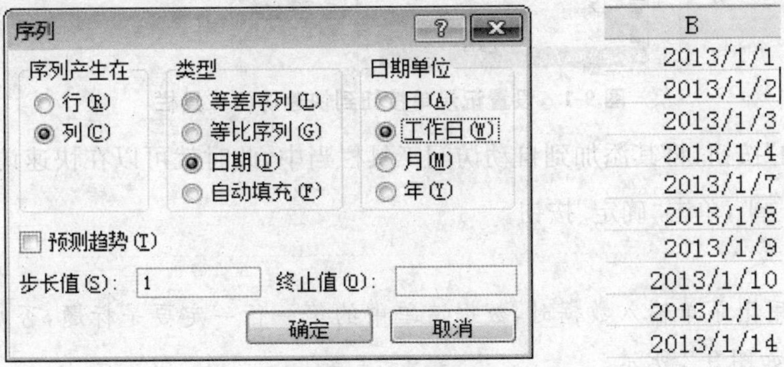

图 8-7　产生工作日序列

注意

1. 如果选定多个数据开始填充，Excel 2010 会以等差序列的方式自动测算出“步长值”；如果只选定单个数据开始填充，则“步长值”默认为 1。

2. 对于数值型数据，可以在“终止值”文本框内输入填充最终目标数据，以确定填充单元格区域的范围。

3. 对日期填充而言，可以是每月的最后一天，也可以是连续的或间隔的工作日、月或年。

子任务9　利用记录单快速有效地输入数据

当需要在 Excel 2010 工作表中输入海量数据的时候，一般会逐行或逐列地进行输入，Excel 2010 提供了一种叫“记录单”的输入方法，可以利用 Excel 2010 本身提供的记录单功能来快速输入数据。要使用记录单功能，一般先将“记录单”快捷按钮调至快速访问工具栏。

对应文件“9 利用记录单输入数据”。

步骤 1：

单击“文件—选项—快速访问工具栏”。

步骤 2：

在“从下列位置选择命令”下拉列表中选择“不再功能区的命令”，随后找到“记录单…”命令，如图 9-1 所示。

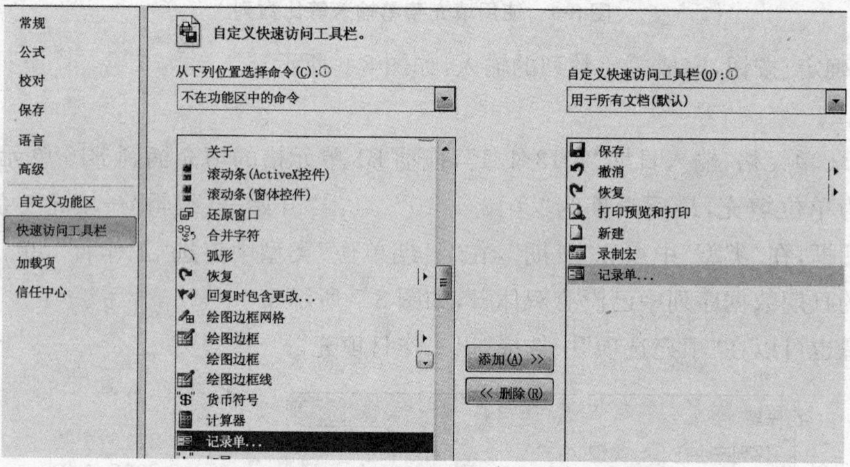

图 9-1　设置记录单按钮到快速访问工具栏

单击“添加”按钮，将其添加到自动访问工具栏当中，此时就可以在快速访问工具栏中找到记录单命令 ，单击“确定”按钮。

注意

1. 在使用记录单输入数据时，数据清单中的第一行一定要是标题，否则 Excel 2010 会提示出错，如图 9-2 所示。

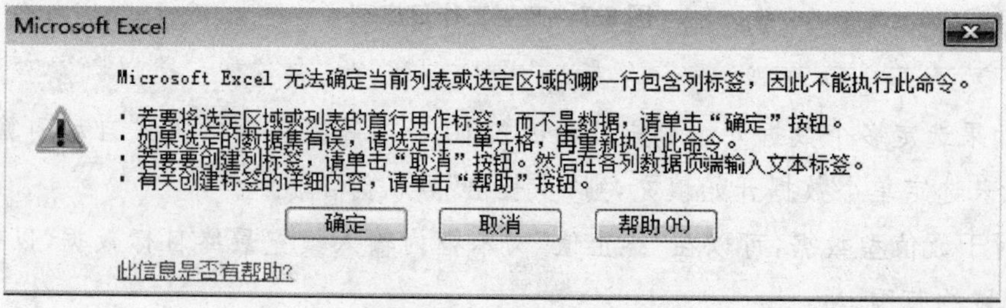

图 9-2　记录单出错

2. 在 Excel 2010 中，很多的数据处理都规定数据区域要有标题行，如“表格”、“数据透视表”等。

步骤 3：

单击工作表标签“职工基本数据”，单击工作表中数据区域的任意单元格，如 A2 单元格，单击快速访问工具栏的“记录单”按钮，出现记录单窗口，如图 9-3 所示。

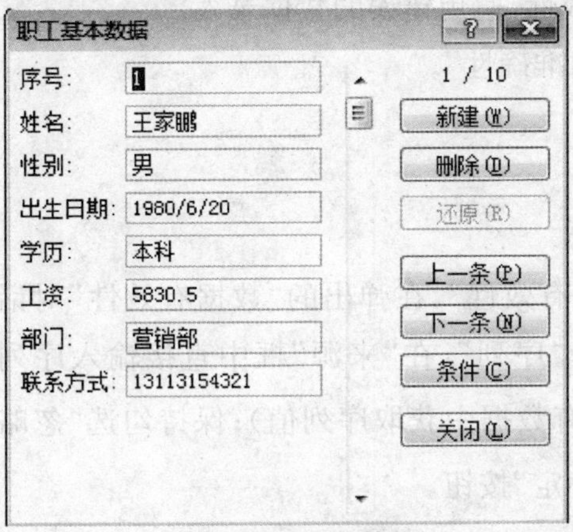

图 9-3　记录单

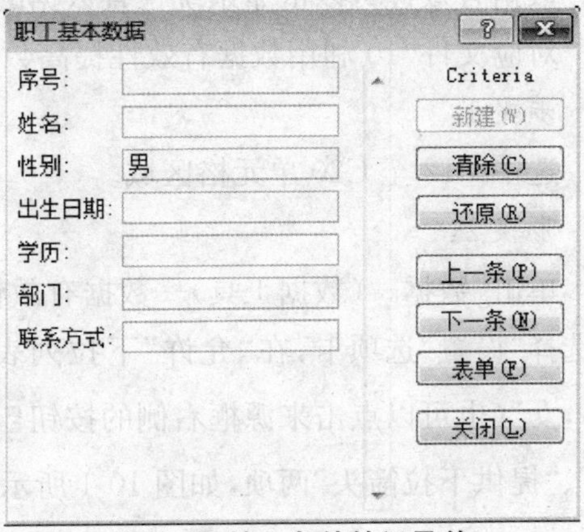

图 9-4　输入条件的记录单

单击“上一条”或“下一条”，可以查看已输入的数据。

单击条件，出现“条件”对话框，在对话框的性别框中，输入“男”，再点击“表单”按钮，则在窗口中只能浏览显示性别为“男”的记录，如图 9-4 所示。

单击“新建”按钮，则按标题行的内容输入新数据，如图 9-5 所示。

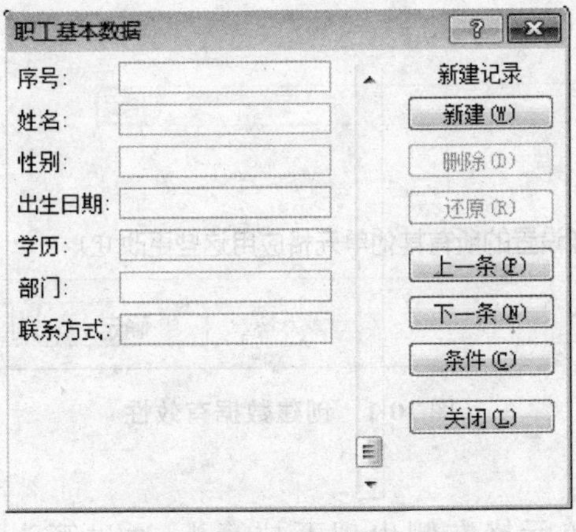

图 9-5　利用记录单输入数据

按住键盘上的“Tab”键或者“Shift＋Tab”可以在记录单的输入框中来回切换；点击“关闭”按钮结束输入，输入的内容放在原数据清单后面。

子任务 10　利用数据有效性提高数据输入的准确性

数据有效性的意思是“有效的数据”，是对单元格或单元格区域输入的数据进行“限制”，这种“限制”可以是关于内容的，也可以是数据范围，也可以是数据长度，也可以是输入法，等等。数据有效性可以依靠系统检查数据的正确有效性，避免错误的数据录入。

对应文件“10 利用数据有效性提高数据输入的准确性”。

步骤 1：

选中 C12 至 C20 单元格区域。

步骤 2：

单击“数据—(数据工具)—数据有效性—数据有效性”，在弹出的“数据有效性”对话框中选择“设置”选项卡，在“允许”下拉列表中，选择“序列”，在“来源”框中直接输入序列值“男，女”(也可以点击来源框右侧的按钮，从已有数据中获取序列值)；保持勾选“忽略空值”、“提供下拉箭头”两项，如图 10-1 所示，单击“确定”按钮。

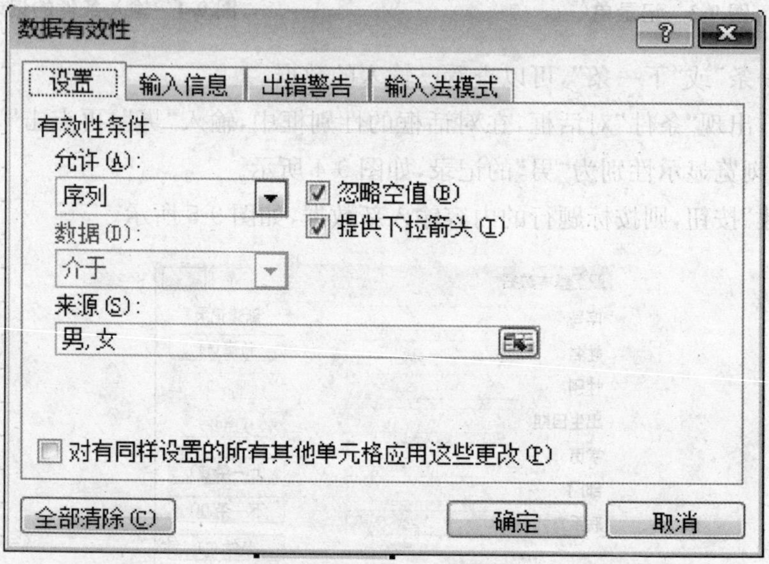

图 10-1　创建数据有效性

步骤 3：

单击 C12 单元格，在单元格右侧出现下拉箭头，通过箭头选择输入“男”或“女”，如图 10-2所示。

图 10-2 通过数据有效性输入数据

步骤 4：

利用数据有效性检验输入数据。

通过数据有效性，对将要输入数据的区域进行设定，在输入不符合有效性的数据时，系统将会提示，且不可以输入。

选中 D12 至 D20 单元格区域。

步骤 5：

点击“数据—(数据工具)—数据有效性—数据有效性”，在弹出的“数据有效性”对话框中选择“设置”选项卡，在“允许”下拉列表中，选择“日期”，在“数据”下拉列表中选择“介于”，在开始日期和结束日期中分别输入：“1975-1-1”和“1985-1-1”，如图 10-3 所示。

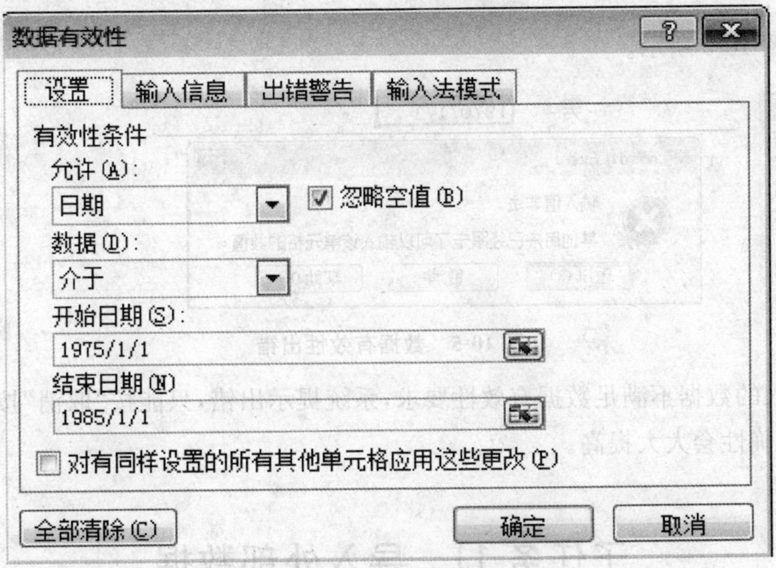

图 10-3 日期的数据有效性

点击“输入信息”标签，勾选“选定单元格时显示输入信息”，在“输入信息”框中，输入“出生日期在 1975 至 1985 之间。”，如图 10-4 所示，单击“确定”按钮。

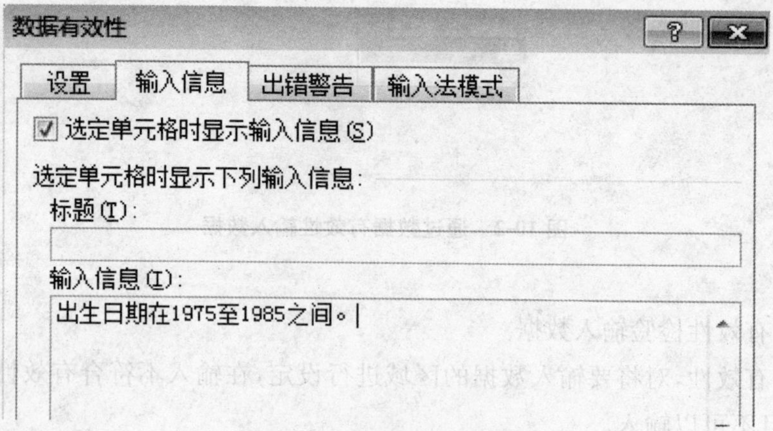

图 10-4　设置输入信息

步骤 6：

单击 D12，出现输入提示信息  ，输入日期：1970-1-1，按回车，出现出错信息，如图 10-5 所示。

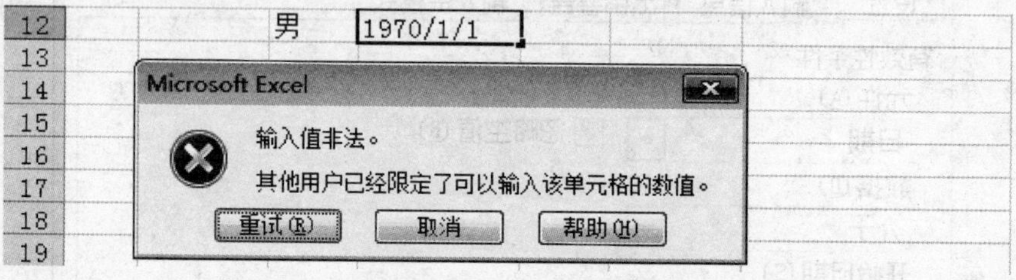

图 10-5　数据有效性出错

此时，输入的数据不满足数据有效性要求，系统提示出错，只能按“取消”按钮重新输入，这样输入的正确性会大大提高。

子任务 11　导入外部数据

如果数据事先已准备好，可以将外部数据导入到 Excel 2010 中，以文本文件（txt）文件为例，将数据导入到 Excel 2010 中。

对应文件“11 导入购买记录. txt”。

步骤 1：

双击文本文件“11 导入购买记录. txt”，可以看到文本文件内的数据。文本数据的第一行为标题行，从第二行开始，对应是“代码”、“买入单价”和“买入数量”三个数据。如图 11-1 所示。

代码	买入单价	买入数量
600066	523.98	1617
600029	314.40	1932
600010	356.89	1134
600013	466.05	1266
600073	418.44	1056
600058	363.85	1299
600100	375.10	1222

图 11-1　购买记录文本

关闭该文本文件，然后继续操作。

步骤 2：

单击“文件—打开”，在文件类型框中，选择“文本文件”，如图 11-2 所示。

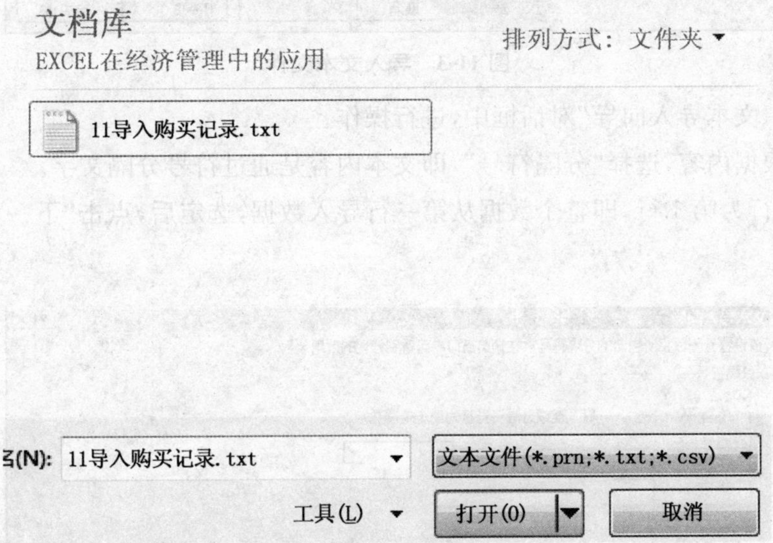

图 11-2　打开文本文件

选择文本文件后，单击“打开”按钮。

步骤 3：

因为原始数据为文本，转换到 Excel 中时，软件要识别原文件以什么符号分隔数据列，或者以固定宽度来区别各列。

注意

1. 文本文件中使用的间隔符号可以是空格、Tab 键、短线(—)、顿号或者是特定的某个符号，这些间隔符号可以很有规律地来区分文字。

2. 导入到 Excel 2010 中的文本文件的内容在排列上一定要有规律，这样才能正确地导入。

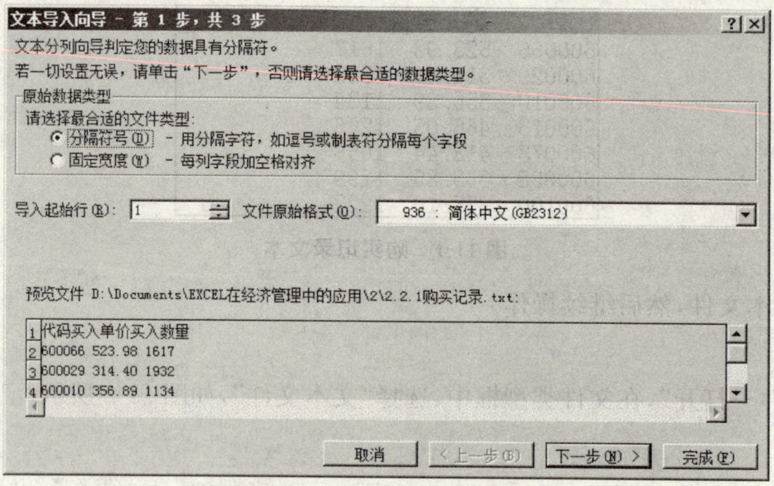

图 11-3　导入文本文件

在弹出的“文本导入向导”对话框中，进行操作。

第 1 步，根据内容，选择“分隔符号”，即文本内容是通过符号分隔文字。

导入起始行为第 1 行，即整个数据从第一行导入数据，选定后，点击“下一步”按钮，出现第 2 步对话框。

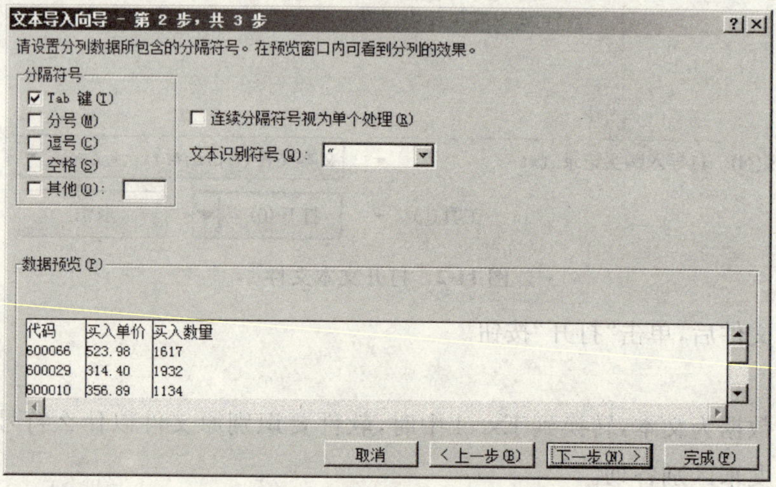

图 11-4　进一步导入文本文件

第 2 步，勾选“Tab 键”。

分隔符号可以是 Tab 键、分号、逗号或空格，Tab 键是一个制表位，相当于一个较大的空格，如果文本文件中，是以固定的符号为分隔符，可以选择“其他”，并输入分隔符。

如果连续分隔符号出现在文本文件中，可以选择将多个分隔符当作一个分隔符来处理，此时要勾选“连续分隔符号视为单个处理”。

点击“下一步”，出现第 3 步对话框。

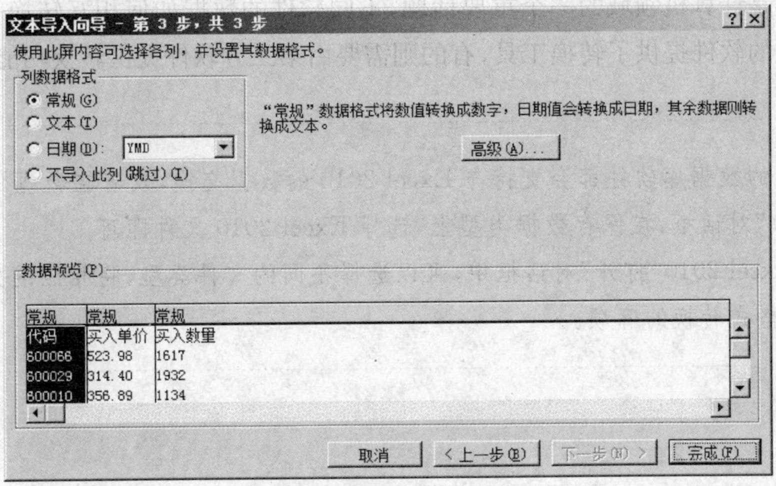

图 11-5　完成导入文本文件

第 3 步，点选“常规”选项。

对导入的数据格式进行设置。如果限定是文本或日期，就做相应选持。如果数值导入成为数字，日期值导入成为日期，其余数据转成文本，则选“常规”。

选择“常规”，点击“完成”按钮。这时文本文件导入到 Excel 2010 中，构成数据清单，如图 11-6所示。

代码	买入单价	买入数量
600066	523.98	1617
600029	314.4	1932
600010	356.89	1134
600013	466.05	1266
600073	418.44	1056
600058	363.85	1299

图 11-6　导入后的数据

提高

1. 在 Visual Fox PRO 软件中，打开相应的数据库(.dbc)或数据表(.dbf)，然后，回到命令窗口，输入命令：“Copy to ＜文件名＞ type xls”则可以将原文件转成一个 Excel 工作簿。

2. 在 Visual Fox PRO 软件中，也可以用菜单操作“文件—导出”，弹出“导出”对话框，在“类型”下拉列表中选择“Microsoft Excel 5.0 (XLS)”，输入文件名，点击“确定”按钮，即可完成转化。

3. 在 Excel 2010 文件打开对话框中，可以选择 dBASE 文件，也可以打开上述数据库文件。

数据转换是计算机领域的一个重要话题，不同软件的数据如何相互转换一直是困扰我们的难题。有的软件提供了转换工具，有的则需要由第三方软件提供转换功能。

技巧

1. 一般的数据库软件都会支持与 Excel 2010 的数据交换，或者在数据保存时，点击选择“另存为”对话框，在保存数据类型上，选择 Excel 2010 文件即可。

2. 在 Excel 2010“打开”对话框中，可以选择不同的文件类型，将相应的文件打开，这样就避免了格式转换的麻烦。

任务3　编辑与修饰工作簿

任务说明

本任务主要对工作表进行编辑修饰，如字体、字号、单元格的边框、颜色、底纹等，这些属于普通的编辑工作。修饰完毕后，将工作表打印出来。

本任务中为了防止输入到工作表中的数据出错，有必要对数据进行检查。软件提供了多种数据检查的方法，用户还可以通过不同的方法来浏览工作表数据。

任务结构

子任务 12　选取工作表的行与列

子任务 13　给区域命名

子任务 14　对工作表进行修饰

子任务 15　对数据进行修饰和检查

子任务 16　浏览工作表内容

子任务 17　分类着色浏览工作表内容

子任务 18　打印工作表

子任务 12　选取工作表的行与列

Excel 2010 工作表就是由许多横线与竖线交叉而成的一排排格子。每一行有一个行号，用数字表示，每一列都有一个列号，用字母表示，行列交叉就构成一张二维表格，行列的交叉形成的格子被称行“单元格”。

注意

在 Excel 2010 中，工作表有 1048576 行、16384 列（最后一列为 XFD 列）。早期的工作表没有这么多行与列（Excel 2003 工作表，仅有 65536 行、256 列，最后一列为 IV）。单元格的数量，决定了工作表能够处理数据的最大数量。

Excel 2010 中每个单元格都有一个单元格“名称”，这个“名称”被称为“地址”。单元格地址由列号和行号构成，如：A1，如图 12-1 所示。当选中某个单元格时，行号与列号被加亮显示。

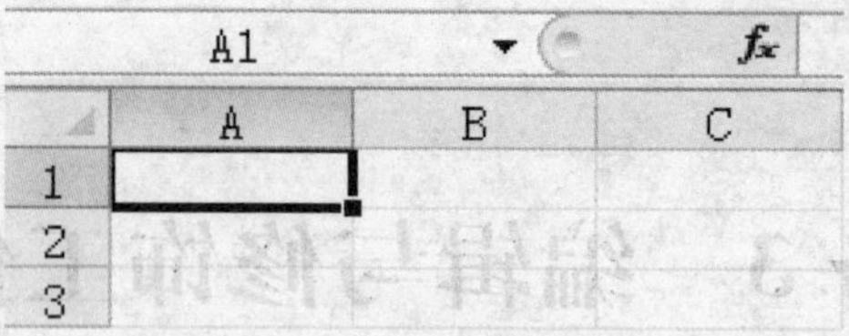

图 12-1　选中 A1 单元格

当选中某个单元格时，在名称框中，就会显示单元格地址。在 Excel 2010 中，若要使用某个单元格内容，只需输入单元格地址就可以了。

提高

在 Excel 2010 中，还有一种单元格地址的表示方法，叫做“R1C1”方式，即行号列号式；点击“文件—选项”，在弹出的“选项”窗口中，单击左侧的“公式”，勾选右侧的“R1C1 引用样式”就可以将地址使用方式改成 R1C1 样式，如图 12-2 所示。

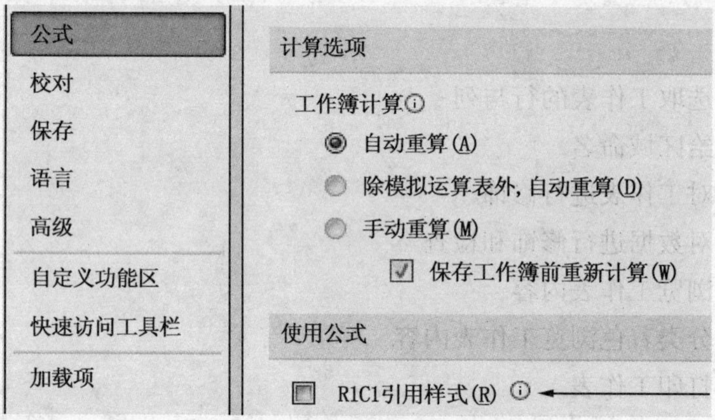

图 12-2　设置 R1C1 引用样式

通过键盘与鼠标相结合，选定工作表、选定工作表的某个区域、选定多个工作表连续区域或不连续区域，给工作表区域命名。

步骤 1：

选定一个连续区域。

拖曳鼠标，可以选定多个单元格，通常是一个矩形区域。如图 12-3 所示，单击 A1 单元格，按住鼠标不放，拖到 C6，就选定 A1 至 C6 区域。通常，书面表示这个区域的方法是：A1:C6。

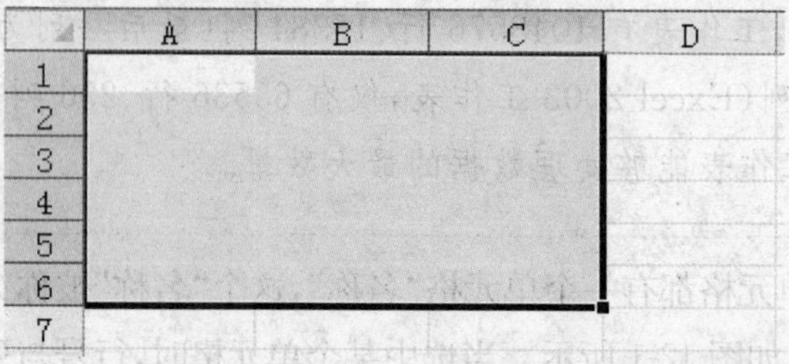

图 12-3　选定一个连续区域

步骤 2：

选定整行或整列。

单击列号“B”，或单击行号“3”。

技巧

1. 整行的表示方法：第一行，表示成：“1:1”；A 列，表示成“A:A”。依此类推。
2. 如果要表示连续多行，如第三行到第五行，表示成“3:5”；C 列到 F 列，表示成“C:F”。

鼠标单击某个行号标签或者列号标签，即可以选中整行或者整列。当选中某行后，此行的行号标签会改变颜色，所有的列标签会加亮显示，此行的所有单元格也会加亮显示，表示此行当前处于选定状态，如图 12-4 所示。

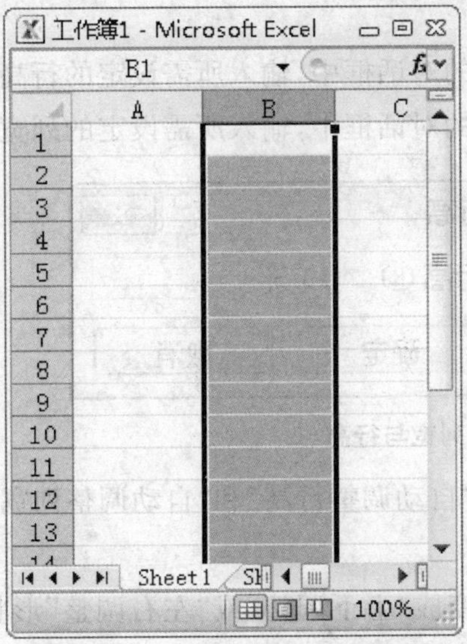

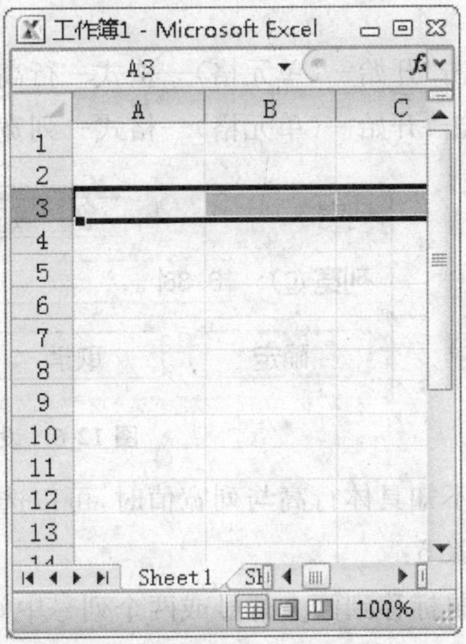

图 12-4 选定一列和选定一行

单击列号“B”，按住鼠标在列号上拖到“D”列，这时选定 B 列到 D 列三个整列。

单击行号“3”，按住鼠标在行号上拖到“5”，这时选定 3 行到 3 行三个整行。

步骤 3：

选定不连续的单元格、行或列。

单击任意单元格，如 A1，按住 Ctrl 键不放，再单击其他任意单元格，如 B4、C5、D3，则选定了这些不连续的单元格。

拖曳鼠标选中任意一个区域，如 A1:B2，再按住 Ctrl 键不放，再次拖曳鼠标选中其他区域，如 C4:D5，则选定了两个不连续区域。

依此类推，可选定不连续的行、列，如图 12-5 所示。

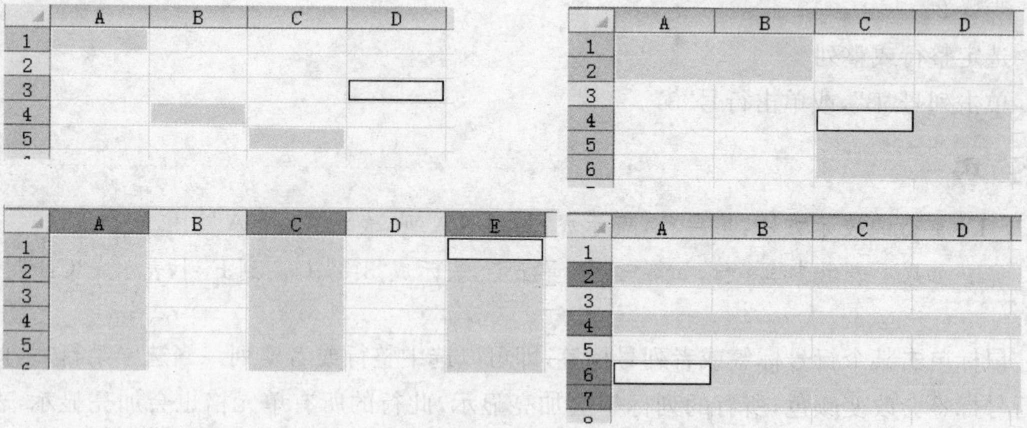

图 12-5　选定不连续的单元格、区域、列或行

步骤 4：

单击“开始—(单元格)—格式—行高”，在弹出的对话框中，输入所需设定的行高。

单击“开始—(单元格)—格式—列宽”，在弹出的对话框中，输入所需设定的列宽。

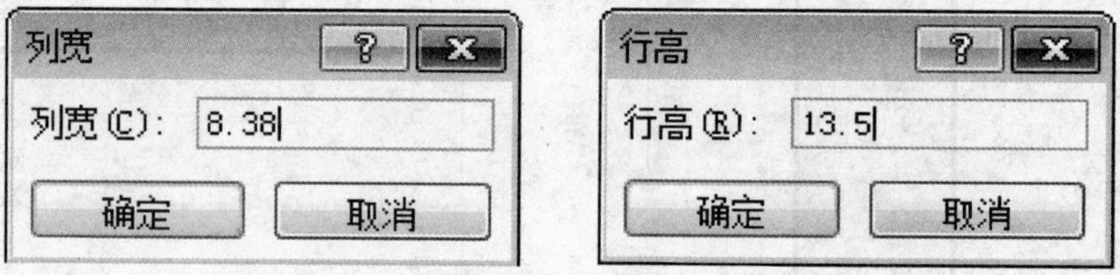

图 12-6　设置单元格的列宽与行高

在不知具体行高与列宽值时，可以选择菜单中“自动调整行高”和“自动调整列宽”。

步骤 5：

将鼠标移到两个行号或两个列号中间，鼠标会变成“上下调整”或“左右调整”形状，按下鼠标并拖动，可以手动调整行高和列宽。或者在鼠标变成“上下调整”或“左右调整”形状时双击左键，可以实现自动行高或列宽。

提高

1. 行高的单位是磅(Piont)。这里的磅不是重量单位，而是一种印刷业描述印刷字体大小的专用尺度，是英文 Piont 的音译，又称为点制、点数制，1 磅约等于 0.35278 毫米。

2. 列宽的单位是字符。列宽的数值是指适用于单元格的“标准字体”的数字 0～9 的平均值。“标准字体”是指在“Excel 选项”对话框“常规”选项卡中“新建工作簿时”区域的“标准字体”处的设置，包括了字体及字号。

子任务 13　给区域命名

区域是多个单元格组成的群组，是单元格概念的延伸。构成区域的多个单元格可以是连续的，也可以是非连续的。最小的区域就是一个单元格，最大的区域就是整个工作表。习惯上，整行整列的区域，直接用行号或列号表示，如第五行表示为:5:5，F 列表示为:F:F。

对应文件“13 给区域命名”。

步骤 1:

单击工作表标签“区域命名 1”。

单击 A1 单元格，拖动鼠标到 D4，选定一个区域 A1:D4。

注意

1. Excel 中光标正常为空心十字形状，是正常选择状态，用于选定单元格或区域，被选中的单元格或区域加黑色边框显示。

2. 双击某单元格，光标变成闪烁的竖线，该单元格处于编辑状态。

步骤 2:

在选定的区域内右击鼠标，选“定义名称.”，在弹出的窗口中，输入区域名称“data”，如图 13-1 所示。

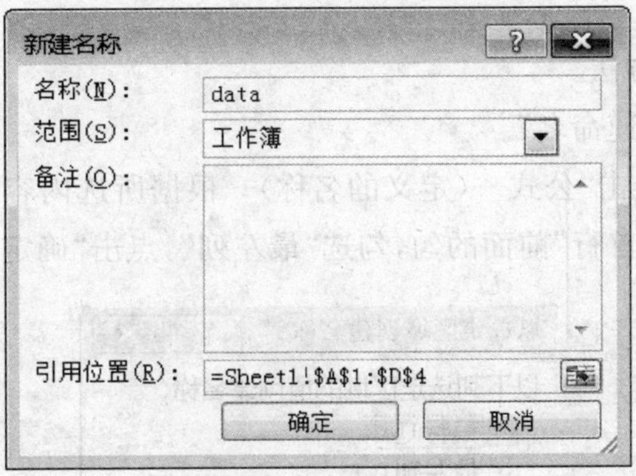

图 13-1　给区域命名

这样以后使用到这个区域时，就可以使用刚才定义的名称，更加方便直观。当再次选中 A1:D4 时，在名称框中会出现区域名称:data。

点击名称框旁的下拉箭头，可以看到当前工作簿里定义的所有区域名称，单击某个区域名称，则该名称对应的区域被选中。

技巧

1. 区域命名时，所取名称要以字母或下划线开头，名称中不能包含空格，不能与现在的命名或单元格名称重复。

2. 同一个区域可以有多个名称，但一个名称不可以对应多个区域。

步骤3：

区域命名的另一种方法。

单击工作表标签“区域命名2”。

选中B2:B9区域；在名称框中输入“城市”，按回车键，如图13-2所示。

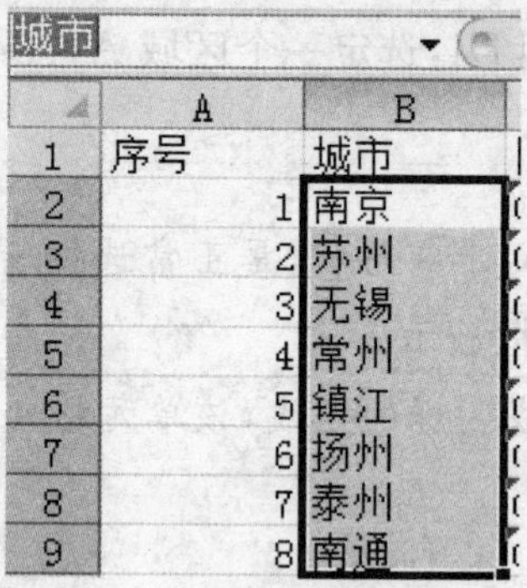

图13-2 选中区域后命名

这时，选中的区域B2:B9被命名为“城市”，这种方法在区域命名中最为常用。

步骤4：

区域命名的第三种方法。

单击工作表标签“快速命名”。

选择B2:C9区域，点击“公式—(定义的名称)—根据所选内容创建”，弹出“以选定区域创建名称”对话框，去掉“首行”前面的勾，勾选“最左列”，点击“确定”按钮，如图13-3所示。

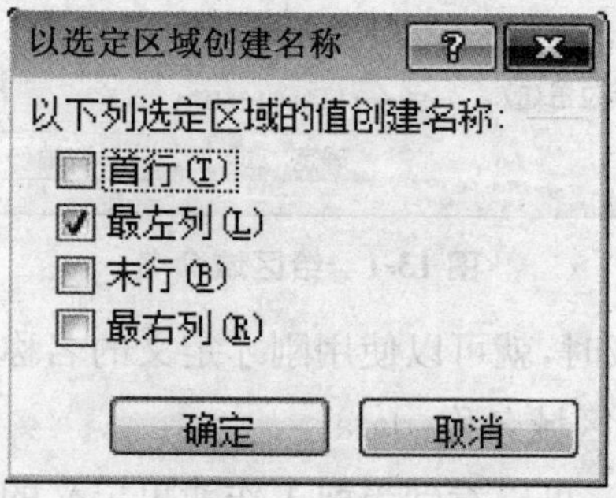

图13-3 根据选定内容建创名称

这样，C2:C9的区域就被命名为B2:B9区域中相应的名称；如C3单元格的区域名称为对应的B3单元格“苏州”。

步骤 5：

管理工作簿中定义的名称。

点击“公式—(定义的名称)—名称管理器”，弹出“名称管理器”对话框，如图 13-4 所示。

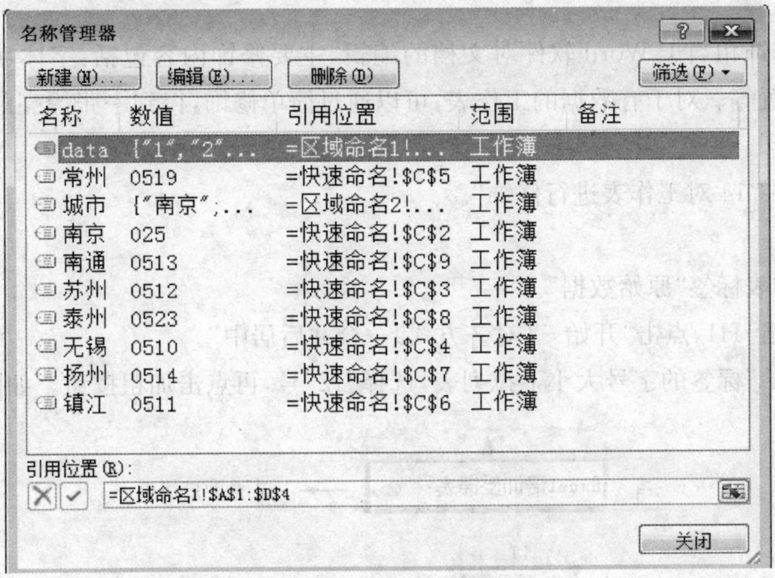

图 13-4　名称管理器

名称管理器中可以查看工作簿中已定义的名称、数值、引用位置等信息，按“新建”可以定义新的名称；按“编辑”按钮可以修改当前名称的设置和引用位置；按“删除”可以删除对应的名称。

点击“关闭”按钮，退出“名称管理器”。

步骤 6：

单击工作表标签“区域命名 1”。

在 A1 至 D4 中任意输入一些数字。

点击 A5 单元格，输入“＝sum(data)”，按回车键，出现结果：136。

Sum 是 Excel 2010 的求和函数，求和的对象是 data 区域的引用位置，最后得到 data 区域中所有单元格数据之和。

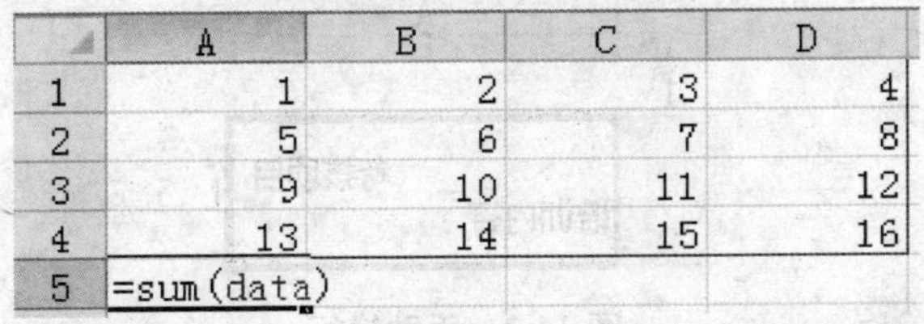

图 13-5　使用区域名称求和

子任务 14 对工作表进行修饰

工作表修饰相当于 Word 软件对文档的编辑，主要修饰内容包括：字体字号、单元格设置、工作表设置等。对于有数据的工作表，可以通过简单修饰，得到一张漂亮的工作表，易于阅读，便于打印。

对应文件“14 对工作表进行修饰”。

步骤 1：

单击工作表标签“原始数据”。

选中 A1 至 H1，点击“开始—(对齐方式)—合并后居中”。

单击“开始”标签的字号大小下拉列表，选择“12”号，再点击加粗按钮。如图 14-1 所示。

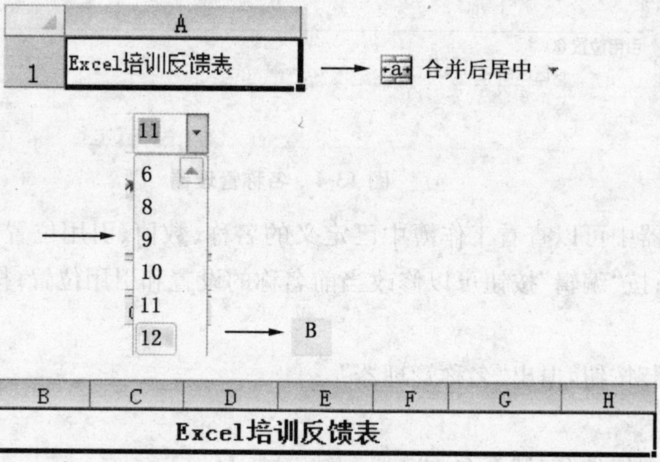

图 14-1 字体字号的修饰

步骤 2：

双击 A2 单元格，进行编辑状态，将光标移到“培训内容”前，按“Alt＋回车键”，产生手动换行。通过添加空格的方法，使两行错开，如图 14-2 所示。

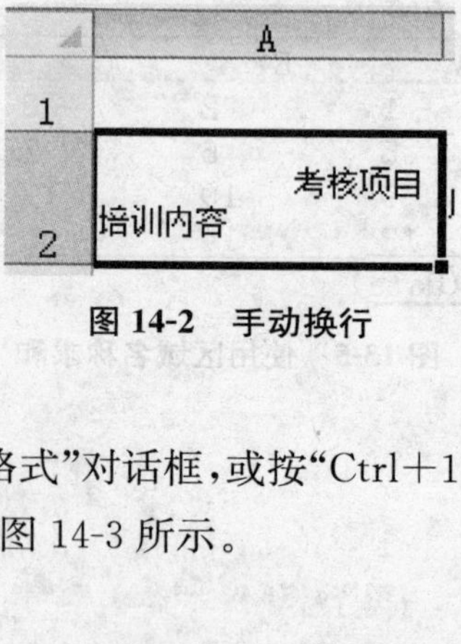

图 14-2 手动换行

步骤 3：

右击 A2，打开“设置单元格格式”对话框，或按“Ctrl＋1”直接打开“设置单元格格式”，单击“边框”标签，点击“右斜线”，如图 14-3 所示。

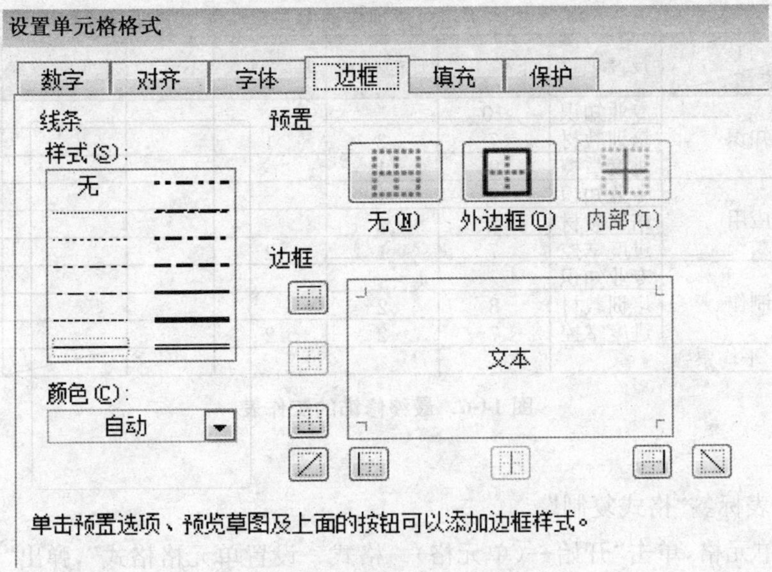

图 14-3　给单元格加斜线

同样设置 G12 单元格，效果如图 14-4 所示。

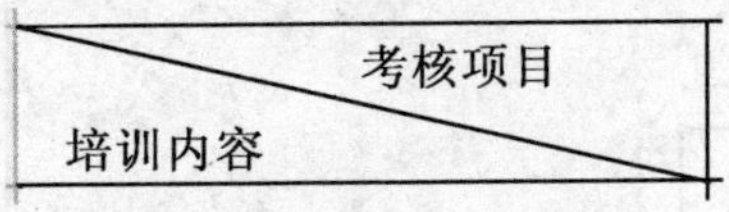

图 14-4　添加斜线的单元格

步骤 4：

选中 A2 至 H12 区域，单击“开始—(字体)—边框”，在“边框”下拉列表选择“所有框线”；单击字号下拉列表，选“12”号；单击“对齐方式”中的“居中”按钮，如图 14-5 所示，常用的开始功能区按钮。

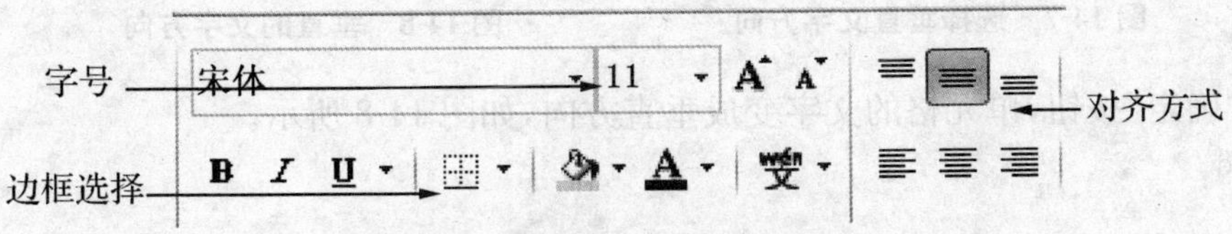

图 14-5　常用的开始功能区按钮

步骤 5：

选中 A3 至 A5，点击“开始—合并后居中”；同样设置：A6 至 A8 区域、A9 至 A11 区域。

步骤 6：

选择 A2 至 H2 区域，按“Ctrl＋1”，选择“填充”选项卡，在背景色中选择棕色。

步骤 7：

按“Ctrl＋A”，单击“开始”标签中“单元格”中“格式”中的“自动调整行高”和“自动调整列宽”，最终效果如图 14-6 所示。

Excel培训反馈表							
考核项目 / 培训练内容	反馈项目	非常满意	比较满意	基本满意	不满意	非常满意率	不满意率
基础知识	专业知识	10					
	培训教材	7	2	1			
	进度掌控	9	1				
函数应用	专业知识	9	1				
	培训教材	8	2				
	进度掌控	7	1	2			
图表制作	专业知识						
	培训教材	8	2				
	进度掌控	7	2	2			
平均票数							

图 14-6　最终修饰的工作表

步骤 8：

单击工作表标签“格式复制”。

单击 A4 单元格，单击“开始—(单元格)—格式—设置单元格格式”，弹出“设置单元格格式”对话框。

在“设置单元格格式”对话框中，单击“对齐”标签，在“方向”框中，选择垂直方向，如图 14-7所示。

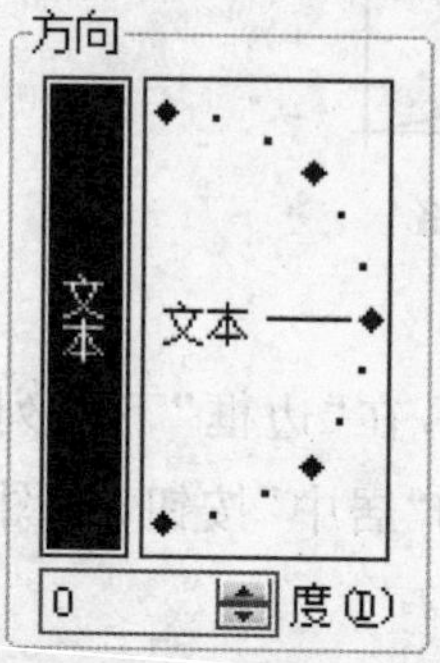

图 14-7　选择垂直文字方向

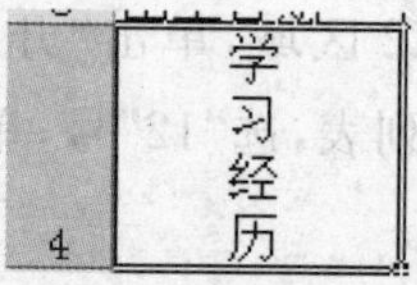

图 14-8　垂直的文字方向

单击“确定”按钮，单元格的文字变成垂直方向，如图 14-8 所示。

步骤 9：

单击 A4 单元格，双击“开始—(剪贴板)—格式刷 格式刷”。

分别单击 A5 和 A6 单元格，两个单元格的格式变得与 A4 一样。

单击“开始—(剪贴板)—格式刷 格式刷”或者按 Esc 键，取消格式刷功能。

步骤 10：

单击 A1 单元格，拖曳鼠标到 F6，选中区域 A1:F6。

步骤 11：

单击“开始—(剪贴板)—格式刷 格式刷”。

拖动鼠标选择 A10:F15。

这时，A10:F15 区域的对应单元格格式与 A1:F6 完全一样。

技巧

1. 使用“格式刷”时，单击格式刷，则可以使用一次格式刷功能。双击格式刷，则可以使用多次格式刷功能，但用后要取消格式刷。

2. 利用格式刷进行区域格式复制时，两个区域的大小不要求完全一样，但被刷区域的单元格会变得与原区域的对应单元格格式一致，尽管不同的单元格格式可能不一样。

子任务 15　对数据进行修饰和检查

Excel 2010 中，数据有六种类型，分别是：文本、数值、时间日期、公式和函数、逻辑值和错误值。前五种数据都可以由用户手动输入。用户在手动输入数据时，往往会出现一些意想不到的结果，为了保证数据的正确性，有必要对数据进行检查。Excel 2010 提供多种方法对数据进行检查。

对应文件“15 对数据进行修饰和检查”。

步骤 1：

单击工作表标签“职工基本数据”。

选中 D2 至 D11 区域，单击“数据—(数据工具)—数据有效性—数据有效性”，弹出“数据有效性”对话框。

步骤 2：

在“数据有效性”对话框中选择“设置”选项卡。在“允许”下拉列表中选择“日期”。在“数据”下拉列表中选择“介于”。

在“开始日期”与“结束日期”分别输入“1980-1-1”和“1985-1-1”，单击“确定”按钮，如图 15-1 所示。

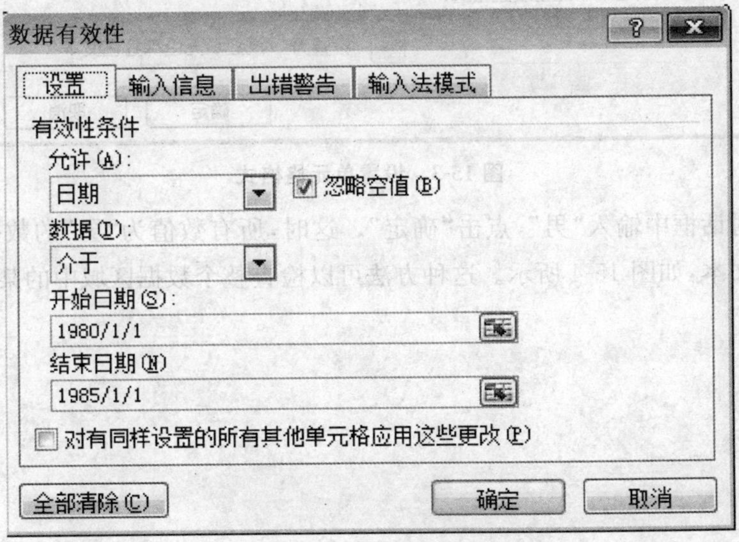

图 15-1　确定数据有效性

步骤 3：

再次选中 D2 至 D11，单击“数据—(数据工具)—数据有效性—圈释无效数据”，这时不符合要求的数据被加上了红圈，如图 15-2 所示。

	A	B	C	D	E	F	G
1	序号	姓名	性别	出生日期	学历	部门	联系方式
2	1	王家鹏	男	1980-6-20	本科	营销部	13101854788
3	2	冯志杰	男	1982-3-13	硕士	财务部	13773585363
4	3	吴青松	男	1979-9-14	本科	总经办	15895634080
5	4	印玉洁	女	1980-11-11	专科	营销部	13511759280
6	5	高俊	男	1983-2-10	博士	财务部	18952598898
7	6	丁俊	男	1981-1-17	本科	采购部	13151105892
8	7	张军玲	女	1980-12-4	硕士	广告部	15189851398
9	8	赵星宇	男	1978-12-3	本科	人事部	18605226798
10	9	贾旻茜	女	1983-5-2	硕士	后勤部	15852873644
11	10	张嘉惠	女	1977-10-16	博士	人事部	13952730853

图 15-2　圈释无效数据

注意

1. 给已有的数据的区域添加数据有效性时，虽然有些数据不符合有效性要求，但不会提示出错。

2. 圈释无效数据对同一张工作表中不同的数据有效性区域都有效。

步骤 4：

给单元格设置条件格式。

选择 C2：C11 区域，点击“开始—(样式)—条件格式—突出显示单元格规则—等于”；出现窗口，如图 15-3 所示。

图 15-3　设置单元格格式

在“等于”对话框中输入“男”，点击“确定”。这时，所有数值为“男”的数据，单元格背景显示为深红色文本，如图 15-4 所示。这种方法可以检查整个数据区域中的某个值。

序号	姓名	性别	出生日期	学历
1	王家鹏	男	1980/6/20	本科
2	冯志杰	男	1982/3/13	硕士
3	吴青松	男	1979/9/14	本科
4	印玉洁	女	1980/11/11	专科
5	高俊	男	1983/2/10	博士
6	丁俊	男	1981/1/17	本科
7	张军玲	女	1980/12/4	硕士
8	赵星宇	男	1978/12/3	本科
9	贾旻茜	女	1983/5/2	硕士
10	张嘉惠	女	1977/10/16	博士

图 15-4　条件格式

步骤 5：

选中 C2:C11 区域，单击“开始—(样式)—条件格式—清除规则—清除所选单元格规则”，可以将这个区域的规则清除掉。

步骤 6：

检查重复人员数据。

单击工作表标签“数据检查”。

单击 H1 单元格，输入“辅助列”。

步骤 7：

单击 H2 单元格，输入公式“＝COUNTIF(＄B＄2:＄B＄13,B2)”，如图 15-5 所示。

H	I	J
辅助列		
=COUNTIF($B$2:$B$13,B2)		

图 15-5　输入辅助列公式

提高

输入完毕后，按回车键，得到结果。

1. COUNTIF()是条件计数函数，格式为 COUNTIF(区域，条件)，返回区域中满足条件的单元格个数。

2. 函数的“条件”可以是数字、表达式、单元格引用或文本字符串。例如表示为 32、“>32”、B4.“苹果”或“32”、“>”&B4，条件中可以使用通配符。

步骤 8：

拖动 H2 单元格的填充柄到 H13 单元格，得到结果，如图 15-6 所示。

辅助列
1
2
1
2
1
1
2
1
2

图 15-6　辅助列计算结果

在辅助列,结果为 1 的为唯一值,结果不是 1 的,则表示为重复值。

技巧

1. 利用 COUNTIF()函数可以统计姓“王”的员工人数,以“数据检查”工作表为例,公式为“＝COUNTIF(B:B,”王??”)”。

2. 如果统计“营销部姓王”的职工数量,则用到 COUNTIFS()函数进行多条件计数,公式为“＝COUNTIFS(B:B,”王??”,F:F,”营销部”)”。

步骤 9:

通过条件格式进行检查重复数据。

单击 B 列列标,选中整个 B 列。

单击“开始—(样式)—条件格式—新建规则”,弹出“新建格式规则”对话框,在“选择规则类型”中,点选“仅对唯一值或重复值设置格式”。

在“编辑规则说明”框中,“全部设置格式”中选择“重复”,单击“格式”按钮,弹出“设置单元格格式”对话框,在“字形”列表中点选“加粗”,在“颜色”的下拉列表中,选择“红色”,在“特殊效果”中勾选“删除线”,如图 15-7 所示。

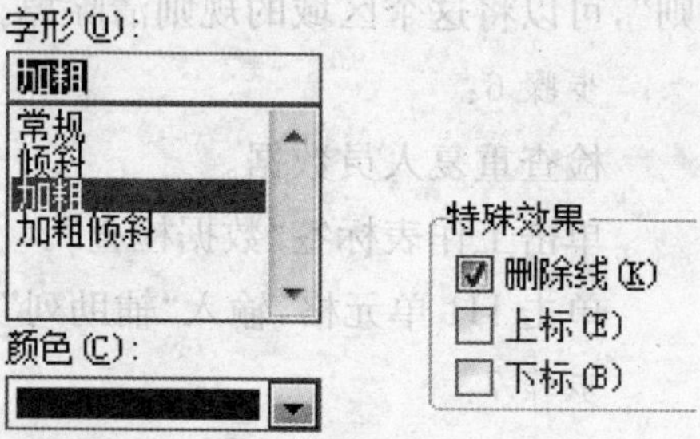

图 15-7 设置文字效果

设置完毕后,单击“确定”按钮返回“新建格式规则”对话框,如图 15-8 所示。

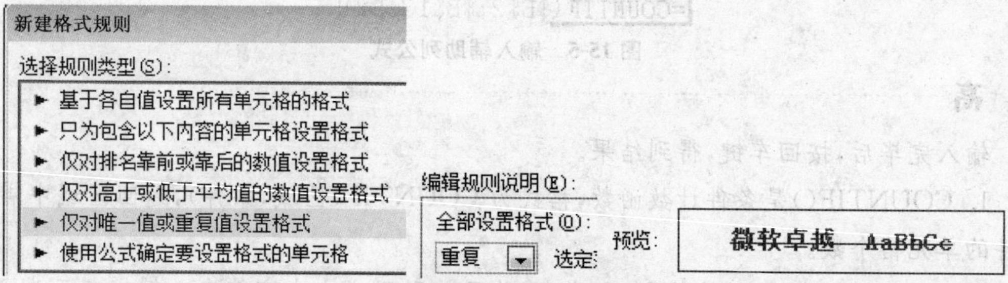

图 15-8 新建格式规则

设置完毕后,单击“确定”按钮,结果 B 列中,所有重复的姓名变成了红色加粗并带删除线,如图 15-9 所示。

序号	姓名	性别	出生日期
1	王家鹏	男	1980/6/20
2	~~丁俊~~	男	1981/1/17
3	冯志杰	男	1982/3/13
4	~~吴青松~~	男	1979/9/14
5	印玉洁	女	1980/11/11
6	高俊	男	1983/2/10
7	~~丁俊~~	男	1981/1/17
8	张军玲	女	1980/12/4
9	~~吴青松~~	男	1979/9/14

图 15-9 设置条件后的重复数据

子任务 16　浏览工作表内容

当工作表内容较多，一屏容不下时，就需要用到水平滚动条和垂直滚动条来调整查看区域。此外，Excel 2010 还提供了其他的一些工具来浏览数据。

对应文件“16 浏览工作表内容”。

步骤 1：

单击工作表标签“浏览数据”。

拖动水平滚动条和垂直滚动条来浏览整个工作表数据。

步骤 2：

单击“视图—(窗口)—冻结窗口—冻结首行”。如图 16-1 所示。

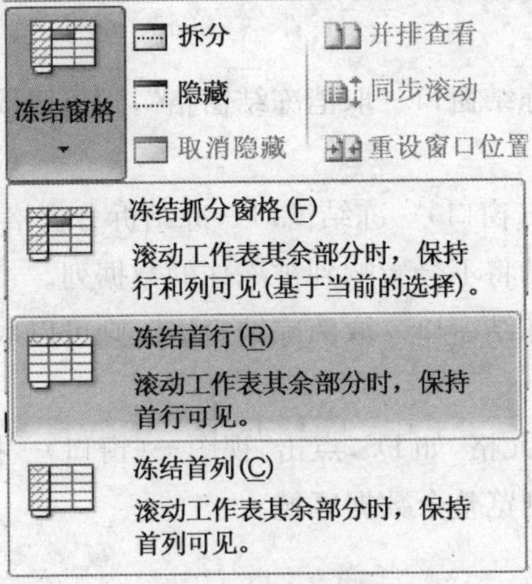

图 16-1　冻结首行

这时，数据区域的标题行就会被固定在第一行，无论垂直滚动条怎么滚动，第一行始终在顶端。

单击“视图—(窗口)—冻结窗口—取消冻结窗格”，则可以取消冻结窗口。

如果选择“冻结首列”，则数据区域的第一列被固定，移动水平滚动条将对第一列不产生的作用。

步骤 3：

选中第 10 行，单击“视图—(窗口)—冻结窗口—冻结拆分窗格”，如图 16-2 所示。

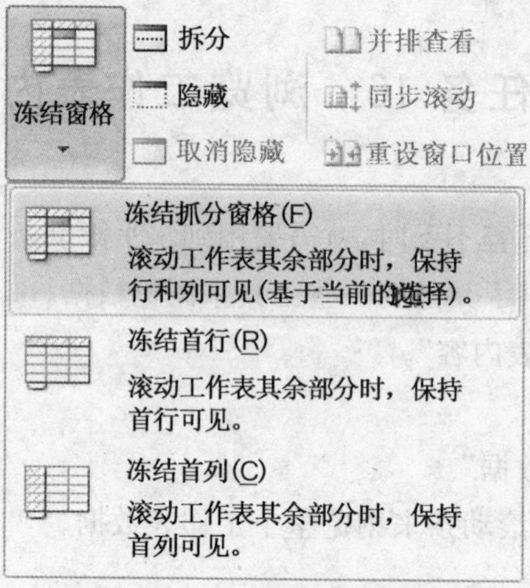

图 16-2　冻结拆分窗格

这时，前 10 行的数据被冻结，移动垂直滚动条，滚动条的移动不会影响到被冻住的数据区域。

单击“视图—(窗口)—冻结窗口—取消冻结窗格”，则可以取消冻结窗口。

步骤 4：

选中 C 列，单击“视图—(窗口)—冻结窗口—冻结拆分窗格”，这时，前 A 列和 B 列的数据被冻结，水平滚动条的滚动将不会影响到被冻住的数据列。

单击“视图—(窗口)—冻结窗口—取消冻结窗格”，则可以取消冻结窗口。

步骤 5：

单击数据区域的任意单元格，如 D5，点击“视图—(窗口)—拆分”，则窗口分成四个小窗口，每个小窗口都可以独立浏览整个数据区域。

步骤 6：

点击数据区域的一整行或一整列，如第 5 行或 G 列，点击“视图—(窗口)—拆分”，则窗口分为水平或垂直的两个窗口，每个窗口都可以浏览整个数据区域。

步骤 7：

点击工作表窗口的水平拆分按钮，可以将窗口水平拆分为两个窗口，上下两个窗口的数据一样，分别可以浏览不同的数据部位，如图 16-3 所示。

	A	B	C	D	E
1	日期	代码	买入单价	买入数量	卖出
2	2012/1/1	600066	523.98	1617	5
3	2012/1/2	600029	314.4	1932	3
1	日期	代码	买入单价	买入数量	卖出
2	2012/1/1	600066	523.98	1617	5
3	2012/1/2	600029	314.4	1932	3
4	2012/1/3	600010	356.89	1134	3

	A	B	A	B
1	日期	代码	日期	代码
2	2012/1/1	600066	2012/1/1	600066
3	2012/1/2	600029	2012/1/2	600029
4	2012/1/3	600010	2012/1/3	600010
5	2012/1/4	600013	2012/1/4	600013
6	2012/1/5	600073	2012/1/5	600073
7	2012/1/6	600058	2012/1/6	600058

图 16-3　水平和垂直拆分窗口

点击工作表窗口右下角的垂直拆分按钮，可以将窗口分为左右两个窗口，上下两个窗口的数据一样，分别可以浏览不同的数据部位，如图 16-3 所示。

步骤 8：

分页预览。分页预览模式可以很方便地显示当前工作表的打印区域以及分页设置，并且可以直接在视图中调整分页。

点击“视图—(工作簿视图)—分页预览”，系统提示：

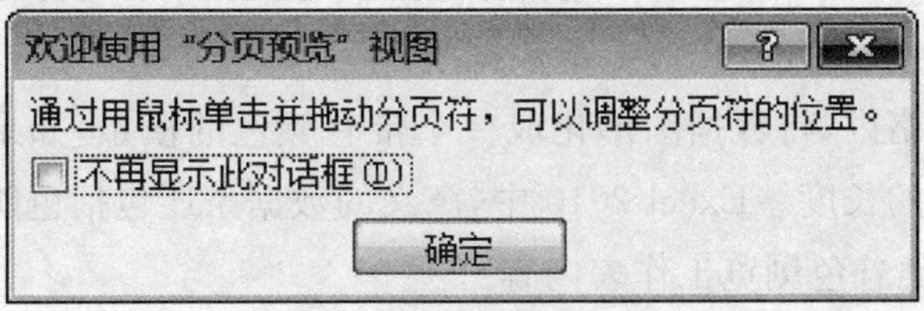

图 16-4　分页预览的提示

点击“确定”，然后，页面进入分页预览模式，如图 16-5 所示。

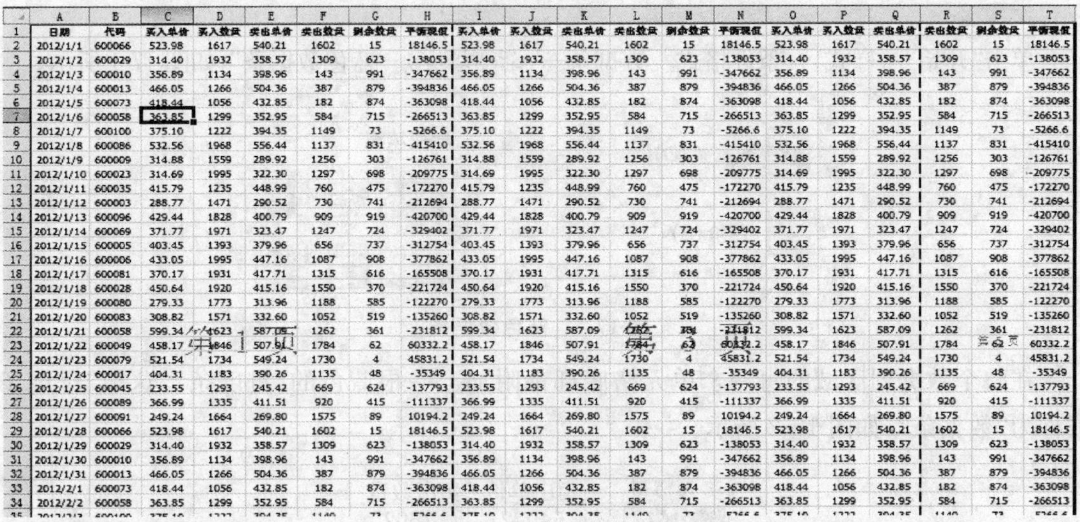

	A	B	C	D	E	F	G	H	I	J	K	L	M	N	O	P	Q	R	S	T
1	日期	代码	买入单价	买入数量	卖出单价	卖出数量	剩余数量	平衡现值	买入单价	买入数量	卖出单价	卖出数量	剩余数量	平衡现值	买入单价	买入数量	卖出单价	卖出数量	剩余数量	平衡现值
2	2012/1/1	600066	523.98	1617	540.21	1602	15	18146.5	523.98	1617	540.21	1602	15	18146.5	523.98	1617	540.21	1602	15	18146.5
3	2012/1/2	600029	314.40	1932	358.57	1309	623	-138053	314.40	1932	358.57	1309	623	-138053	314.40	1932	358.57	1309	623	-138053
4	2012/1/3	600010	356.89	1134	398.96	143	991	-347662	356.89	1134	398.96	143	991	-347662	356.89	1134	398.96	143	991	-347662
5	2012/1/4	600013	466.05	1266	504.36	387	879	-394836	466.05	1266	504.36	387	879	-394836	466.05	1266	504.36	387	879	-394836
6	2012/1/5	600073	418.44	1056	432.85	182	874	-363098	418.44	1056	432.85	182	874	-363098	418.44	1056	432.85	182	874	-363098
7	2012/1/6	600058	363.85	1299	352.95	584	715	-266513	363.85	1299	352.95	584	715	-266513	363.85	1299	352.95	584	715	-266513
8	2012/1/7	600100	375.10	1222	394.35	1149	73	-5266.6	375.10	1222	394.35	1149	73	-5266.6	375.10	1222	394.35	1149	73	-5266.6
9	2012/1/8	600086	532.56	1968	556.44	1137	831	-415410	532.56	1968	556.44	1137	831	-415410	532.56	1968	556.44	1137	831	-415410
10	2012/1/9	600009	314.88	1559	289.92	1256	303	-126761	314.88	1559	289.92	1256	303	-126761	314.88	1559	289.92	1256	303	-126761
11	2012/1/10	600023	314.69	1995	322.30	1297	698	-209775	314.69	1995	322.30	1297	698	-209775	314.69	1995	322.30	1297	698	-209775
12	2012/1/11	600035	415.79	1235	448.99	760	475	-172270	415.79	1235	448.99	760	475	-172270	415.79	1235	448.99	760	475	-172270
13	2012/1/12	600003	288.77	1471	290.52	730	741	-212694	288.77	1471	290.52	730	741	-212694	288.77	1471	290.52	730	741	-212694
14	2012/1/13	600096	429.44	1828	400.79	909	919	-420700	429.44	1828	400.79	909	919	-420700	429.44	1828	400.79	909	919	-420700
15	2012/1/14	600069	371.77	1971	323.47	1247	724	-329402	371.77	1971	323.47	1247	724	-329402	371.77	1971	323.47	1247	724	-329402
16	2012/1/15	600005	403.45	1393	379.96	656	737	-312754	403.45	1393	379.96	656	737	-312754	403.45	1393	379.96	656	737	-312754
17	2012/1/16	600006	433.05	1995	447.16	1087	908	-377862	433.05	1995	447.16	1087	908	-377862	433.05	1995	447.16	1087	908	-377862
18	2012/1/17	600081	370.17	1931	417.71	1315	616	-165508	370.17	1931	417.71	1315	616	-165508	370.17	1931	417.71	1315	616	-165508
19	2012/1/18	600028	450.64	1920	415.16	1550	370	-221724	450.64	1920	415.16	1550	370	-221724	450.64	1920	415.16	1550	370	-221724
20	2012/1/19	600080	279.33	1773	313.96	1188	585	-122270	279.33	1773	313.96	1188	585	-122270	279.33	1773	313.96	1188	585	-122270
21	2012/1/20	600083	308.82	1571	332.60	1052	519	-135260	308.82	1571	332.60	1052	519	-135260	308.82	1571	332.60	1052	519	-135260
22	2012/1/21	600058	599.34	1623	587.09	1262	361	-231812	599.34	1623	587.09	1262	361	-231812	599.34	1623	587.09	1262	361	-231812
23	2012/1/22	600049	458.17	1846	507.91	1784	62	60332.2	458.17	1846	507.91	1784	62	60332.2	458.17	1846	507.91	1784	62	60332.2
24	2012/1/23	600079	521.54	1734	549.24	1730	4	45831.2	521.54	1734	549.24	1730	4	45831.2	521.54	1734	549.24	1730	4	45831.2
25	2012/1/24	600017	404.31	1183	390.26	1135	48	-35349	404.31	1183	390.26	1135	48	-35349	404.31	1183	390.26	1135	48	-35349
26	2012/1/25	600045	233.55	1293	245.42	669	624	-137793	233.55	1293	245.42	669	624	-137793	233.55	1293	245.42	669	624	-137793
27	2012/1/26	600089	366.99	1335	411.51	920	415	-111337	366.99	1335	411.51	920	415	-111337	366.99	1335	411.51	920	415	-111337
28	2012/1/27	600091	249.24	1664	269.80	1575	89	10194.2	249.24	1664	269.80	1575	89	10194.2	249.24	1664	269.80	1575	89	10194.2
29	2012/1/28	600066	523.98	1617	540.21	1602	15	18146.5	523.98	1617	540.21	1602	15	18146.5	523.98	1617	540.21	1602	15	18146.5
30	2012/1/29	600029	314.40	1932	358.57	1309	623	-138053	314.40	1932	358.57	1309	623	-138053	314.40	1932	358.57	1309	623	-138053
31	2012/1/30	600010	356.89	1134	398.96	143	991	-347662	356.89	1134	398.96	143	991	-347662	356.89	1134	398.96	143	991	-347662
32	2012/1/31	600013	466.05	1266	504.36	387	879	-394836	466.05	1266	504.36	387	879	-394836	466.05	1266	504.36	387	879	-394836
33	2012/2/1	600073	418.44	1056	432.85	182	874	-363098	418.44	1056	432.85	182	874	-363098	418.44	1056	432.85	182	874	-363098
34	2012/2/2	600058	363.85	1299	352.95	584	715	-266513	363.85	1299	352.95	584	715	-266513	363.85	1299	352.95	584	715	-266513

图 16-5　分页预览效果图

分页预览的模式下，蓝色的边框线就是分页的边界线，通过鼠标可以调整页面。

步骤 9：

单击“页面布局—(分隔符)—插入分页符”，可以插入一个水平分页符，如图 16-6 所示。

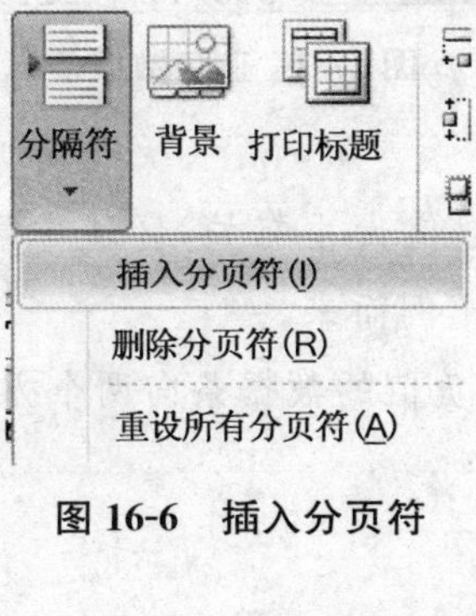

图 16-6　插入分页符

在页面中插入一道蓝色水平分页符。

子任务 17　分类着色浏览工作表内容

数据条是 Excel 2007 开始新增的功能之一，利用该功能可以非常直观地查看区域中数值的大小情况。从 Excel 2010 起，数据条的长度表示更加准确，增添了负值的数据条表示，并且当数据区域包含错误值时，仍可显示数据条。

数据条是在单元格内，将数据图形化成一个带有颜色的横条，如果是一个区域，则根据数据大小决定颜色条的长度。Excel 2010 中，广义的数据条还包括色阶、图标集。

对应文件“17 分类着色浏览工作表内容”。

步骤 1：

单击工作表标签“股票”，单击 D 列标签，选中整个 D 列。

步骤 2：

单击“开始—(样式)—条件格式—数据条—(渐变填充)—蓝色数据条”，如图 17-1 所示。

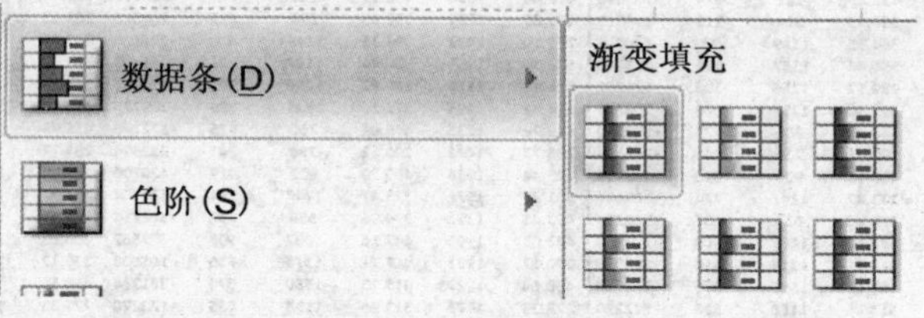

图 17-1　蓝色数据条

在整个数据列区域的每一个单元格底部都附加上一根蓝色的“进度条”，这根“进度条”被称为“数据条”，如图 17-2 所示。

买入数量	卖出单价	卖出数量
1617	540.21	1602
1932	358.57	1309
1134	398.96	143
1266	504.36	387
1056	432.85	182
1299	352.95	584
1222	394.35	1149
1968	556.44	1137

图 17-2　蓝色数据条

提高

1. 数据条的长短与单元格数值大小有关，区域中最大数据的数据条长度占满单元格，其他单元格数据条长度根据比例而来。

2. 如果区域中有负值，则正负值的数据条向两个方向绘制，以示区别。

步骤 3：

单击 F 列标签，选中 F 列。

步骤 4：

单击“开始—(样式)—条件格式—色阶—绿黄红色阶”，如图 17-3 所示。

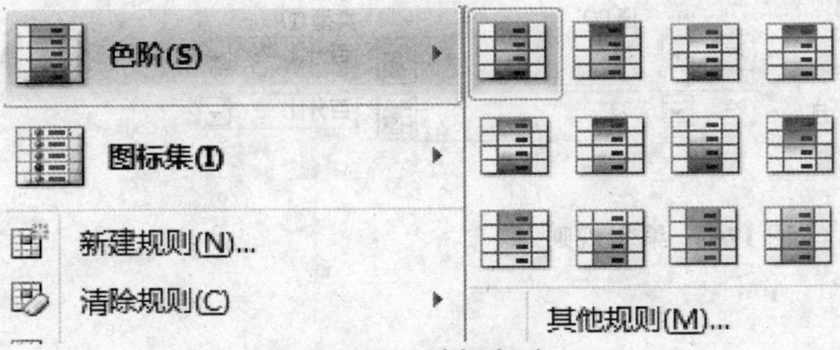

图 17-3　选择色阶

卖出单价	卖出数量	剩余数量
540.21	1602	15
358.57	1309	623
398.96	143	991
504.36	387	879
432.85	182	874
352.95	584	715
394.35	1149	73
556.44	1137	831

图 17-4　色阶显示结果

在一个单元格区域中，显示双色渐变或三色渐变，在本例中，数据最大者显示绿色，其次为黄色、红色，如图 17-4 所示。

步骤 5：

单击 G 列标签，选中 G 列。

步骤 6：

单击“开始—(样式)—条件格式—图标集—(方向)—三向箭头(彩色)”，如图 17-5 所示。

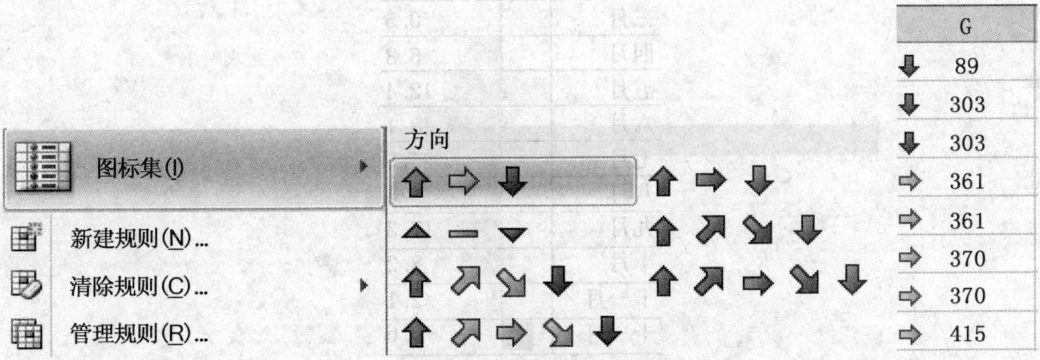

图 17-5　选择三向箭头和结果

步骤 7：

查看规则。

单击 G 列标签，选中 G 列。

点击“开始—(样式)—条件格式—管理规则”，在弹出的对话框中选中“图标集”规则，再单击“编辑规则”，出现规则说明，如图 17-6 所示。

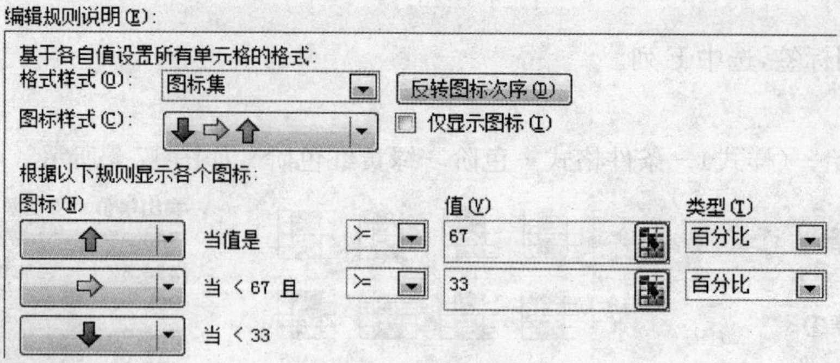

图 17-6　编辑规则

步骤 8:

单击工作表标签“温度”。

单击列标签 B,选中 B 列。

步骤 9:

单击“开始—(样式)—条件格式—数据条—(实心填充)—绿色数据条”,在本例中,正负数表示为不同方向的数据条。最大值与最小值在单元格中显示为最长的数据条,其他数据依比例显示。结果如图 17-7 所示。

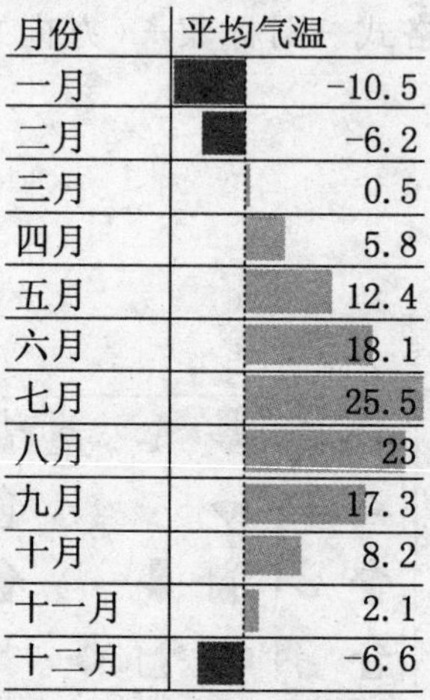

图17-7　带有负数的数据条

步骤 10:

清除规则。

点击“开始—(样式)—条件格式—清除规则—清除整个工作表的规则”,如图 17-8 所示。

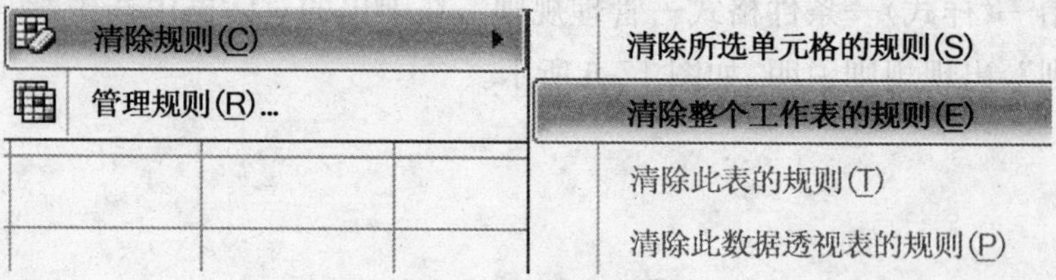

图 17-8　清除规则

步骤 11：

假设平均气温 10 摄氏度至 20 摄氏度之间为适宜温度，用绿色标记，低于 10 摄氏度用黄色标记，高于 20 摄氏度用红色标记。

单击 B 列标签，选中 B 列。

单击“开始—（样式）—条件格式—新建规则”，弹出“新建格式规则”对话框。

步骤 12：

在“新建格式规则”对话框中的“选择规则类型”窗格中，选择“基于各自值设置所有单元格的格式”。

在“编辑规则说明”窗格中，“格式样式”选择“图标集”，“图标样式”暂不选择。

“图标”规则是：第一个图标选择“红色圆，带边框”，比较运算方式选“〉”，“类型”为“数字”，在“值”文本框输入 20。

第二个图标选择“绿色圆”，比较运算方式选“〉＝”，“类型”为“数字”，在“值”文本框输入 10。

第三个图标选择“黄色圆”，整个设置如图 17-9 所示。

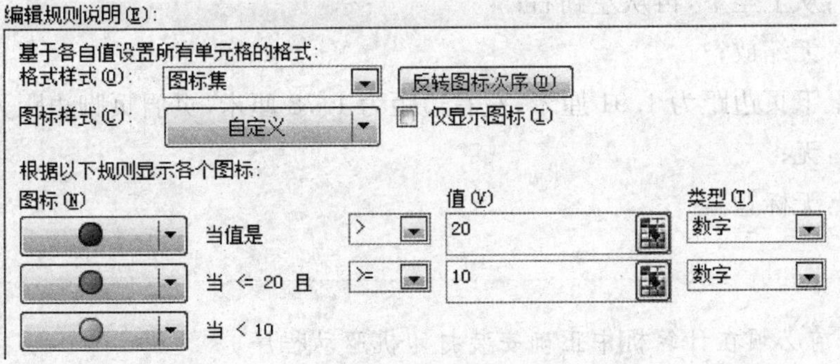

图 17-9　设置规则

步骤 13：

点击“确定”按钮，不同气温范围带有不同的颜色显示，一目了然，如图 17-10 所示。

月份	平均气温
一月	-10.5
二月	-6.2
三月	0.5
四月	5.8
五月	12.4
六月	18.1
七月	25.5
八月	23
九月	17.3
十月	8.2
十一月	2.1
十二月	-6.6

图 17-10　自定义规则结果

子任务 18　打印工作表

打印工作表，是利用 Excel 2010 进行办公的主要目的，Excel 2010 可以进行页面设置，方便地将内容打印出来。

Excel 2010 最常用的是快速打印。快速打印指的是不需要用户进行进一步确认，就可以直接打印。如果当前工作表没有进行过任何有关打印选项的设置，Excel 2010 会自动以默认的打印方式对其进行设置，默认的内容是：

打印内容：当前选定工作表中所有包含数据或格式的区域，包括图形、图表，不包括单元格批注；

打印份数：1 份；

打印范围：整个工作表中包含数据和格式的区域；

打印方向：纵向；

打印顺序：从上至下，再从左到右；

打印缩放：无缩放；

页边距：上下页边距为 1.91 厘米，左右边距为 1.78 厘米，页眉页脚边距为 0.76 厘米；

页眉页脚：无；

打印标题：无标题。

注意

1. 打印前必须在计算机中正确安装打印机驱动程序。
2. 必须将打印机设为默认打印机。

对应文件“18 打印工作表”。

步骤 1：

打印当前工作表。

单击工作表标签“打印”。

单击“文件—打印”，出现打印对话框，如图 18-1 所示。

单击“打印”按钮，则打印当前工作表。

单击“设置”下拉列表，选择“打印整个工作簿”，则打印整个工作簿内容，如图 18-2 所示。

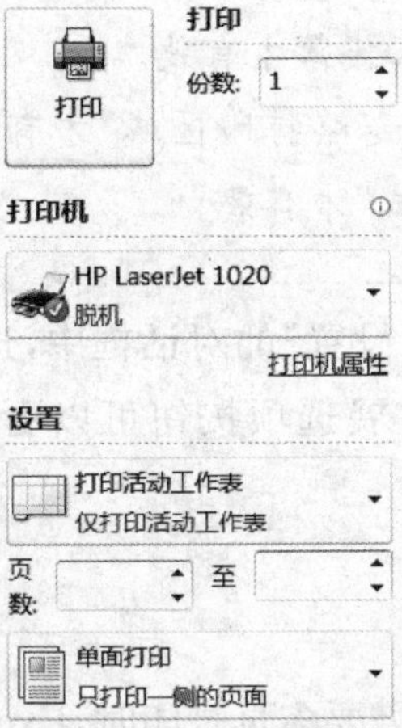

图 18-1　“打印”对话框

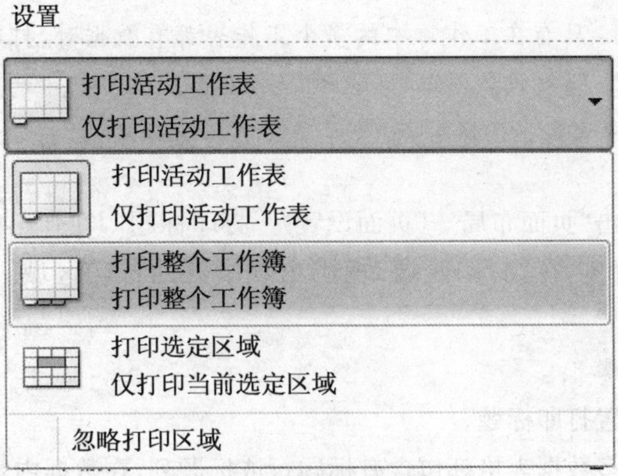

图 18-2　设置打印对象

步骤 2：

打印选定区域。

方法一：

选定区域：A1：G10，点击“文件—打印”，在“打印”对话框中的“设置”下拉菜单中选择“打印选定区域”，再点击“打印”按钮。如图 18-2 所示。

方法二：

选定区域：A1：G10，点击“页面布局—(页面设置)—打印区域—设置打印区域”，如图 18-3 所示。这时该区域被系统自动命名为“Print_Area”，在默认情况下，点击打印即打印这个区域。在名称管理器中可以对“Print_Area”进行编辑，参见“子任务 13”。

图 18-3　设置打印区域

注意

1. 只有在工作簿中的多个工作表都有数据时，打印整个工作簿才有效。

2. 只有设置了“打印区域”后，设置菜单中打印选项中的“忽略打印区域”才有效；工作表中选定了区域后，设置菜单中打印选项中的“打印选定区域”才有效。

点击“页面布局—(页面设置)—打印标题”，在弹出的“页面设置”的对话框中，选择“工作表”标签，在“打印区域”框中出现默认的打印区域。点击扩展选项按钮可以更改打印区域。

步骤 3：

设置打印标题。

许多数据表格都包含有标题行或标题列，在数据内容较多，需要多页打印时，Excel 2010 可以将标题行或标题列重复打印在每个页面上。

点击“页面布局—(页面设置)—打印标题”，在弹出的“页面设置”对话框中单击“工作表”选项卡。

点击“顶端标题行”框中，输入“1：1”，或者点击扩展选项按钮，选择第一行，如图 18-4 所示。

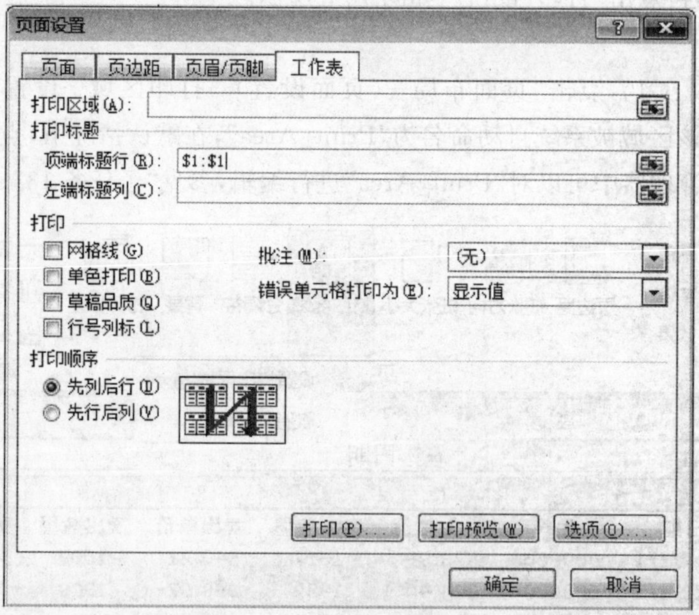

图 18-4 设置打印标题

这样每页的数据前就会加上标题行。

步骤 4：

设置工作表背景。

单击“页面布局—(页面设置)—背景”，弹出“工作表背景”图片选择对话框，在对话框中，首先选择文件类型，常见的图片文件均可以作为工作表背景，如 JPG、BMP、TIF、EMF、

GIF 等，选择相应文件，点击“打开”按钮，如图 18-5 所示。

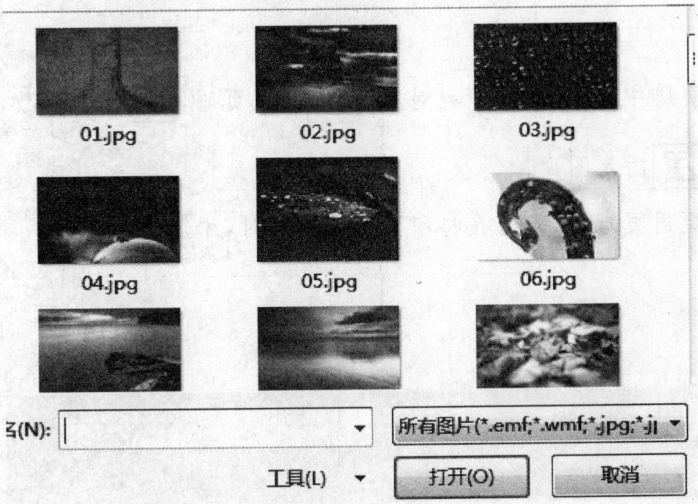

图 18-5 选择背景图片

在设置了背景后，单击“页面布局—(页面设置)—“删除背景”，可以删除已设置的背景。

步骤 5：

设置页眉页脚。

单击“页面布局—(页面设置)—”，打开“页面设置”对话框。

在打开的“页面设置”对话框中，单击“页眉/页脚”标签，点击“页眉”下拉列表，可以选择页眉模版，如图 18-6 所示。

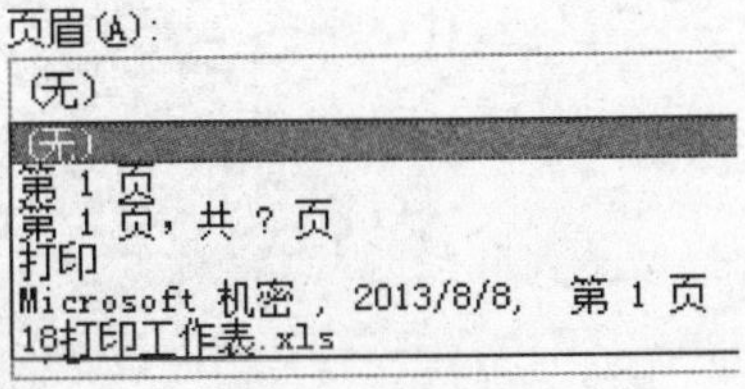

图 18-6 页眉模版

单击“自定义页眉”，弹出“页眉”对话框，在“中”框中，输入“股票买卖一览表”，单击“确定”按钮，此时页眉设置完毕，如图 18-7 所示。

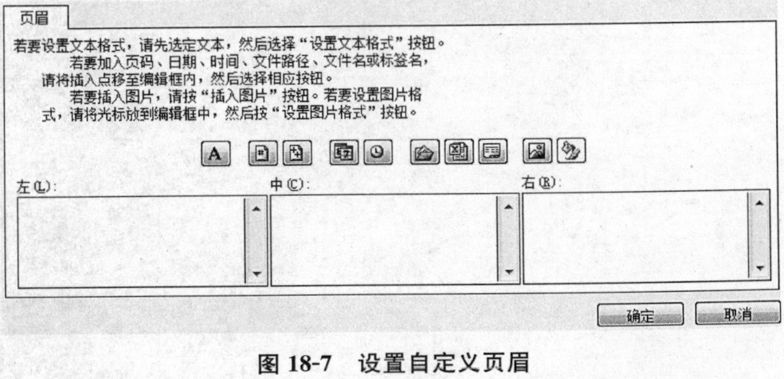

图 18-7 设置自定义页眉

同样，可以设定页脚。

技巧

1. 在页眉页脚中，可以插入下列对象：[#]插入页码，[+]插入页数，[日期]插入日期，[时间]插入时间，[图片]插入图片。

2. 设置完页眉页脚后，只有在打印预览或打印时，才能看到效果。

任务4　计算职工和营销数据

任务说明

本任务主要是通过 Excel 2010 的函数计算相关数据。在完成任务的过程中，一方面熟悉 Excel 2010 常用函数的用法；另一方面，熟悉如何构造方案，通过函数来实现方案。

任务结构

子任务 19　提取职工信息

子任务 20　计算工资数据

子任务 21　计算分店的产值数据

子任务 22　填写分析表

子任务 23　存款方案比较

子任务 24　计算等额还款额

Excel 2010 具有十分强大的计算功能，这些计算功能通过公式与函数来实现。公式(Formula)是以"＝"号为引导，通过运算符号按照一定的顺序组合进行数据运算处理的等式。函数是按特定算法执行计算的产生一个或一组结果的预定义的特殊公式。

子任务 19　提取职工信息

职工的身份证号码里面包含有地区信息、出生日期信息和性别信息。通过对身份证号码的分析，可以得出这些信息。

对应文件"19 提取职工信息"。

步骤 1：

单击工作表标签"提取职工信息"；在 B2：B5 区域是职工的身份证号码，其中有两个版本，一是 15 位身份证号，另一种是 18 位身份证号。15 位身份证号的出生年份是两位，而 18 位身份证号的日期有四位。

步骤 2：

单击 C2 单元格，输入公式"＝mid(b2,7,8)"，得到结果"19901017"。

提高

1. Excel 2010 中，所有的函数名称，包括函数前导的等号、函数里面的括号、逗号等字符必须是半角英文符号，否则会出错。函数名不区分大小写。

2. MID()函数的作用是摘取字符串中的部分字符。函数的格式是：MID(字符串，起始位置，长度)，函数返回摘取的字串。

3. LEN()函数的作用是返回字符串的长度。函数的格式：LEN(字符串)，函数返回字符串的长度值，即字符个数值。

4. IF()函数的作用是判断并返回结果。函数的格式：IF(逻辑判断，如果真的返回值，如果假的返回值)。

单击 C3 单元格，输入公式"＝mid(B3,7,6)"，得到结果"960506"。由于日期结果不满 8 位，可以更改公式，让日期达到 8 位，新公式为"＝"19"&mid(B3,7,6)"。

步骤 3：

可以通过 IF()函数将两个函数合二为一。

选择 C4 单元格，输入函数"＝IF(LEN(B4)＝15,"19"&MID(B4,7,6), MID(B4,7,8))"。

复制 C4 单元格到 C5，同样得到正确结果，如图 19-1 所示。

	A	B	C
1	姓名	身份证号	出生日期
2	张三	321002199010173322	19901017
3	李四	321002960506321	19960506
4	王五	321002199308025520	19930802
5	赵六	321027941218377	19941218

图 19-1　通过身份证号获取出生日期

注意

1. 同样的一个任务，可以通过不同的公式来完成，这也是 Excel 2010 公式与函数的魅力之所在。

2. 步骤 3 的公式也可以写成："＝if(len(B4)＝15,19,"")&mid(B4,7,6＋(len(B4)＝18)＊2)"

步骤 4：

根据出生日期计算年龄。

单击 D2 单元格，输入"＝DATEDIF(TEXT(C2,"0000-00-00"),TODAY(),"y")"，得到周岁值。

步骤 5：

根据身份证号得到性别信息。15 位身份证的最后一位，18 位身份证的倒数第二位代表性别信息，偶数为女性，奇数为男性。

单击 E2 单元格，输入公式"＝IF(MOD(RIGHT(LEFT(B2,17),1),2),"男","女")"。

提高

1. LEFT()函数与RIGHT()函数是取字符串函数，LEFT()从左起取字符串，RIGHT()从右起取字符串，格式：LEFT(字符串，位数)、RIGHT(字符串，位数)。

2. MOD()函数为取余数函数，也称取模函数，返回两个数相除的余数，格式MOD(被除数，除数)。

解释：通过LEFT()函数，取出身份证号的左边17位，如果不足17位，全部取出，然后再用RIGHT()函数，取出最右一位，再与2模除(MOD)，如果为1，则为奇数。Excel中，1也被认为逻辑值“真”，返回IF()函数的第二个参数“男”，否则返回“女”。

子任务20 计算工资数据

个人工资有很多项目，有增加项目，有扣款项目，还有个人所得税，而且这些数据经常变动，将这些项目作为模版输入到Excel 2010中，这样只需要改动数据，最终结果会随之变化。

对应文件“20计算工资数据”。

步骤1：

单击工作表标签“计算工资”。

单击J2单元格，计算“计发工资”字段，输入公式“＝G2＋H2＋I2”，或者“＝sum(G2,H2,I2)”，或者“＝sum(g2:I2)”。按回车键结束输入，如图20-1所示。

G	H	I	J
基本工资	加班费	餐补	计发工资
5830.5	800	120	=SUM(G2:I2)

图20-1 计算计发工资

提高

表示单元格区域的符号有三个：逗号、冒号和空格。逗号表示“枚举”，即多个区域的罗列，多个区域是并列的关系；冒号表示“连续区域”，冒号连接的两个单元格地址为一个矩形区域的两个角单元格；空格表示“交叉”，即空格连接的两个区域的交叉部分，若无交叉则提示出错。

步骤2：

移动鼠标到J2单元格的右下角，当鼠标箭头变成填充柄(黑色实心十字)时，拖动填充柄到J11单元格，所有单元格的“计发工资”计算出来。

步骤3：

计算公积金，公积金数额为基本工资的10%。

单击K2单元格，输入公式“＝G2＊10%”，按回车键，如图20-2所示。

G	H	I	J	K
基本工资	加班费	餐补	计发工资	公积金
5830.5	800	120	6750.5	=G2*10%

图 20-2　计算公积金

步骤 4：

一般公积金为整数，更改公式，使计算出的公积金为整数，点击 K2，更改公式为"＝int (G2＊10％)"，按回车键，如图 20-3 所示。

G	H	I	J	K
基本工资	加班费	餐补	计发工资	公积金
5830.5	800	120	6750.5	=INT(G2*10%)

图 20-3　重新计算公积金

步骤 5：

双击 K2 单元格的填充柄，将公式复制到 K11。

技巧

1. 拖动填充柄与双击填充柄的区别是：拖动填充柄可以拖到任意单元格，而双击则会自动复制到数据区域的最后一行，当遇到第一个空白单元格时停止。

2. 选中整个需要输入公式的区域，再输入公式，输入完毕后按 Ctrl＋Enter，可以一步实现输入和复制。

步骤 6：

计算"计扣工资"字段。

单击 N2 单元格，输入公式"＝K2＋L2＋M2"。

复制 N2 单元格，到 N3 至 N11 单元格。

步骤 7：

计算"实发工资"字段。

单击 O2 单元格，输入公式"＝J2－N2"。

复制 O2 单元格，至 O3 至 O11 单元格，如图 20-4 所示。

J	K	L	M	N	O
计发工资	公积金	房租	水电费	计扣工资	实发工资
6750.5	583	450	100	1133	=J2-N2

图 20-4　计算实发工资

提高

1. 在步骤 6 和步骤 7 中，复制公式时，公式中的单元格地址会随着公式地址的变化而变化，这种地址称为相对地址，其中 O2 单元格公式为"＝J2－N2"，复制公式到 O3 时，公式下移一行，则公式内的地址也下移一行，变为"J3－N3"。

2. Excel 2010 中的单元格地址有三类：相对地址、绝对地址和混合地址。绝对地址需要在列号与行号前加“$”(如$A$5)，在使用时不随公式地址变化而变化；混合地址则是在行号或列号前加“$”(如$A1，A$1)，在使用时，如果公式的行号和列号发生变化，公式中没有加绝对符号(即$)的发生变化，而加绝对符号的不变。

步骤8：

计算合计值。

单击C12单元格，单击“公式—(函数库)—其他函数—统计—COUNTA”，如图20-5所示。

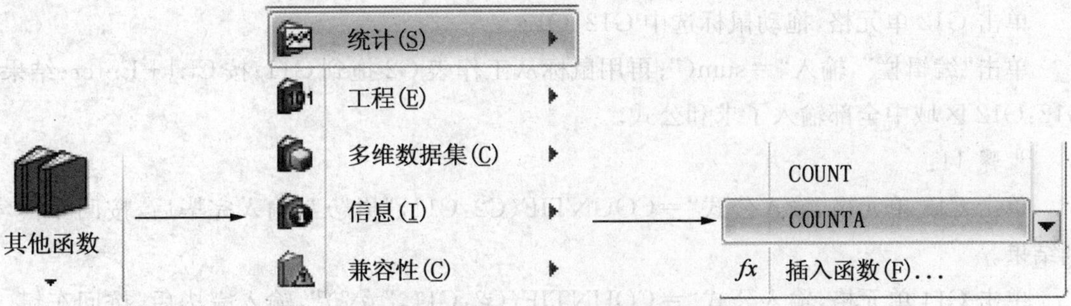

图20-5　通过函数向导插入函数

弹出“函数参数”对话框，如图20-6所示。

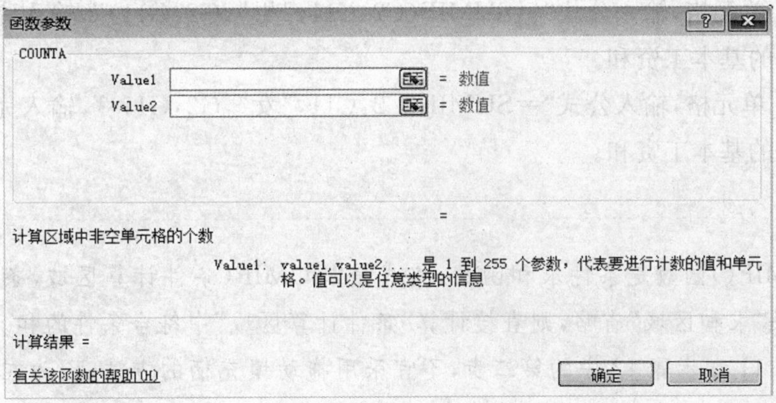

图20-6　“函数参数”对话框

步骤9：

在“函数参数”对话框中，可以看到函数的说明“计算区域中非空单元格的个数，区域中的值可以是任意类型”。

单击“VALUE1”参数框后的选择按钮；在工作表中拖动鼠标选择C2:C11区域，选定的区域自动写进“函数参数”对话框：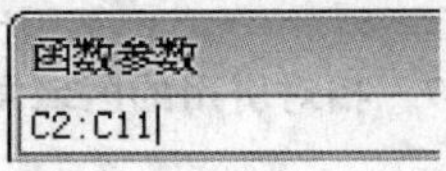。

再次点击选择按钮返回，点击“确定”按钮，在单元格得到函数计算结果10，同时在C12单元格自动生成函数“＝COUNTA(C2:C11)”。

提高

1. 与COUNTA()函数相似的计算函数是COUNT()函数，COUNT()函数以统计区域中数字型参数个数。

2. 任何函数，都可以单击“公式—(函数库)—插入函数”，在弹出的“插入函数”对话框中找到，然后通过向导插入函数。也可以直接在编辑栏输入函数。

步骤10：

单击G12单元格，拖动鼠标选中G12:O12。

单击“编辑栏”，输入“＝sum(”；再用鼠标从工作表G2拖到G11；按Ctrl＋Enter；结果在G12:O12区域中全部输入了求和公式。

步骤11：

单击C13单元格，输入公式“＝COUNTIF(C2:C11,"男")”，输入完毕后，按回车键，得到结果。

单击C14单元格，输入公式“＝COUNTIF(C2:C11,"女")”，输入完毕后，按回车键，得到结果。

步骤12：

单击G13单元格，输入公式“＝SUMIF(C2:C11,"男",G2:G11)”，输入完毕后，按回车键得到男职工的基本工资和。

单击G14单元格，输入公式“＝SUMIF(C2:C11,"女",G2:G11)”，输入完毕后，按回车键得到女职工的基本工资和。

提高

1. SUMIF()函数是条件求和函数，格式是“SUMIF(条件计算区域，条件[，求和区域])”。如果“求和区域”省略，则直接计算“条件计算区域”中符合条件的和。

2. 步骤11和步骤12中的第二步，不宜采用拖动填充柄的方法，因为在公式中采用的是相对地址，如果拖动，则“条件计算区域”会发生偏差，导致计算错误，如图20-7所示。

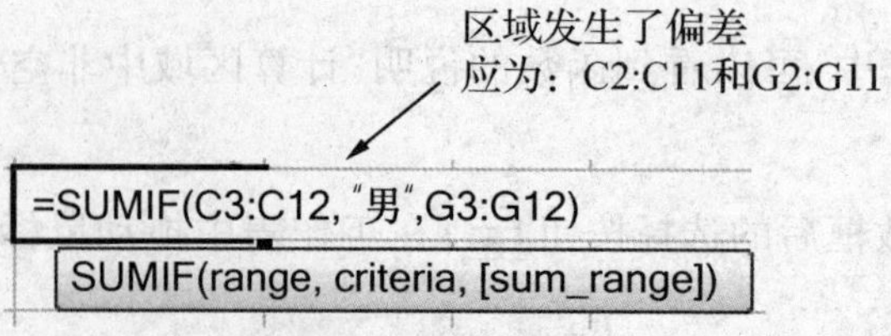

图20-7 相对引用的区域发生了偏差

步骤 13：

单击 G13 单元格，修改第一个参数区域为绝对引用："=SUMIF($C$2:$C$11,"男",G2:G11)"，修改完毕后按回车键。

拖动 G13 单元格的填充柄到 O13 单元格，得到所有男职工工资计算结果。

子任务 21　计算分店的销售数据

销售数据中包括分店名、产品名、单价和数量，在统计分析时，需要以人员或产品将销售额统计出来。在 Excel 2010 中，通过 SUMPRODUCT()函数可以将符合条件的数据抽取出来，并进行一定的运算且求和，方便地得到想要的结果。

对应文件"21 计算分店的销售数据"。

步骤 1：

单击工作表标签"销售数据"。

单击 K1 单元格，单击"公式—(函数库)—数学和三角函数—SUMPRODUCT"，弹出"函数参数"对话框，如图 21-1 所示。

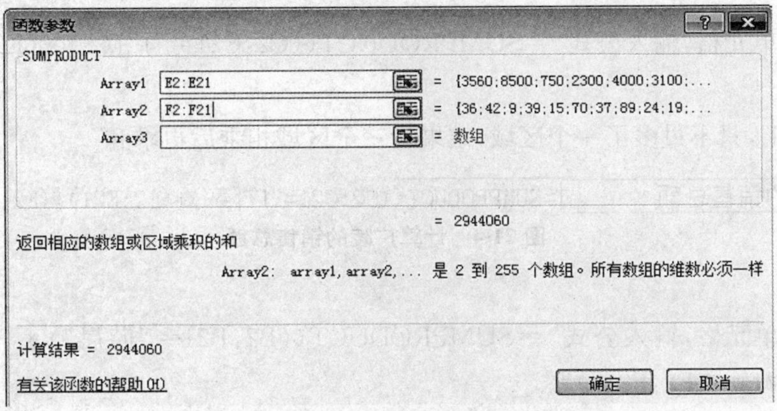

图 21-1　SUMPRODUCT 函数参数对话框

步骤 2：

在"函数参数"对话框中，数组区域 1(Array1)中输入"E2:E21"，数组区域 2(Array2)中输入"F2:F21"，点击"确定"按钮。

在 K2 单元格生成函数"=SUMPRODUCT(E2:E21,F2:F21)"，如图 21-2 所示。

H	I	J	K	L	M
所有地区的销售总额			=SUMPRODUCT(E2:E21,F2:F21)		
冰箱的销售总数量					
广陵的销售总额					
薛晨在邗江的销售总额					

图 21-2　SUMPRODUCT 函数

提高

1. SUMPRODUCT()函数的功能是区域乘积求和，函数格式是 SUMPRODUCT(区域 1,[区域 2]…)，要求所有区域的大小形状一样，函数返回所有区域中对应位置的数值乘积之和。

2. 步骤 2 的 K2 单元格函数也可以写成“= SUMPRODUCT((e2:e21) * (f2:f21))”。

步骤 3:

单击 K2 单元格，输入公式“=SUMPRODUCT((F2:F21) * ((D2:D21)="冰箱"))”，按回车键得到冰箱的总销量。

冰箱的销售总数量	=SUMPRODUCT((F2:F21)*((D2:D21)="冰箱"))

图 21-3　计算冰箱销量

解释:F2:F21 为全部产品的销量;(D2:D21)="冰箱"，产生一个新的区域(数组)，结果为 1 或 0，单元格内容是“冰箱”的结果为 1，否则为 0;两个区域相乘，则将后一区域中为 1 的销量保留下来，其余清为 0，再将这个区域求和，可以得到冰箱的总销量。

步骤 4:

单击 K3 单元格，输入公式“=SUMPRODUCT((C2:C21="广陵") * (E2:E21) * (F2:F21))”。

解释:同上，只不过多了一个区域，结果为三个区域相乘后再求和。

广陵的销售总额	=SUMPRODUCT((C2:C21="广陵")*(E2:E21)*(F2:F21))

图 21-4　计算广陵的销售总额

步骤 5:

单击 K4 单元格，输入公式“=SUMPRODUCT((B2:B21="薛晨") * (C2:C21="邗江") * (E2:E21) * (F2:F21))”。

解释:同上，再增加一个区域，四个区域相乘再求和。

薛晨在邗江的销售总额	=SUMPRODUCT((B2:B21="薛晨")*(C2:C21="邗江")*(E2:E21)*(F2:F21))

图 21-5　计算薛晨在邗江的销售总额

提高

1. SUMPRODUCT()函数默认支持数组，步骤 3、步骤 4 和步骤 5 均使用的数组功能，即区域直接相乘实为数组操作。

2. 将步骤 3、步骤 4 和步骤 5 中的函数名称从 SUMPRODUCT 换成 SUM，其他不变，输入完成后，按 Ctrl+Shirt+Enter 键，同样也能得到正确结果，这也是利用了 Excel 2010 的数组功能。

子任务 22　填写分析表

在计算分析数据时，常常会有一些例外的数据让计算出错，虽然 Excel 2010 的容错功能十分强大，但是用户还是可以选择多种方法来处理错误数据或计算。

对应文件“22 填写分析表”。

步骤 1：

单击工作表标签“数据分析”。

单击 G3 单元格，计算非常满意率，输入公式“＝C3/(C3＋D3＋E3＋F3)”；按回车键得到结果，结果是“1.00”；右击 G3 单元格，选择“设置单元格格式”，弹出“设置单元格格式”对话框，选择“数字”标签，在“分类”中选择“百分比”，如图 22-1 所示。

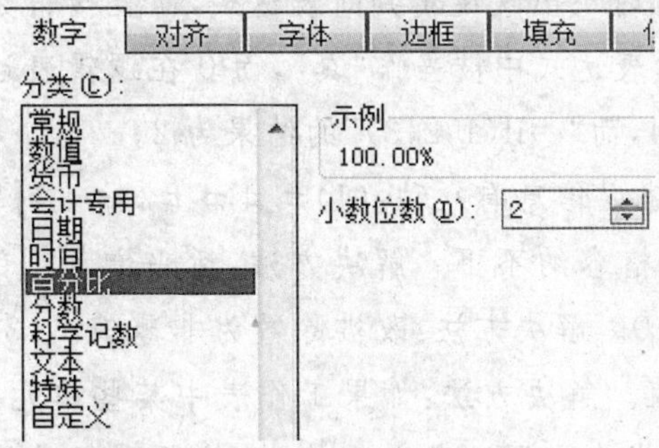

图 22-1　设置数字格式为百分比

单击“确定”按钮，计算结果变成 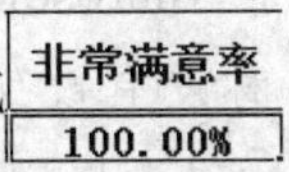

。

步骤 2：

单击 G4 单元格，拖曳鼠标到 G11 单元格，选中 G4:G11 区域；按住鼠标不放，再选中 F3:F11 区域，在选中的区域按鼠标右键，在弹出菜单中选“设置单元格格式”，弹出“设置单元格格式”对话框，选择“数字”标签，在“分类”中选择“百分比”，如图 22-1 所示。这样为整个选中区域设定了百分比格式。

步骤 3：

单击 G3 单元格，拖动填充柄到 G11 单元格，结果如图 22-2 所示。

由于售前服务没有输入数据，因此 G9 出现了错误，主要原因是公式的分母为 0，为了避免这种情况出现，将 G 列的公式修改。

单击 G3 单元格，G3 单元格的公式改为“＝IF(sum(C3:F3)，C3/sum(C3:F3)，0)”，再拖到填充柄到 G11，得到正确结果，G9 单元格的值为 0.00％，如图 22-2 所示。

非常满意率
100.00%
70.00%
90.00%
80.00%
70.00%
#DIV/0!
80.00%
70.00%

非常满意率
100.00%
70.00%
90.00%
80.00%
70.00%
0.00%
80.00%
70.00%

图 22-2 对比不同公式的结果

解释：sum(C3：F3)是求和得到总票数，在公式中首先作为 IF 函数的逻辑判断表达式，如果是非 0，则认为是“真”，取第二个参数：C3/sum(C3：F3)，如果为 0，取第三个参数 0，有效地避免了分母为 0 的情况。

提高

1. 在逻辑判断时，有时不出现逻辑判断表达式，而直接用数字来表示，因为在 Excel 2010 中，非 0 的数在逻辑表达式中被当作“真”，而 0 在逻辑表达式中被当作“假”。例如“＝if(0,2,4)”的结果为 4，而“＝if(1,2,3)”的结果为 2。

2. Excel 2010 中的错误信息有八种：(1)＃＃＃＃，输入到单元格中的数值太长或公式产生的结果太长，单元格容纳不下。解决方法：适当增加列的宽度。(2)＃div/0!，错误原因：除法时被除数为 0。解决方法：改被除数为非零值。(3)＃N/A，错误原因：函数或公式中没有可用的数值。解决方法：如果工作表中某些单元格暂时没有数值，在这些单元格中输入＃N/A，公式在引用这些单元格时，将不进行数值计算，而是返回＃N/A。(4)＃NAME!，错误原因：在公式中使用了 Microsoft Excel 不能识别的文本。解决方法：确认使用的名称确实存在，如所需的名称没有被列出，添加相应的名称，如果名称存在拼写错误，修改拼写错误。(5)＃NULL!，错误原因：当试图为两个并不相交的区域指定交叉点时，将产生以上错误。解决方法：如果要引用两个不相交的区域，使用和并运算符。(6)＃NUM!，错误原因：当公式或函数中某些数字有问题时，将产生该错误信息。解决方法：检查数字是否超出限定区域，确认函数中使用的参数类型是否正确。(7)＃REF!，错误原因：当单元格引用无效时，将产生该错误信息。解决方法：更改公式中的单元格或区域引用。(8)＃VALUE!，错误原因：当使用错误的参数或运算对象类型时，或当自动更改公式功能不能更正公式时，将产生该错误信息。解决方法：确认公式或函数所需的参数或运算符是否正确，并确认公式引用的单元格所包含均为有效的数值。

步骤 4：

单击 C12 元格，输入公式“＝IF(sum(C3：C11)，average(C3：C11)，0)”，拖动 C12 单元格的填充柄到 F12 单元格，得到全部结果，如图 22-3 所示。

Excel培训反馈表						
反馈 分析内容	反馈项目	非常满意	比较满意	基本满意	不满意	非常满意率
产品外观	产品颜色	10				100.00%
	产品手感	7	2	1		70.00%
	产品重量	9	1			90.00%
产品功能	操作方便	9	1			90.00%
	运行噪声	8	2			80.00%
	产品能耗	7	1	2		70.00%
产品服务	售前服务					0.00%
	售中服务	8	2			80.00%
	售后服务	7	2	2		70.00%
平均票数		8.13	1.57	1.33	0	

图 22-3 整个分析表

提高

1. AVERAGE()函数是求平均值函数,格式"=AVERAGE(单元格或区域1[,单元格或区域2],…)"。

2. AVERAGE()函数在计算平均值时,如果区域或单元格引用参数包含文本、逻辑值或空单元格,则这些值将被忽略,而0值将被计算在内。

子任务23 存款方案比较

方案说明1:企业现有存款100万元,准备存入银行,存期为十年。可选的存款方案有四种,分别为:(1)三个月,年利率2.85%;(2)一年,年利率3.25%;(3)两年,年利率3.75%;(4)五年,年利率4.75%。如果都采用复利计算,分析十年后哪种方案的本息和最大。

方案分析:对于方案(1),年利率为2.85%,三个月利率为2.85%/4,三个月后可以连本带息再次存入;对于方案(3),年利率为3.75%,必须存足两年,两年后才能连本带息再次存入,计算复利;方案(4)同方案(3)。

对应文件"23存款方案"。

步骤1:

单击工作表标签"存款方案1"。

步骤2:

单击C6单元格,输入公式"=B1*(1+C2/4)^40"。

得到结果:132.84万元。

步骤3:

单击C7单元格,输入公式"=B1*(1+C3)^10"。

得到结果:137.69万元。

步骤 4：

单击 C8 单元格，输入公式“＝B1＊(1＋C4＊2)^5”。

得到结果：143.56 万元。

步骤 5：

单击 C9 单元格，输入公式“＝B1＊(1＋C5＊5)^2”。

得到结果：153.14 万元。

最终结果如图 23-1 所示。

存款金额(万元)		100
定期整存整取年利率	三个月	2.85%
	一年	3.25%
	二年	3.75%
	五年	4.75%
十年后终值	三个月	132.8418962
	一年	137.6894304
	二年	143.5629326
	五年	153.140625

图 23-1　存款方案对比图

因此，应选择五年期存款方案。

方案说明 2：有两种存款方案：(1)每年年初固定地存 10 万元到银行，连续存十年；利率为 3.25%；(2)每半年存 5 万元到银行，连续存十年；半年期的年利率为 3.05%。

方案分析：从第一年起存入银行 10 万元，一年后连本带息重新存入，并加上新追加的 10 万元，这样到第十一年，得到最终的本息之和。半年期的方案与之类似。

步骤 6：

单击工作表标签“存款方案 2”。

步骤 7：

单击 B5 单元格，单击“公式—(函数)—财务—FV 函数”，如图 23-2 所示。

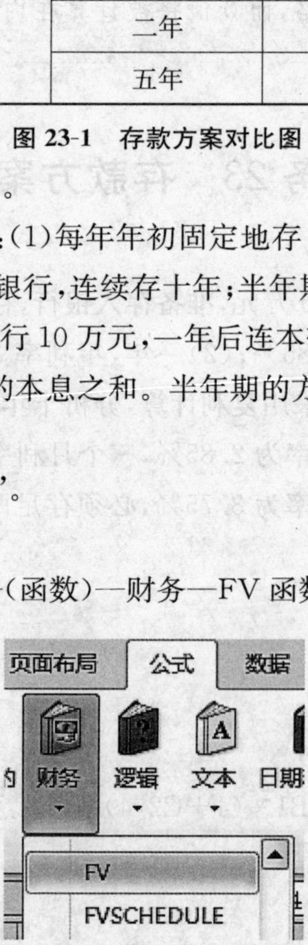

图 23-2　选择 FV 函数

弹出“FV 函数参数”对话框。

步骤 8：

单击“Rate”框，再单击 B3 单元格。

单击“Nper”框，再单击 B4 单元格。

单击“Pmt”框，再单击 B2 单元格。

单击“Type”框，输入 1。

点击“确定”按钮，B5 单元格得到最终结果 119.74 万元，如图 23-3 所示。

	A	B
1	方案一	
2	年金（万元）	10
3	一年利率	3.25%
4	期限（年）	10
5	终值	￥-119.74

图 23-3　年金方案一结果

C	D
方案二	
半年金（万元）	5
年利率	3.05%
期限（年）	10
终值	￥-117.67

图 23-4　年金方案二结果

步骤 9：

单击“Rate”框，再单击 D3 单元格，并修改为“D3/2”。

单击“Nper”框，再单击 D4 单元格，并修改为“D4 * 2”。

单击“Pmt”框，再单击 D2 单元格。

单击“Type”框，输入 1。

点击“确定”按钮；D5 单元格得到最终结果 117.67 万元，如图 23-4 所示。

注意

1. 在计算半年期投资方案时，利率为年利率一半；而投资期则是年数的两倍。
2. 函数中投资类型为 1 时，表示期初投资，而 0 表示期末投资。

提高

1. FV()函数是求年金终值函数，格式“＝FV(利率，总投资期，每期金额，已投入现值，投资类型)；返回投资期后，所有投资的终值。
2. FV()函数返回值是负数，表示未支取。

子任务 24　计算等额还款额

在汽车贷款的过程中，用户首付一部分车款，余款向银行贷款。在未来的一段时期内，按月等额向银行还款。对于不同的车型、不同的贷款额、不同的还款期限，制订方案。

对应文件“24 计算等额还款额”。

步骤 1：

单击工作表标签“还款方案”。

步骤 2：

单击 E3 单元格，单击“公式—（函数库）—财务—PMT”；弹出“PMT 函数参数”对话框。

单击“Rate”框，再点击 C9 单元格，再修改成“C9/12”。

单击“Nper”框，输入 12。

单击“Pv”框，再点击 D3 单元格。如图 24-1 所示。

图 24-1　PMT 参数

点击“确定”按钮，得到每月还款额：6885.31 元。

步骤 3：

双击 E3 单元格，在单元格和编辑栏出现公式，供用户修改，如图 24-2 所示。

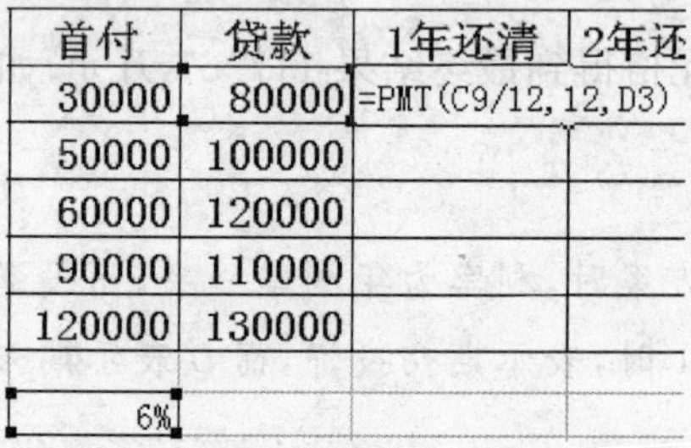

图 24-2　编辑公式

点击公式中 C9，按 F4，相对引用地址 C9 变成绝对引用 $C$9 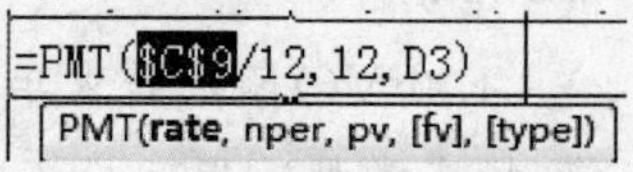，

按回车键。

拖动 E3 单元格的填充柄到 E5，得到全部结果，如图 24-3 所示。

步骤 4：

单击 F3 单元格，输入公式“＝PMT(＄C＄10/12,24,D3)”，按回车键。

车价	首付	贷款	1 年还清	2 年还清
110000	30000	80000	￥－6885.31	￥－3551.06
150000	50000	100000	￥－8606.64	￥－4438.82
180000	60000	120000	￥－10327.97	￥－5326.59
200000	90000	110000	￥－9467.31	￥－4882.71
250000	120000	130000	￥－11188.64	￥－5770.47

图 24-3　全部等额还款

双击 F3 单元格的填充柄，从 F3 至 F7 都得到计算结果，如图 24-3 所示。

技巧

1. 在公式或函数中使用到单元格地址时，可以单击目标单元格或拖动目标区域，将直接反映在公式或函数中。

2. 在公式和函数中使用到单元格地址时，反复按 F4 键，可以在相对地址、绝对地址、混合地址之间切换。

提高

1. PMT()函数是基于固定利率及等额分期付款方式，返回贷款的每期付款额。函数的格式是 PMT(利率，还款期数，贷款本金，未来余值，类型)。未来余值指最后一期还款后还得到的现金余额，默认为 0。类型为 1 表示期初还款，0 表示期末还款。

2. PMT()函数有时有的参数可以不输，这些参数可以省略，也可以用逗号间隔以示函数完整，如"=PMT($C$10/12,24,D7)"和"=PMT($C$10/12,24,D7,,)"是一样的。

任务5　查询与筛选职工和销售数据

任务说明

本任务主要是在数据清单中查找目标数据，查找数据有两种情况，一是直接搜索目标数据，二是搜索与目标数据相关的数据。在任务中，查找数据可以进行多重优化，Excel 2010不仅可以在数据区域中突显被查数据，还可以单独显示查找结果。

在 Excel 2010 中，另一种查找数据的方法是筛选，本任务中用户可以通过自动筛选和高级筛选分别来筛选数据。

任务结构

子任务 25　查找和替换职工数据

子任务 26　利用函数查询职工数据

子任务 27　优化职工数据查询

子任务 28　自动筛选销售数据

子任务 29　高级筛选销售数据

子任务 30　自定义条件筛选销售数据

子任务 25　查找和替换职工数据

一般意义上的查找就如同 Windows 平台的搜索。利用 Excel 2010 提供的编辑功能，可以查找替换一个工作表中的单元格数据。

对应文件“25 查找替换工资数据”。

步骤 1：

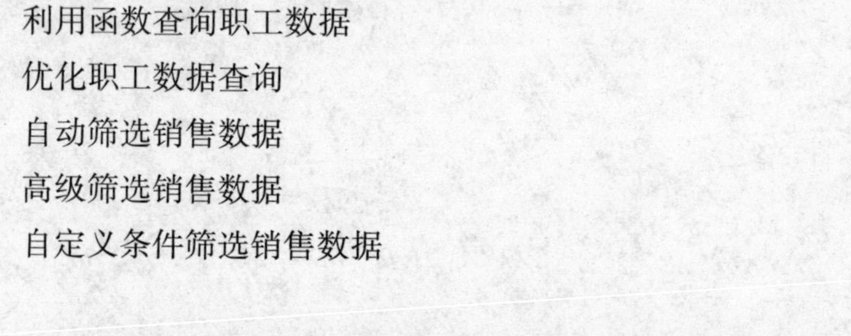

图 25-1　查找数据

单击工作表标签“工资”。

单击任意单元格，如 D2，单击菜单“开始—（编辑）—查找和选择—查找”，在“查找和替换”对话框中，点击“查找”选项卡，在查找内容框中输入“赵创”，如图 25-1 所示。

点击“查找下一个”，光标停留在第一个找到的单元格上，如果找不到，则弹出对话框，如图 25-2 所示。

图 25-2　“找不到正在搜索的数据”对话框

步骤 2：

单击任意单元格，如 D2，单击菜单“开始—（编辑）—查找和选择—替换”，在“查找和替换”对话框中，点击“替换”选项卡，在“查找内容”框中输入“财务部”，在“替换为”框中输入“人事部”，如图 25-3 所示。

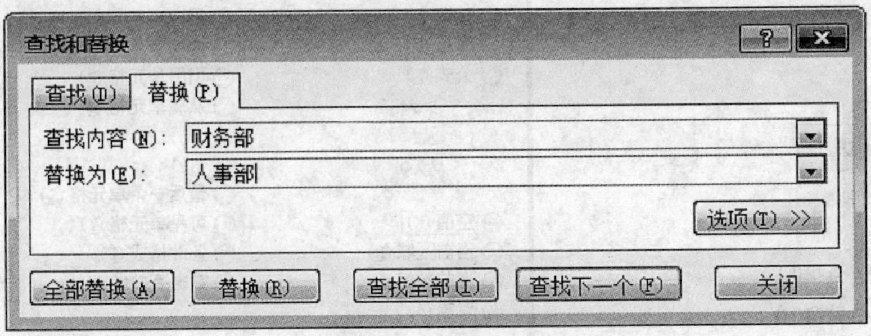

图 25-3　替换数据

单个替换按“替换”按钮，一次全部替换数据按“全部替换”按钮。

注意

Excel 2010 中，单击“查找和替换”对话框中的“选项”按钮，查找与替换可以按范围选择，有工作表和工作簿。搜索方式可以按行或按列。查找范围可以是按公式、值和批注。所有的查找与替换均可以区分大小写、单元格匹配、和区分全半角，这些选项在搜索时可以提高搜索效果。

步骤 3：

定位到单元格。

单击“开始—（编辑）—查找和选择—转到”，弹出“定位”对话框。

在“定位”对话框中的“引用位置”文本框中，输入想要转到的单元格，如 E10 单元格，如图 25-4 所示。

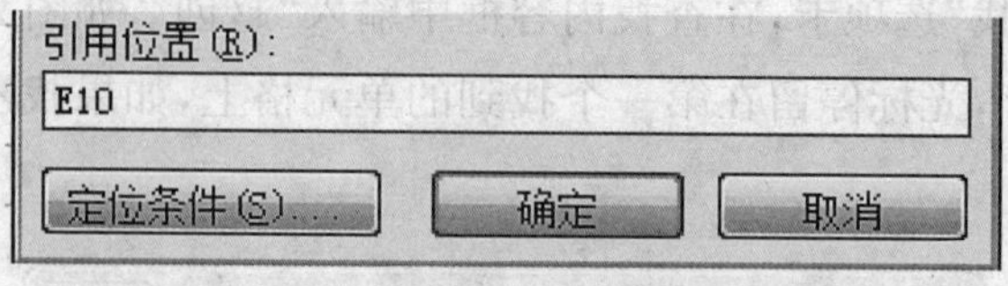

图 25-4 定位到某个单元格

输入完毕后，单击“确定”按钮，则光标定位到 E10 单元格。

步骤 4:

定位到特定单元格。

单击 I 列标签，选定整个 I 列。

单击“开始—(编辑)—查找和选择—定位条件”，弹出“定位条件”对话框，如图 25-5 所示。

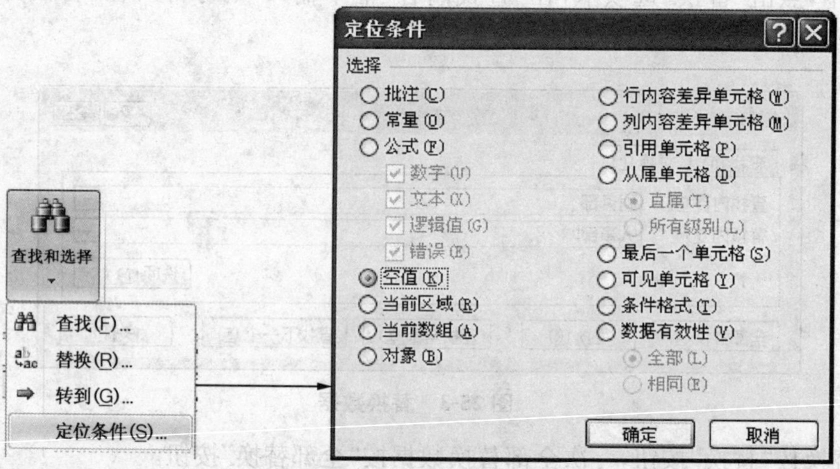

图 25-5 定位条件

在“定位条件”对话框中点选“空值”。点击“确定”按钮，则选定了本列数据区域中所有空单元格，如图 25-6 所示。

65.00	40.00
64.00	0.00
60.00	20.00
66.90	0.00
70.00	20.00
69.00	
67.90	

图 25-6 选定空单元格

注意

1. 空单元格与0值单元格是两个概念，空值即没有任何数值，而0是一个数值型数据。

2. 可以用 ISNUMBER()函数来测试两种单元格，如果是空单元格，返回 FALSE；如果是0值单元格，返回 TRUE。

步骤5：

单击工作表行标签“2”，拖曳鼠标到第6行，选中2至6行。

在选定区域右击鼠标，选择“隐藏”，如图25-7所示。

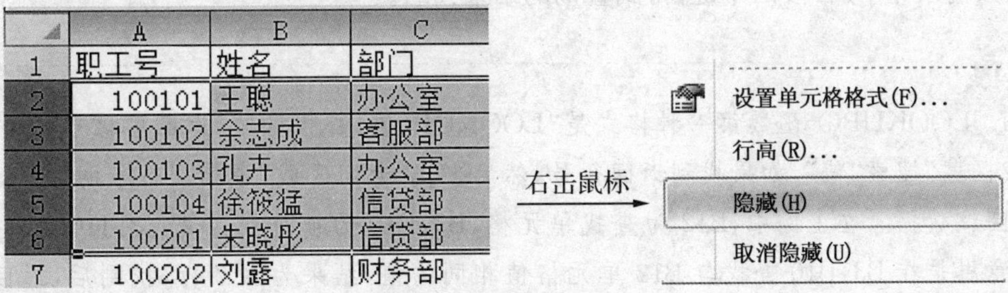

图 25-7 选定区域并隐藏

步骤6：

单击数据区域任意单元格，如A1单元格，按 Ctrl＋A。选中整个数据区域，单击“开始—(编辑)—选查和选择—定位条件”，弹出“定位条件”对话框。

在“定位条件对话框”中，点选“可见单元格” 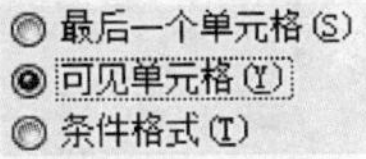

。点击“确定”按钮返回工作表。

步骤7：

在选定区域，按鼠标右键，选择“复制”，点击工作表标签栏的“新建工作表”，单击新工作表A1单元格，右击鼠标，选择“粘贴”，则“工资”工作表中所有可见的单元格被复制到新工作表中，否则会连同隐藏数据一起被复制过来。

子任务26 利用函数查询职工数据

利用函数查询是 Excel 2010 的特色。LOOKUP()函数、VLOOKUP()函数和 HLOOKUP()函数是查询数据时使用频率非常高的函数。这三个函数主要用于搜索用户查找范围的首行(首列)中满足条件的数据，并根据指定的列号(行号)，返回对应的值。

对应文件“26 利用函数查询职工数据”。

步骤 1：

单击工作表标签“查询数据”。

在 B12 单元格输入店名，如“银河店”。

步骤 2：

在 B13 单元格输入“＝LOOKUP(B12,B3:B10,J3:J10)，如图 26-1 所示。

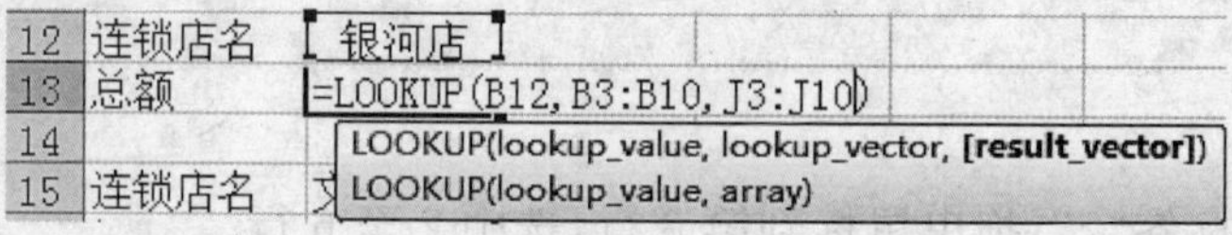

图 26-1 用 LOOKUP 函数查找数据

函数输入完毕后，按回车键，得到查询的结果：624。

提高

1. LOOKUP() 函数第一种格式是“LOOKUP(值，查找区域，返回区域)”。公式在“查找区域”搜索“值”，如果找到返回行号，然后查找“返回区域”中相同行号的数据，找到后返回该数据。在上例中，B12 为查找单元格，B3:B10 为被查找区域，J3:J10 为返回区域。意思是在 B3:B10 查找与 B12 单元格值相同的值，结果为第 7 行，找到后，返回 J3:J10 中第 7 行的值。

2. LOOKUP()函数的第二种格式是“LOOKUP(值，查找区域)”。默认情况下是“查找区域”的第一列为“查找区域”，而最后一列是“返回区域”，这样公式用起来更加简单。

步骤 3：

根据连锁店名查询经理姓名。

单击 B15 单元格，输入“文昌店”。

单击 B16 单元格，输入公式“＝LOOKUP(B15,B3:C10)”，输入完毕后按回车键。

单元格得到的结果为“孙佩”，结果不正确。

提高

1. LOOKUP()函数在查询时，采用二分法查找，要求查找区域是升序排序，如果没有排序，则可能出现错误结果。

2. 无序查找也是可以实现的，其思路是借助于构造错误信息，将无序变成有序，在 B17 单元格输入“＝LOOKUP(0,0/(B15＝B3:B10),C3:C10)”，则出现正确结果。理解过程：将 B15 与 B3:B10 的每个单元格数值进行比较，相等的为 true，不等的为 false，再用 0 除以这些结果，得到两种结果：0/true 得到 0，0/false 得到错误结果。在这个结果序列中，查找 0，就得到查找值在原始序列的正确位置了，再对应到结果区域，就能得到正确结果。

步骤4：

单击B17单元格，输入公式"＝LOOKUP(0,0/(B15＝B3:B10),C3:C10)"。输入结束按回车键，得到正确结果"李丽"，如图26-2所示。

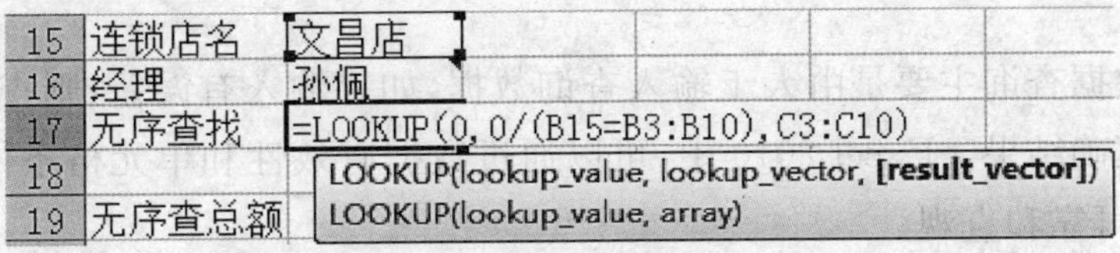

图26-2　利用LOOKUP进行无序查询

步骤5：

利用VLOOKUP()查询。VLOOKUP()函数提供了两种查询模式：精确查询和模糊查询。模糊查询相当于LOOKUP()查询，要求先排序后查询，而精确查询则可以实现无序查询。

单击B20单元格，在单元格中输入公式"＝VLOOKUP(B19,B3:C10,2)"，按回车键，得到错误结果为"孙佩"，如图26-3所示。

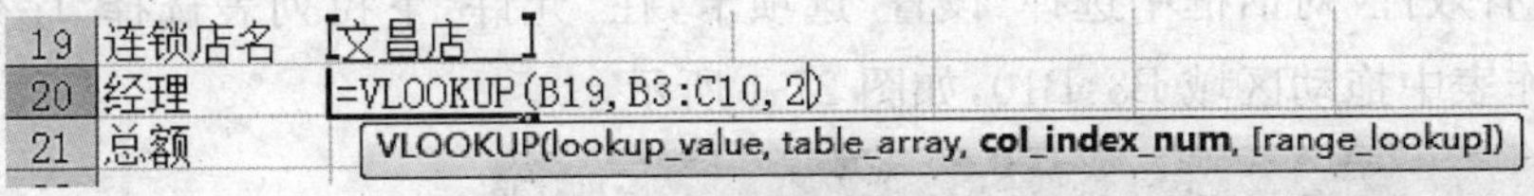

图26-3　VLOOKUP查询

提高

VLOOKUP函数的格式是：VLOOKUP(值，查找区域，返回列号，[查找类型])，其中查找类型分为两类：TRUE(默认省略)是模糊查找，FALSE是精确查找。解释：在"查找区域"的第一列查找"值"，找到后返回行号(如N行)，再查找该区域第"列号"列、N行上单元格中的值。

步骤6：

单击B21单元格，在单元格中输入公式"＝VLOOKUP(B19,B3:J10,9,0)"，输入完毕后按回车键，得到正确结果：641，如图26-4所示。

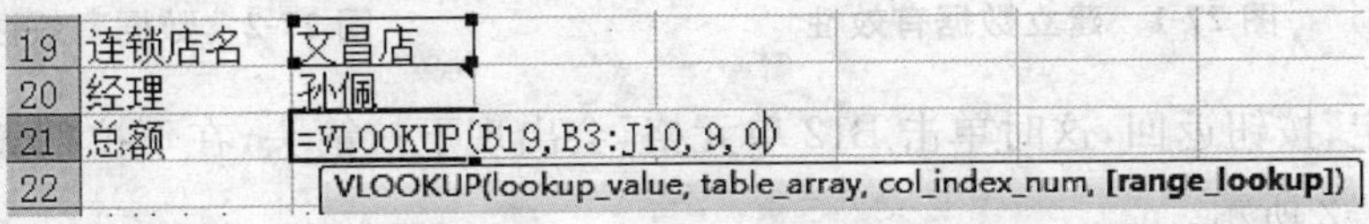

图26-4　利用VLOOKUP函数精确查询

技巧

1. 在函数中用到TRUE和FALSE时，TRUE常用数字1代替，而FALSE常用0代替。

2. TRUE和FALSE也可以用于计算，在计算时TRUE当作1，FALSE当作0，如TRUE＊5＝5，FALSE＊8＝0；而全是TRUE和FALSE不可以做算术运算。

子任务 27　优化职工数据查询

前例中的数据查询主要是由人工输入查询数据，如果输入有误差，则查询会发生偏差，或者查询不到正确结果。Excel 2010 中，可以通过数据有效性和单元格条件格式来优化查询，让查询更加可靠和直观。

对应文件“27 优化职工数据查询”。

步骤 1：

单击工作表标签“查询优化”。

步骤 2：

单击单元格 B12，单击“数据—(数据工具)—数据有效性—数据有效性”，弹出“数据有效性对话框”。

在“数据有效性”对话框中选择“设置”选项卡，在“允许”下拉列表选择“序列”，单击“来源”框，在工作表中拖动区域 B3:B10，如图 27-1 所示。

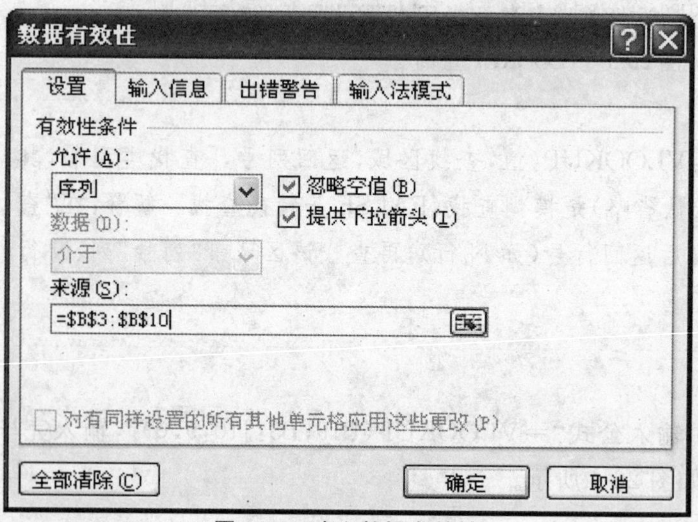

图 27-1　建立数据有效性

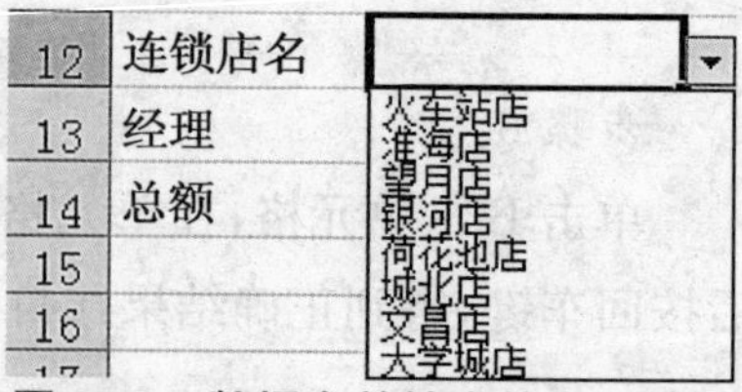

图 27-2　数据有效性中的序列效果

单击“确定”按钮返回，这时单击 B12 单元格，会出现下拉箭头，在下拉列表中选择“连锁店名”，如图 27-2 所示。

步骤 3：

单击 B13 单元格，输入公式“＝VLOOKUP(B12,B3:C10,2,0)”，输入完毕后按回车键。

单击 B14 单元格，输入公式“＝VLOOKUP(B12,B3:J10,9,0)”，输入完毕后按回车键。

这时在 B12 单元格任意选择某个店名时，B13 可以查到经理姓名，B14 可以查到总销售额。

步骤 4：

选择 B3:B10 区域，单击“开始—(样式)—条件格式—突出显示单元格规则—等于”；弹出“等于”对话框，如图 27-3 所示。

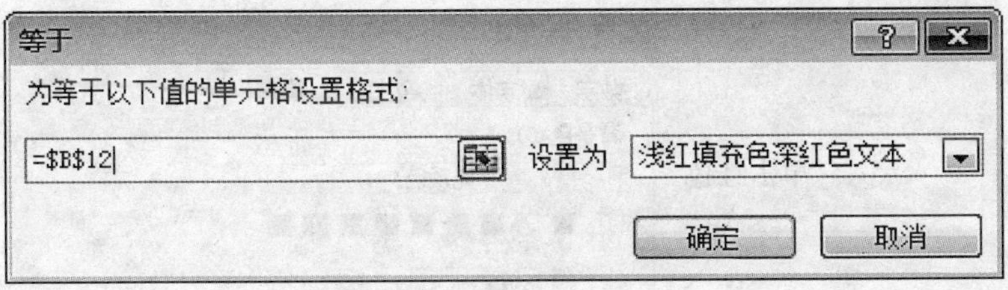

图 27-3　设置单元格格式

单击“为等于以下值的单元格设置格式”文本框中，再点击工作表 B12 单元格或直接输入“B12”，点击“确定”按钮。

设置完毕后，当 B12 选择某个连锁店里，B3:B10 区域中同名的单元格会这成“浅红填充深红色文本”。

步骤 5：

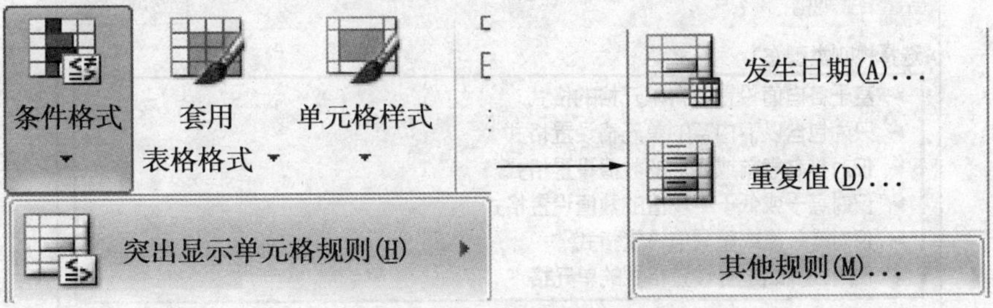

图 27-4　新建单元格规则

选择 J3:J10 区域，单击“开始—(样式)—条件格式—突出显示单元格规则—其他规则”；弹出“新建格式规则”对话框。

在“选择规则类型”中单击“只为包含以下内容的单元格设置格式”，在“编辑规则说明”中格式设置为：“单元格值”“大于或等于”“B14”，如图 27-5 所示。

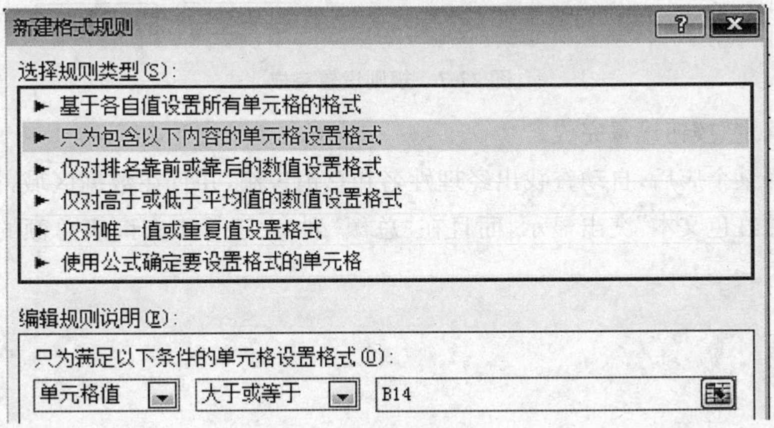

图 27-5　新规则说明

单击“格式”按钮，弹出“设置单元格格式”对话框，在“设置单元格格式”对话框中，单击

"填充"选项卡,"背景颜色"选择"红色",如图 27-6 所示。

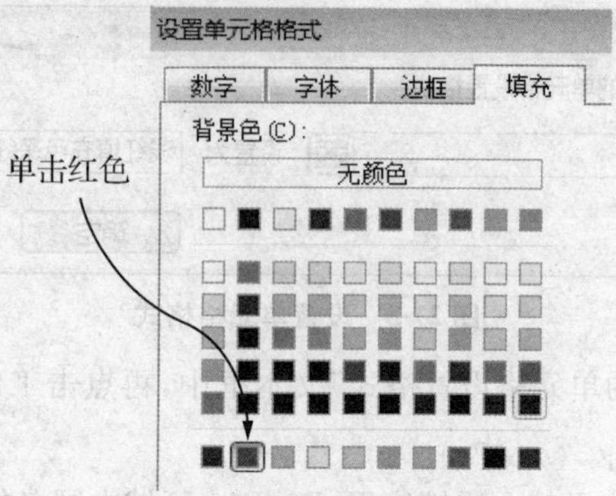

图 27-6　设置单元格背景颜色

单击"确定"按钮返回"新建格式规则"对话框,如图 27-7 所示。

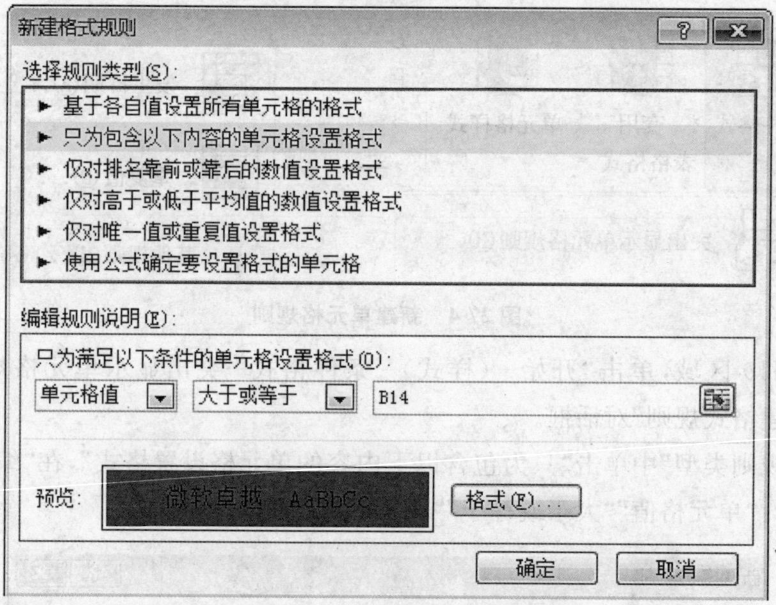

图 27-7　规则设置完成

再点击"确定"按钮设置完成。

这时,选择某个店后,自动查找出经理姓名和总销售额,并且在数据区域,被查询的店名以"浅红填充深红色文本"突出显示,而且在"总额"列,大于等于查询店总额的也突出显示,如图 27-8 所示。

网点销售额一览表									
编号	连锁店名	经理	性别	电视机	空调	电扇	电脑	冰箱	总额
142	火车站店	李丽	女	¥130	¥113	¥96	¥177	¥83	¥599
111	淮海店	赵巍	男	¥109	¥133	¥103	¥172	¥90	¥607
138	望月店	孙佩	女	¥119	¥114	¥110	¥182	¥91	¥616
121	银河店	钱洋	女	¥116	¥134	¥100	¥186	¥88	¥624
145	荷花池店	武清	女	¥117	¥134	¥102	¥189	¥95	¥637
158	城北店	王璋	男	¥129	¥135	¥98	¥191	¥87	¥640
147	文昌店	陈亮	男	¥125	¥137	¥92	¥190	¥97	¥641
144	大学城店	周远	女	¥126	¥121	¥107	¥195	¥96	¥645
连锁	文昌店								
经理	陈亮								
总额	641								

图 27-8 优化查询最终效果

子任务 28 自动筛选销售数据

筛选是让 Excel 2010 按照用户指定的条件过滤数据，满足条件的数据显示在工作表中，不满足条件的数据将被隐藏，通过筛选工作表中的数据，可以快速查找数据。

Excel 2010 可以筛选一个或多个数据列。不但可以利用筛选功能控制要显示的内容，而且还能控制要排除的内容。既可以基于从列表中做出的选择进行筛选，也可以创建仅用来限定要显示的数据的特定筛选器。

在筛选操作中，可以使用筛选器界面中的“搜索”框来搜索文本和数字。

在筛选数据时，如果一个或多个列中的数值不能满足筛选条件，整行数据都会隐藏起来。用户可以按数字值或文本值筛选，或按单元格颜色筛选那些设置了背景色或文本颜色的单元格。

对应文件“28 自动筛选销售数据”。

步骤 1：

单击工作表标签“自动筛选数据”。

单击数据区域任意单元格，如 A2 单元格。单击“数据—(排序和筛选)—筛选”，数据区域的第一行(标题行)的每个字段都加上了下拉箭头，如图 28-1 所示。

	A	B	C	D	E	F
1	销售地区	销售人员	品名	数量	单价¥	销售金额¥
2	上海	陈昕怡	微波炉	36	500	18000
3	北京	孙智婷	按摩椅	28	800	22400
4	上海	李乐聿	跑步机	17	2200	37400
5	上海	李晔	微波炉	24	500	12000
6	上海	孙智婷	液晶电视	1	5000	5000

图 28-1 自动筛选

步骤 2：

单击“销售地区”单元格右侧的下拉箭头，选择“降序”，所有数据清单的数据按销售地区降序排序。

步骤 3：

单击“销售金额”单元格右侧的下拉箭头，选择“数据筛选—介于”，弹出“自定义自动筛选方式”对话框。

在“自定义自动筛选方式”对话框中，在“大于或等于”框中输入 20000，“小于或等于”框中输入 30000，如图 28-2 所示。

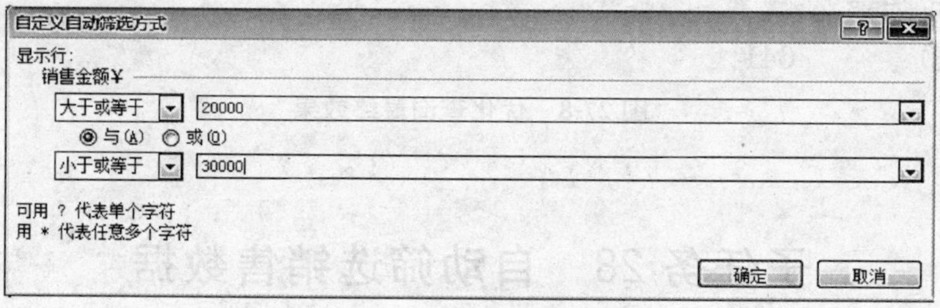

图 28-2　自定义自动筛选

单击“确定”按钮，数据区域中不满足筛选条件的数据被隐藏，而“销售金额”字段右侧的下拉箭头变成了，带上了“筛选”标记。

注意

1. Excel 2010 自动筛选中，同一数据区域有多个筛选时，筛选条件会叠加。自动筛选中的排序不可以叠加，即不好对一个字段排序，同时再对另一字段排序。

2. Excel 2010 自动筛选中，可以按颜色排序。

步骤 4：

单击“销售金额”单元格右侧的下拉箭头，选择“从“销售金额”中清除筛选”，如图 28-3 所示。

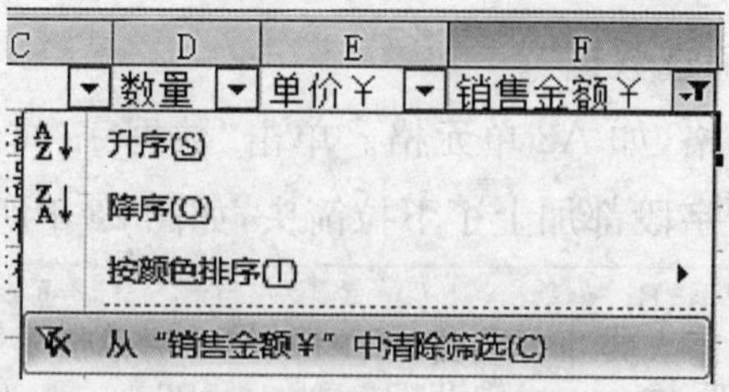

图 28-3　清除某个筛选

则清除“销售金额”的筛选。

步骤 5：

单击“销售人员”单元格右侧的下拉箭头，选择“降序”。

拖动鼠标选中B4:B5区域，单击“开始—(单元格)—格式—设置单元格格式”，或者按Ctrl+1，弹出“设置单元格格式”对话框。

在“设置单元格格式”对话框中，单击“填充”选项卡；点击“红色”，如图28-4所示。

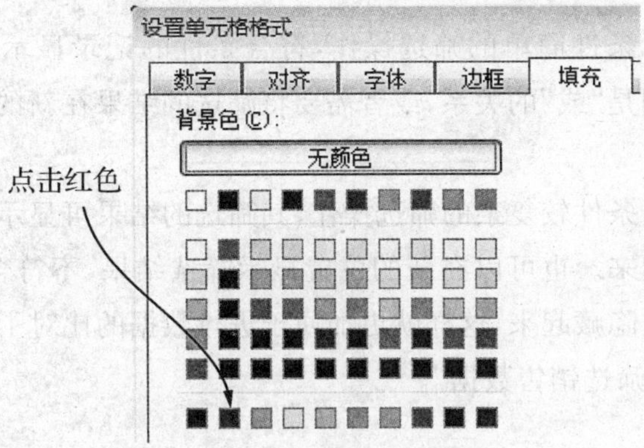

图28-4　设置单元格背景色

单击“确定”按钮返回。

步骤6：

选择B23:B26区域，同步骤5，设置为“绿色”背景。

步骤7：

单击B1“销售人员”右侧的下拉箭头，选择“按颜色排序—红色”，如图28-5所示。

图28-5　按颜色排序

数据区域中，红色单元格对应的数据排在了数据区域的前面。

单击B1“销售人员”右侧的下拉箭头，选择“按颜色排序—绿色”，绿色单元格对应的数据排在了数据区域的前面，如图28-6所示。

销售地区	销售人员	品名	数量	单价￥	销售金额￥
山东	陈坚	跑步机	14	2200	30800
南京	陈坚	显示器	29	1500	43500
南京	陈坚	微波炉	19	500	9500
北京	陈坚	按摩椅	45	800	36000
山东	[illegible]	跑步机	2	2200	4400
杭州	[illegible]	微波炉	39	500	19500
上海	孙智婷	液晶电视	1	5000	5000
北京	孙智婷	按摩椅	28	800	22400
杭州	缪林鑫	显示器	24	1500	36000

图28-6　按颜色排序的结果

子任务 29　高级筛选销售数据

自动筛选一般用于条件简单的筛选操作，符合条件的记录显示在原来的数据表格中。若要筛选的多个条件间是“或”的关系，或者需要将筛选的结果在新的位置显示出来，这只有用“高级筛选”来实现。

高级筛选一般用于条件较复杂的筛选操作，其筛选的结果可显示在原数据表格中，不符合条件的记录被隐藏起来。也可以在新的位置显示筛选结果，不符合的条件的记录同时保留在数据表中而不会被隐藏起来，这样就更加便于进行数据的比对了。

对应文件“29 高级筛选销售数据”。

步骤 1：

单击工作表标签“高级筛选”。

选择 A1:H1，右击鼠标，选“复制”。

步骤 2：

单击 A31 单元格，右击鼠标，选“粘贴”。

注意

1. 高级筛选的数据区域必须要有标题行。

2. 高级筛选的条件区域的标题行与数据区域的标题行必须一致，可以采用复制、粘贴的方法来制作条件区的标题行。

3. 条件区的标题行不必要与数据区的标题完全一致，可以只包括数据区标题的部分字段。

步骤 3：

在 D32 单元格，输入“>30”。

步骤 4：

单击“数据—(排序和筛选)—高级”，出现“高级筛选”对话框，如图 29-1 所示。

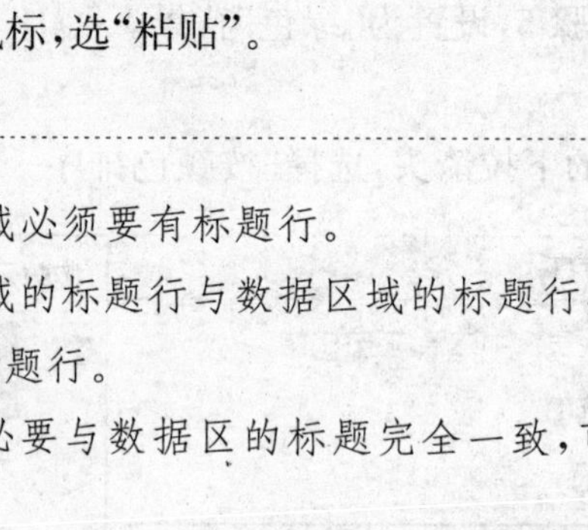

图 29-1　“高级筛选”对话框

提高

1. 高级筛选有两种模式，一种是在原有数据区域中进行筛选，将不满足条件的记录隐藏；第二种方式是将满足条件的数据复制到另一区域。

2. 高级筛选的条件区域，如果写在同一行，条件间的关系是“且”；如果写在不同行，条件之间的关系是“或”。

3. 条件区域中，描述条件时，可以用通配符“＊”和“?”。“＊”表示与任意多字符相匹配，“?”表示与一个字符相匹配。

步骤5：

在“高级筛选”对话框中，点选“将筛选结果复制到其他位置”，同时，“复制到”框高亮显示。

单击“列表区域”，选择A1:H29区域。

单击“条件区域”，选择A31:H32区域。

单击“复制到”框，选择A34:H53区域。

点击“确定”按钮，如图29-1所示。

步骤6：

在A34:H53区域，出现筛选结果，如图29-2所示。

31	销售地区	销售人员	品名	数量	单价￥	销售金额￥	销售年份	销售季度	条件区
32				>30					
33									
34	销售地区	销售人员	品名	数量	单价￥	销售金额￥	销售年份	销售季度	结果区
35	上海	陈昕怡	微波炉	36	500	18000	2006	2	
36	山东	李晔	微波炉	69	500	34500	2006	3	
37	南京	顾资然	按摩椅	32	800	25600	2006	3	
38	杭州	顾资然	微波炉	76	500	38000	2006	3	
39	杭州	沈子依	微波炉	39	500	19500	2006	2	
40	北京	陈坚	按摩椅	45	800	36000	2006	3	
41	北京	缪林鑫	微波炉	69	500	34500	2005	1	
42	北京	曾维	微波炉	65	500	32500	2006	3	

图29-2　高级筛选结果

步骤7：

单击J1单元格，输入“销售地区”，单击K1单元格，输入“品名”。

单击J2单元格，输入“上海”；单元J3单元格，输入“山东”；单击K3单元格，输入“跑步机”，结果如图29-3所示。

J	K
销售地区	品名
上海	
山东	跑步机

图29-3　筛选条件

步骤8：

单击“数据—(排序和筛选)—高级”，出现“高级筛选”对话框，如图29-4所示。

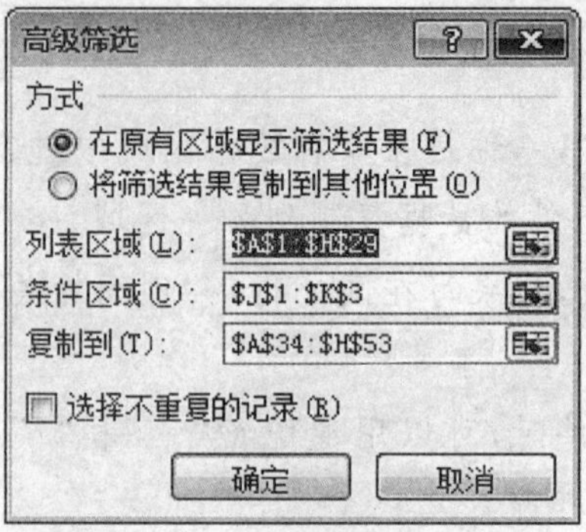

图 29-4 “高级筛选”对话框

点选“在原有区域显示筛选结果”。

单击“列表区域”，选择 A1:H29 区域。

单击“条件区域”，选择 J1:K3 区域。

单击“确定”按钮，得到筛选结果。在原有数据区域，部分数据被隐藏，如图 29-5 所示。

销售地区	销售人员	品名	数量	单价￥	销售金额￥	销售年份	销售季度
上海	陈昕怡	微波炉	36	500	18000	2006	2
上海	李乐聿	跑步机	17	2200	37400	2006	4
上海	李晔	微波炉	24	500	12000	2006	4
上海	孙智婷	液晶电视	1	5000	5000	2006	2
上海	李乐聿	显示器	15	1500	22500	2006	4
山东	陈坚	跑步机	14	2200	30800	2006	2
山东	沈子依	跑步机	2	2200	4400	2006	1

结果区域不符合筛选条件的数据被隐藏

图 29-5 数据区域与结果区域合并的筛选

解释筛选条件：第一行筛选“销售地区”是“上海”的数据，第二行筛选“销售地区”是“山东”，而且“品名”是“跑步机”的数据；第一行与第二行不在同一行，是“或”的关系，即“销售地区”是“上海”的数据或者“销售地区”是“山东”的“跑步机”数据。

子任务 30 自定义条件筛选销售数据

自动筛选是一种简单的筛选方式；高级筛选可以通过不同的条件组合，实现复杂条件的数据筛选，但是高级筛选是基于现有数据的字段的，也就是说所有条件都必须在现有字段的基础上实现，离开这些字段，筛选不能实现。

在 Excel 2010 中，用户也可以通过一些方法来构造一些“字段”，通过构造出来的“字段”参与筛选条件的创建，可筛选出想要的数据。

对应文件“30 自定义条件筛选销售数据”。

步骤 1：

单击工作表标签“自定义筛选”。

步骤 2：

单击 A32 单元格，输入“平均销售金额”。

单击 A33 单元格，输入公式“=AVERAGE(f2:f29)”，输入完毕后，按回车键，得到平均销售额。

步骤 3：

单击 B32 单元格，输入“大于平均销售额”。

单击 B33 单元格，输入公式“=F2>$A$33”；得到运算结果“FALSE”。

区域 B32:B33 构成了一个新条件。

步骤 4：

单击“数据—(排序和筛选)—高级”，弹出“高级筛选”对话框。

在“高级筛选”对话框中，点选“将筛选结果复制到其他位置”。

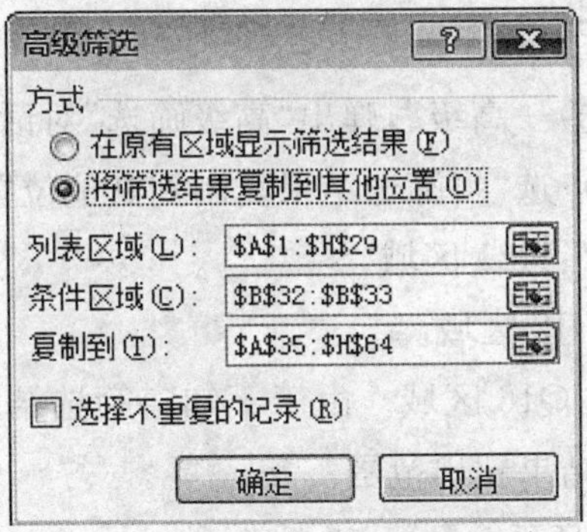

图 30-1　自定义条件高级筛选参数

单击“列表区域”，选择 A1:H29 区域。

单击“条件区域”，选择 B32:B33 区域。

单击“复制到”框，选择 A35:H64 区域。由于不知道筛选结果有多少数据，因此这个区域尽可能大些，否则会提示筛选结果超出范围。

所有输入完毕，如图 30-1 所示。

单击“确定”按钮，得到筛选结果。如图 30-2 所示。

平均销售金额	大于平均销售额
20,371	FALSE

}自定义条件

销售地区	销售人员	品名	数量	单价	销售金额	销售年份	销售季度
北京	孙智婷	按摩椅	28	800	22400	2006	2
上海	李乐evolution	跑步机	17	2200	37400	2006	4
山东	陈坚	跑步机	14	2200	30800	2006	2
南京	顾资然	按摩椅	32	800	25600	2006	3
山东	李晔	微波炉	69	500	34500	2006	3
南京	陈坚	显示器	29	1500	43500	2006	1
山东	戴昊玮	显示器	14	1500	21000	2006	4
杭州	顾资然	微波炉	76	500	38000	2006	3
杭州	缪林鑫	显示器	24	1500	36000	2006	1
北京	陈坚	按摩椅	45	800	36000	2006	3
北京	缪林鑫	微波炉	69	500	34500	2005	1
上海	李乐evolution	显示器	15	1500	22500	2006	4
北京	曾维	微波炉	65	500	32500	2006	3

}筛选出所有销售金额大于平均值的数据

图 30-2　自定义条件筛选结果

提高

1. 自定义条件筛选的过程是：将数据区域中的数据一行一行地通过条件比对，将满足条件的记录复制到结果区。

2. 在步骤 3 中输入自定义条件时，被比对的地址一定要绝对引用，这样在其他行比对时，仍然与设定的平均值比对，否则会出错。

步骤 5：

将“销售人员”姓名中带“乐”字的人员筛选出来。

单击 J2 单元格，输入公式“＝ISNUMBER(FIND(“乐”,B2))，得到结果“FALSE”。

步骤 6：

单击“数据—(排序和筛选)—高级”，弹出“高级筛选”对话框。

在“高级筛选”对话框中，点选“将筛选结果复制到其他位置”。

单击“列表区域”，选择 A1:H29 区域。

单击“条件区域”，选择 J1:J2 区域。

单击“复制到”框，选择 J4:Q16 区域。由于不知道筛选结果有多少数据，因此这个区域尽可能大些，否则会提示筛选结果超出范围。

所有输入完毕，如图 30-3 所示。

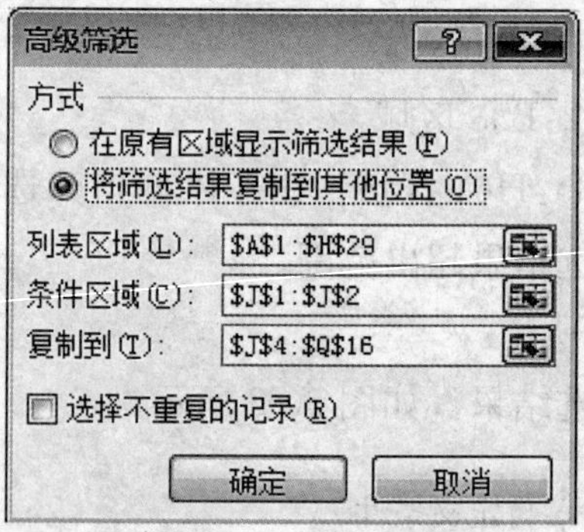

图 30-3　自定义条件高级筛选参数

注意

1. 构造条件时，条件一定要是一个逻辑表达式，结果为逻辑值。

2. 构造的条件可以使用“空白标题字段”，因此“高级筛选”对话框中的“条件区域”指定为 J1:J2 区域，J1 实为空白，但一定要指定。

单击“确定”按钮，得到筛选结果。如图 30-4 所示。

FALSE							
销售地区	销售人员	品名	数量	单价	销售金额	销售年份	销售季度
上海	李乐restrict	跑步机	17	2200	37400	2006	4
南京	李乐restrict	微波炉	19	500	9500	2006	2
杭州	乐维	微波炉	22	500	11000	2006	1
上海	李乐restrict	显示器	15	1500	22500	2006	4
北京	乐维	微波炉	65	500	32500	2006	3

自定义条件

筛选出所有名字中带“乐”的销售员

图 30-4　自定义条件筛选结果

提高

1. FIND()函数是用来查找某个字符串在文本中的位置，语法是“＝FIND(查找字符，被查找文本，起始位置)”，如果在“被查找文本”中找到“查找字符”，则返回该字符在文本中的位置，否则返回错误。“起始位置”默认为1。

2. ISNUMBER()函数是一个信息函数，也称IS函数，用来获取单元格信息。这个函数判断参数是否是数值型数据，语法是“＝ISNUMBER(参数)”，如果参数是数值型则返回TRUE，否则返回FALSE。

3. 其他的信息函数有：判断空白单元格函数ISBLANK()、判断错误值函数(不包括N/A错误)ISERR()、判断逻辑值函数ISLOGICAL()、判断是否为N/A错误函数ISNA()、判断是否为引用函数ISREF()、判断是否为文本函数ISTEXT()。

任务6　统计职工和销售数据

任务说明

本任务主要是统计相关营销数据。统计内容包括排序、区间统计、分类汇总等。排序是最基本的数据统计方式；区间统计是利用 Excel 2010 的模糊查找功能来实现的；分类汇总是一种基于排序字段的统计方法，它可以为分类数据进行计数、平均、最值、乘积等汇总统计。

任务结构

子任务 31　对职工工资数据进行排序

子任务 32　对职工数据自定义排序

子任务 33　对销售数据进行模糊统计与频率统计

子任务 34　对销售数据进行分类汇总

子任务 35　对销售数据进行叠加分类汇总

子任务 36　计算销售数据的移动平均值

子任务 37　对销售数据进行预测

子任务 31　对职工工资数据进行排序

对数据进行排序是数据分析不可缺少的组成部分。排序操作可以将名称列表按字母顺序排列、将库存按从高到低的顺序排列、按颜色或图标对行进行排序等。对数据进行排序有助于快速直观地显示数据并更好地理解数据，有助于组织并查找所需数据，有助于最终做出更有效的决策。

对应文件“31 排序”。

步骤 1：

单击工作表标签“排序”。

步骤 2：

单击 H 列的任意单元格，如 H5。

单击“数据—(排序和筛选)—升序 A↓Z”。

结果，所有数据按照“月工资”升序排列。

步骤 3：

单击“数据—(排序和筛选)—排序”，出现“排序”对话框，如图 31-1 所示。

在“排序”对话框中，默认“数据区域包含标题”，因此勾选“数据包含标题”。对话框中已存在按“月工资”升序排序的一个条件，其中关键字为“月工资”字段；排序依据是“数值”，即按数值大小排序，次序为“升序”排序。单击每一项的下拉列表，可以更改。单击“删除条件”则可以将这个排序条件删除。

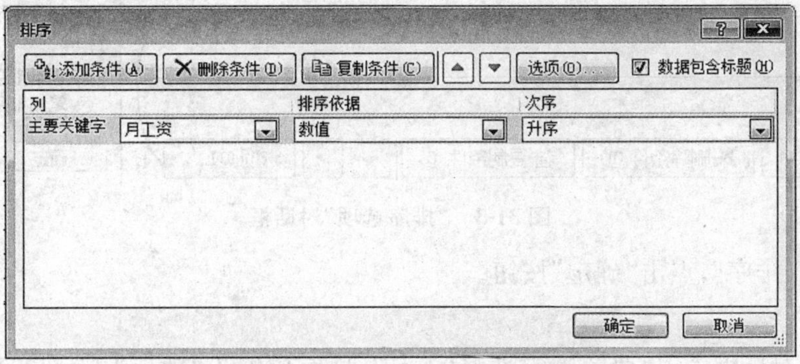

图 31-1　“排序”对话框

步骤 4：

单击“添加条件”，在“排序”对话框中出现第二个排序关键字，如图 31-2 所示。

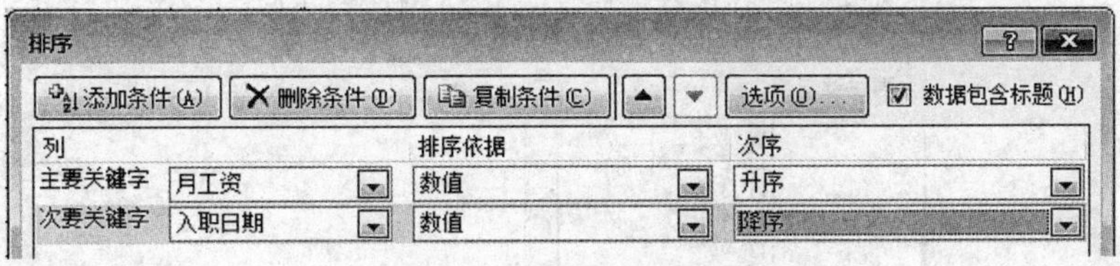

图 31-2　添加排序关键字

“次要关键字”选择“入职日期”，“排序依据”选择“数值”，“次序”选择“降序”，完成后单击“确定”按钮。

在数据区域，所有数据在月工资升序的基础上，如果月工资相同，则按入职日期降序排。

提高

1. Excel 2010 的排序关键字突破了以往的 3 个的限制，最多可达 64 个排序条件。

2. 后面的排序条件必须在不改变之前排序结果的情况下才有意义。

3. Excel 2010 的排序可以格式(包括单元格颜色、字体颜色或图标集)进行排序。

4. 排序的方法可以是“字母”和“笔划”。“字母”即英文字母或汉字拼音首字母，“笔划”是以汉字笔划多少排列，笔划相同则按起笔顺序排列(横、竖、撇、捺、折)，再其次按字形结构排列(左右、上下、整体字)。

步骤 5:

单击“数据—(排序和筛选)—排序”,出现“排序”对话框。

单击对话框中“选项”按钮,出现排序选项对话框,如图 31-3 所示。

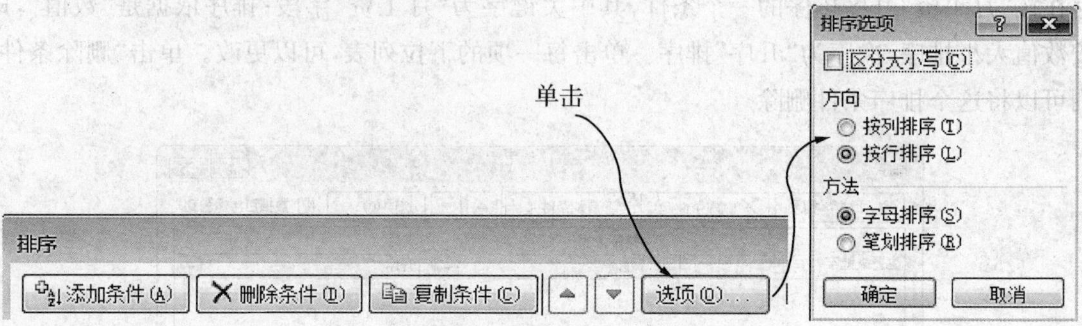

图 31-3 “排序选项”对话框

点选“按行排序”,点击“确定”按钮。

步骤 6:

在“排序”对话框中,主要关键字选择“行 1”,排序依据为“数值”,次序为“升序”。点击“确定”按钮,如图 31-4 所示。

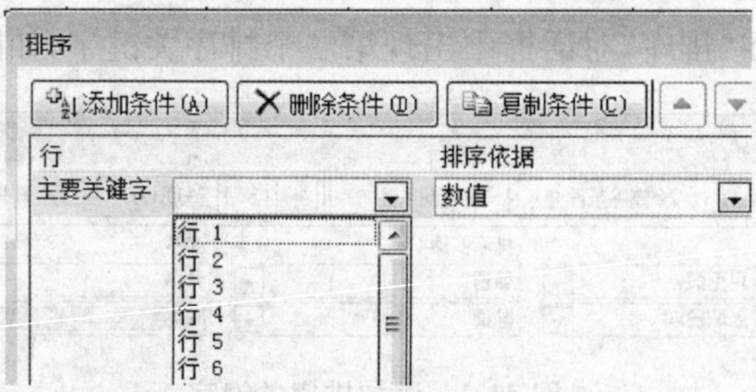

图 31-4 按行排序

排序结果为:以第一行标题行各个标题字段的升序重新组织数据,如图 31-5 所示,“出生日期”、“工号”、“工作地点”就是按升序排序。这种方法可以用来调整数据区域的左右顺序,但是数据区域中如果有函数或引用,可能会引发错误。

	A	B	C	D	E
1	**出生日期**	**工号**	**工作地点**	**籍贯**	**绩效系数**
2	1974/5/25	727272	三公司	杭州	1.00
3	1983/6/5	626262	二公司	成都	0.95
4	1970/9/28	212121	三公司	山东	1.30

图 31-5 按行排序

子任务32 对职工数据自定义排序

对数据的排序如果仅按照 Excel 2010 提供的排序方法就只有两种，一是“字母”顺序，另一种是“笔划”顺序。如果想让数据按照用户的顺序来排序，则用到自定义排序。

对应文件“32 对职工数据自定义排序”。

步骤 1：

单击工作表标签“自定义排序”。

步骤 2：

单击 B 列的任意一个单元格，如 B5。

点击“数据—(排序和筛选)—升序AZ↓”。

数据排序的结果是按照“二公司、三公司、一公司”顺序来排序，这是按照拼音的升序来排序的。

而用户心中的排序应是“一公司、二公司、三公司”。

步骤 3：

点击“文件—选项—高级”，在 Excel 选项的对话框右侧，点击“编辑自定义列表”，如图 32-1 所示。

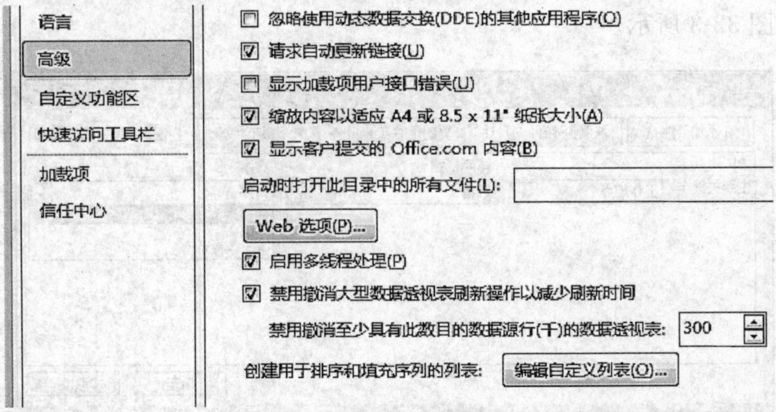

图 32-1 自定义序列

在自定义序列的对话框中，输入自定义序列的内容“一公司、二公司、三公司”。每个数据占一行，没有标点符号，输入完毕后，点击“添加”，再点击“确定”。如图 32-2 所示。定义序列也可以点击“导入”按钮，再拖动鼠标左键，选中目标数据区域，从现有工作表的数据导入到自定义列表中，从而简化定义操作。

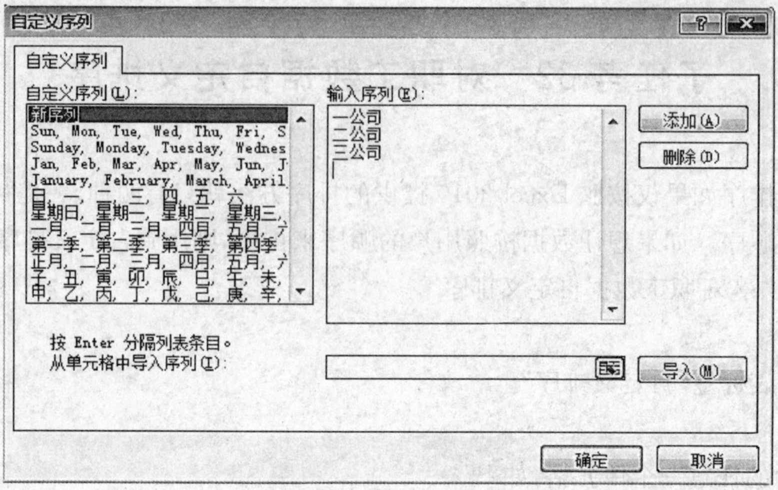

图 32-2　自定义序列

提高

1. Excel 2010 中可以从数据区域中导入自定义序列值,如图 32-2 所示,点击“导入”按钮,可以选择一个区域的数据导入到自定义序列表中。

2. 如果排序数据超出序列范围,则序列包含的值排在前。

步骤 4:

单击“数据—(排序和筛选)—排序”,在弹出的对话框中,在“次序”下拉列表中,选择“自定义序列”,如图 32-3 所示。

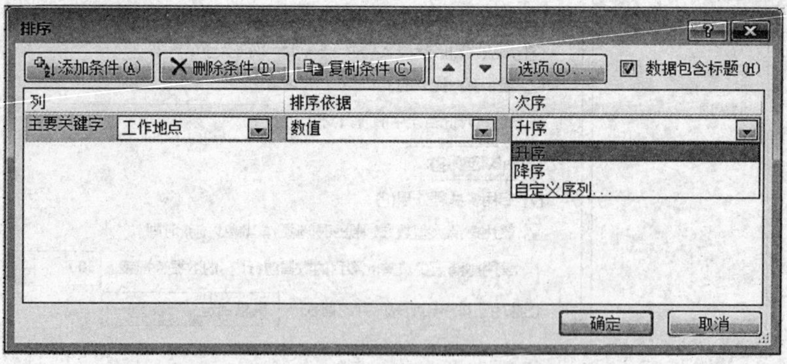

图 32-3　利用自定义序列排序

在弹出的自定义序列的对话框中,选择刚才定义的序列“一公司、二公司、三公司”,点击“确定”,如图 32-4 所示。

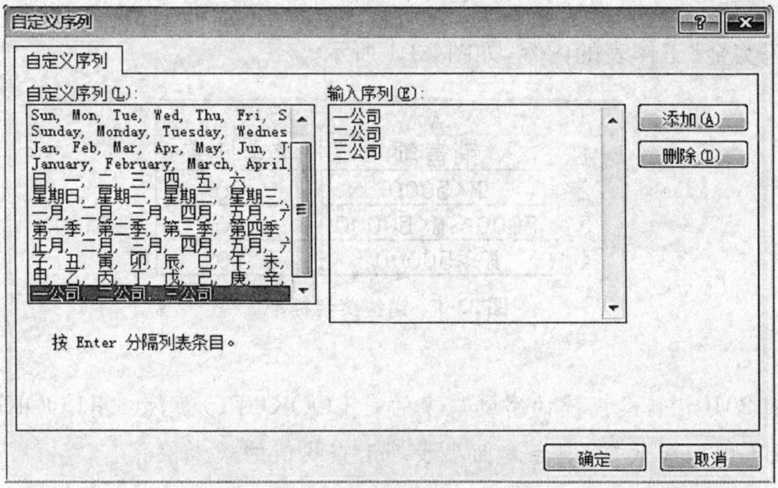

图 32-4　选择自定义排序的序列

整个数据按照“一公司、二公司、三公司”的顺序排序。

技巧

1. Excel 2010 在对姓名进行排序时，如果想让某个人或某些人一直排在前面(如公司领导)，可以将这些姓名放在自定义序列中，然后用这个序列去排序，这样序列中的姓名会一直排在前面。

2. Excel 2010 可以根据字体颜色或单元颜色来排序，这样可以将用户标注颜色的数据进行单独排在数据清单的顶端或底端。

子任务 33　对销售数据进行模糊统计与频率统计

模糊统计是利用 LOOKUP( ) 函数的统计特征进行统计。对于升序排序的数据，用 LOOKUP()进行查找时，如果没有找到查找数据，会返回数据区域中小于查找值的最大值，利用这个特征，可以进行模糊查找。

频率统计一般是针对大量数据而言，设置几个区间点，统计各个区间点的数据分布情况，相当于在不同的数据区间计数。

对应文件“33 对销售数据进行模糊统计与频率统计”。

步骤 1：

单击工作表标签“销售奖金”。

步骤 2：

查看“销售奖金”工作表的内容，如图 33-1 所示。

	A	B
1	销售额	奖金比率
2	M<5000	0.60%
3	5000≤M<50000	0.30%
4	M≥50000	0.10%

图 33-1　销售奖金标准

注意

1. Excel 2010 中，模糊统计用到最多的是 LOOKUP()函数。用LOOKUP()函数查询时，如果找不到匹配数据，则会返回小于等于查找值的最大值。

2. 传统的数据区间列表需要转换为 Excel 2010 能够识别的数据格式，这样的数据才能统计出正确的结果。

转换区间列表。

单击 A1:B4 单元格区域，在该区域右击鼠标，单击“复制”。

鼠标右击 D1 单元格，单击“粘贴”。

步骤 3：

单击 D2 单元格，输入 0；单击 D3 单元格，输入 5000；单击 D4 单元格，输入 50000。如图 33-2 所示。

	A	B	C	D	E
1	销售额	奖金比率		销售额	奖金比率
2	M<5000	0.60%		0	0.60%
3	5000≤M<50000	0.30%		5000	0.30%
4	M≥50000	0.10%		50000	0.10%

图 33-2　统计区间的转换

步骤 4：

单击 B7 单元格，输入公式“=B6 * LOOKUP(B6,D2:D4,E2:E4)”，得到结果 24。

修改 B6 的购买金额，B7 的税费自动修改。

公式解释：LOOKUP()函数在 D2:D4 单元格区域查找 B6 单元格的值 8000。没有找到 80000，函数返回小于等于 80000 的最大值 50000 所在的行号（第三行），再从 E2:E4 区域找到第三行的值 0.10%返回，再将 0.10%与 B6 单元格的值相乘，得到结果 80。

步骤 5：

单击工作表标签“销售评价”。

浏览销售业绩的划分的标准，如图 33-3 所示。

	A	B
1	考核方法	等次
2	销售额<60	不级格
3	60<=销售额<70	及格
4	70<=销售额<80	中等
5	80<=销售额<90	良好
6	90<=销售额	优秀

图 33-3　销售业绩的划分

步骤 6：

复制 A1:B6 区域的内容到 D1:E6。

更改 D2:D6 区域的内容，依次输入“0、60、70、80、90”，如图 33-4 所示。

	A	B	C	D	E
1	考核方法	等次		考核方法	等次
2	销售额<60	不级格		0	不级格
3	60<=销售额<70	及格		60	及格
4	70<=销售额<80	中等	➡	70	中等
5	80<=销售额<90	良好		80	良好
6	90<=销售额	优秀		90	优秀

图 33-4　更改成 Excel 2010 能够识别的数据格式

步骤 7：

拖动鼠标选中 C10:C19 区域。

在编辑栏输入：“＝LOOKUP(B10，＄D＄2：＄D＄6，＄E＄2：＄E＄6)”，按 Ctrl＋Enter 组合键。

得到成绩统计结果，如图 33-5 所示。

姓名	销售额	等次
王聪	75	中等
余志成	94	优秀
孔卉	92	优秀
徐筱猛	81	良好
朱晓彤	80	良好
刘露	84	良好
朱几承	79	中等
李婷	67	及格
赵创	45	不及格
朱园园	44	不及格

图 33-5　销售业绩统计结果

步骤 8：

单击工作表标签“频率统计”。

数据清单为某产品的一段时间的销售量表，现在统计销售量小于 10 台、10—20 台、20—30 台、30—40 台、50 台以上各有多少天。

注意

1. 频率统计函数将 N 个区间点划分为 $N+1$ 个区间，按照向上舍入原则进行统计，结果生成 $N+1$ 个统计值。

2. FREQUENCY()函数是 Excel 2010 中最常用的频率分布函数。

单击 D1 单元格，输入“统计区间”，单击 E1 单元格，输入“天数”。

在 D2:D6 区域，输入区间点“10、20、30、40、50”。

拖曳鼠标选中 E2:E7 区域，在编辑栏输入：“=FREQUENCY(B2:B31,D2:D6)”，按 Ctrl+Shift+Enter，出现统计结果，如图 33-6 所示。

统计区间	天数
10	12
20	4
30	6
40	4
50	0
	4

图 33-6　统计区间与统计结果

提高

1. FREQUENCY()函数统计结果是一个一维数组，故函数输入结束时，要按数组的方式结束输入，按 Ctrl+Shift+Enter。

2. FREQUENCY()函数的统计区间点为 N 时，结果区间为 $N+1$ 个，区间的划分的意义为 $(-\infty,10]$、$(10,20]$、$(20,30]$、$(30,40]$、$(40,50]$、$(50,+\infty)$。

步骤 9：

计算排名。

单击 C2 单元格。

在 C2 单元格输入函数“=RANK(B2,$B$2:$B$31)”，输入完毕后，按回车键。

计算结果为 B2 单元格在 B2:B31 区域的数值从大到小的排名顺序值。

拖动 C2 单元格的填充柄到 C31，得到整个计算结果。

提高

1. RANK()函数统计数值在区域中的排名，格式为“=RANK(需要排名的数值或引用,排名区域[,排名方式])”，“排名方式”默认为 0 或缺省，表示降序；1 为升序。函数返回排名值。

2. 如果某些数值相同，则它们的排名值相同；如果有 N 个排名值相同，则下面会有 $N-1$ 个排名值空缺，如图 33-7 所示。

销售日期	销量（台）	排名
2013年1月1日	2	30
2013年1月2日	25	10
2013年1月3日	25	10

两个排名相同，
下一排位为12

图 33-7　空缺排位

3. 在函数中，区域使用到了绝对引用。因为在公式复制时，如果是相对引用，则排名区域会发生变化，而本意为在固定区域中排名，因此要绝对引用。

子任务 34　对销售数据进行分类汇总

分类汇总是对数据清单进行数据统计的最常用的方法。分类汇总先对数据区域“分类”，也就是排序，然后再进行“汇总”。分类汇总能够快速地以某一个字段为分类项，对数据列表中的其他字段的数值进行各种统计计算，如求和、计数、平均值、最大值、最小值、乘积等。

在 Excel 2010 中，分类汇总之前，必须对分类字段进行排序。排序的目的不是获得一个带有顺序的数据区域，而是将分类字段进行“分类”——相同的数据放在一起，便于计算机进行统计。

对应文件“34 对销售数据进行分类汇总”。

步骤 1：

点击工作表标签“分类汇总”。

点击 C 列的任意单元格，如 C2。点击“数据—(排序和筛选)—升序 A/Z↓”。整个数据区域按“客户名称”升序排序。

步骤 2：

单击“数据—(分级显示)—分类汇总 分类汇总”，弹出“分类汇总”对话框。

在“分类汇总”对话框中，“分类字段”选择“客户名称”，“汇总方式”选“求和”，“选定汇总项”勾选“销售额”，如图 34-1 所示。

单击“确定”按钮，出现汇总结果。

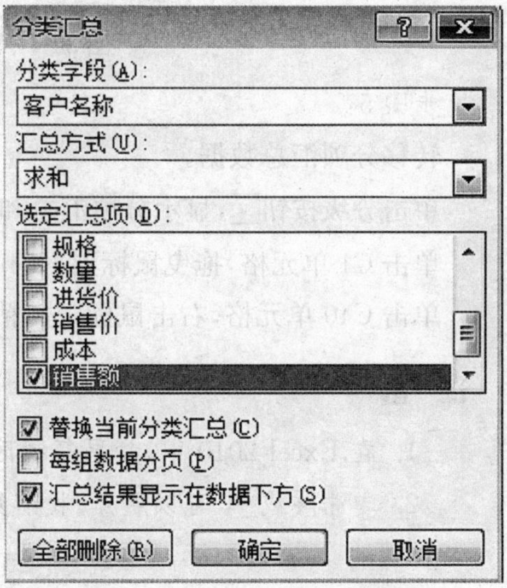

图 34-1　“分类汇总”对话框

	A	B	C	D
1	序号	销售日期	客户名称	业务员
2	18	2013/1/18	金创公司	张海
3	19	2013/1/19	金创公司	张海
4	21	2013/1/21	金创公司	刘金谷
5	22	2013/1/22	金创公司	刘金谷
6	24	2013/1/24	金创公司	金合
7	25	2013/1/25	金创公司	张海
8	27	2013/1/27	金创公司	张海
9			**金创公司 汇总**	

图 34-2 分类汇总的结果

Excel 2010 根据客户名称进行分类，将同类结果的成本求和。

步骤 3：

在窗口左上角有三个分级显示按钮 1 2 3，单击分级按钮 1，整个数据明细收缩，只显示汇总部分，明细数据被隐藏，如图 34-3 所示。

	A	B	C	K
1	序号	销售日期	客户名称	销售额
34			**总计**	¥32515

图 34-3 只显示分类汇总的总计项（D 至 J 列被隐藏）

步骤 4：

单击分级按钮 2，显示分项汇总和总计，如图 34-4 所示。

	A	B	C	K
1	序号	销售日期	客户名称	销售额
9			**金创公司 汇总**	¥7770
16			**科华公司 汇总**	¥6625
21			**罗技公司 汇总**	¥5110
29			**太极公司 汇总**	¥10670
33			**远光公司 汇总**	¥2340
34			**总计**	¥32515

图 34-4 分项汇总（D 至 J 列被隐藏）

步骤 5：

转移分项汇总数据。

单击分级按钮 2，显示分项汇总和总计。

单击 C1 单元格，拖曳鼠标到 K34 单元格，在选定区域右击鼠标，选“复制”。

单击 C40 单元格，右击鼠标，选“粘贴”，分项汇总和数据细节一起被粘贴出来。

注意

1. 在 Excel 2010 中，如果复制区域含有隐藏数据，在粘贴时，隐藏数据会显示出来。
2. 单击 + 或 -，可以展开、收缩数据。

步骤 6：

单击 C1 单元格，拖曳鼠标到 K34 单元格。

单击“开始—(编辑)—查找和选择—定位条件”；弹出“定位条件”对话框，如图 34-5 所示。

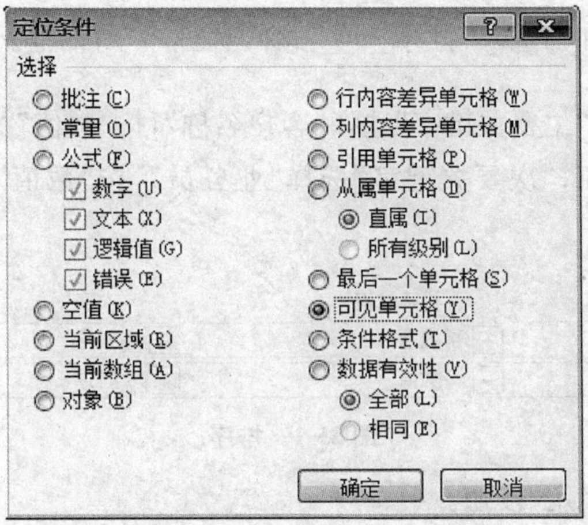

图 34-5　“定位条件”对话框

点选“可见单元格”，选中色框变成虚框，如图 34-6 所示。

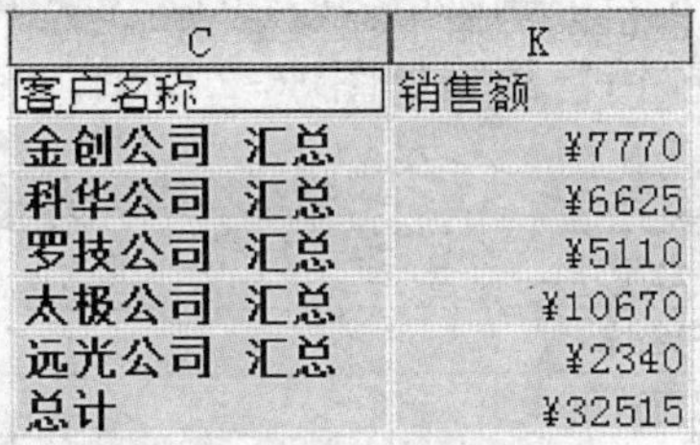

C	K
客户名称	销售额
金创公司 汇总	¥7770
科华公司 汇总	¥6625
罗技公司 汇总	¥5110
太极公司 汇总	¥10670
远光公司 汇总	¥2340
总计	¥32515

图 34-6　仅选中可见数据

按 Ctrl＋C，或在选中区域右击鼠标，选“复制”。

步骤 7：

点击 M40 单元格，按 Ctrl＋V，或右击鼠标，选“粘贴”，可见数据区域被粘贴来出，而隐藏的数据明细则被忽略。

步骤 8：

点击“数据—(分级显示)—分类汇总 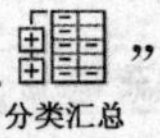

”，在“分类汇总”对话框中，点击“全部删除”，则可以将当前的分类汇总删除。

子任务 35　对销售数据进行叠加分类汇总

分类汇总操作一次只能对一个字段进行分类汇总，但可以多次进行分类汇总操作，每次选择不同的分类字段，从而实现分类汇总的叠加，使数据分析更加清晰。

对应文件“35 对销售数据进行叠加分类汇总”。

步骤 1：

单击工作表标签“分类汇总叠加”。

步骤 2：

单击“数据—(排序和筛选)—排序 AZ ZA 排序”；弹出“排序”对话框。

在“排序”对话框中，“主要关键字”选择“客户名称”，按“数值”“升序”排序。

单击“添加条件”按钮；“次要关键字”选择“业务员”，按“数值”“升序”排序。如图 35-1 所示。

图 35-1　排序

设置完毕后，点击“确定”按钮。

步骤 3：

单击“数据—(分级显示)—分类汇总”，弹出“分类汇总”对话框。

在“分类汇总”对话框中，“分类字段”选择排序的主要关键字“客户名称”；“汇总方式”选择“求和”；“选定汇总项”仅勾选“销售额”，如图 35-2 所示。

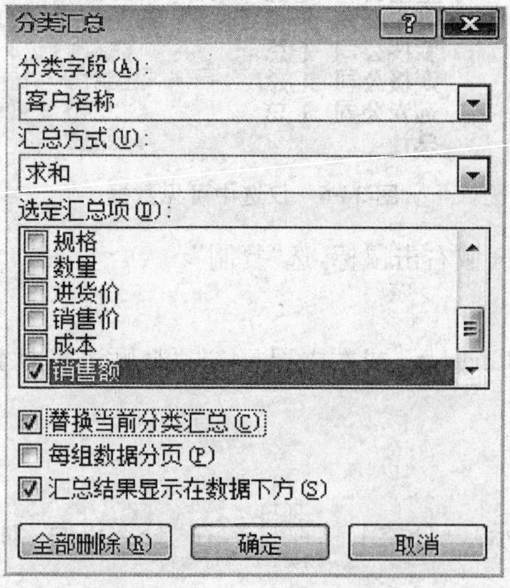

图 35-2　第一级分类汇总

单击“确定”按钮，第一次分类汇总完成。

步骤 4：

单击任意一个分级视图标签，如第三个分级视图 3 。

单击“数据—(分级显示)—分类汇总”，弹出“分类汇总”对话框。

在“分类汇总”对话框中，“分类字段”选择次要关键字“业务员”；“汇总方式”选择“求和”；“选定汇总项”勾选“数量”和“销售额”。

因为已经存在一个分类汇总，而且不能被替换，所以去掉“替换当前分类汇总”前面的勾，如图 35-3 所示。

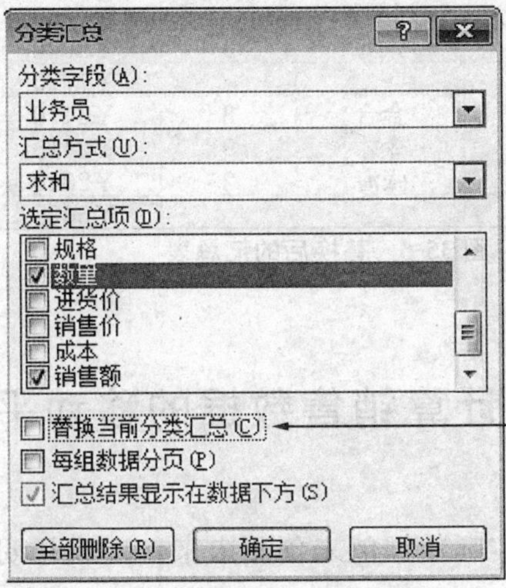

图 35-3　第二级分类汇总

单击“确定”按钮，第二级分类汇总完成。

步骤 5：

窗口的左侧分级显示变为四级 1 2 3 4 ，点击第 3 级，两次分类汇总叠加显示出来，如图 35-4所示。

客户名称	业务员	数量	销售额
	金合 汇总	1	￥540
	令才 汇总	6	￥4080
	刘金谷 汇总	6	￥1060
	张海 汇总	3	￥2090
金创公司 汇总			￥7770

图 35-4　叠加的分类汇总

步骤 6：

单击第 3 级分类视图。

单击“开始—(编辑)—查找和选择—替换”，弹出“替换”对话框。

在“替换”对话框中，“查找内容”输入“汇总”，“替换为”框中输入空格，如图 35-5 所示。

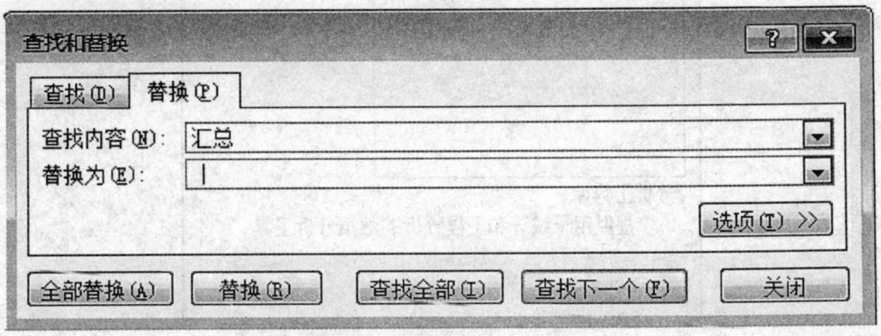

图 35-5　替换“汇总”一词

单击“全部替换”按钮，工作表的单元格中所有“汇总”一词被替换成空格，单击“关闭”按钮，关闭“查找和替换”对话框，汇总数据变得更加简洁，如图 35-6 所示。

客户名称	业务员	数量	销售额
	金合	1	￥540
	令才	6	￥4080
	刘金谷	6	￥1060
	张海	3	￥2090
金创公司			￥7770
	金合	8	￥2170
	令才	9	￥2415
	张海	2	￥2040
科华公司			￥6625

图 35-6　替换后的汇总表

子任务 36　计算销售数据的移动平均值

移动平均法是用一组最近的实际数据值来预测未来一期或几期内公司产品的需求量、公司产能等的一种常用方法。移动平均法适用于即期预测，当产品需求既不快速增长也不快速下降，不存在季节性因素时，移动平均法能有效地消除预测中的随机波动，预测的拟合程度十分高。

对应文件“36 计算销售数据的移动平均预测”。

步骤 1：

加载分析库，如果已加载，此步跳过。

点击“开始—选项”，弹出“Excel 选项”对话框。

在弹出的“Excel 选项”对话框中单击左侧的“加载项”，在右侧窗口中单击“转到”按钮，弹出“加载宏”对话框。如图 36-1 所示。

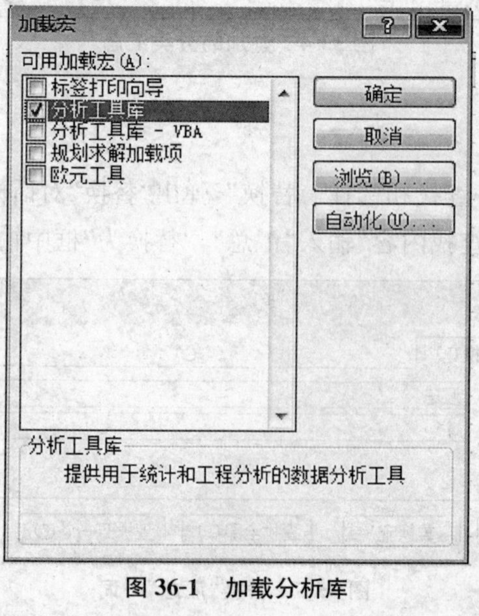

图 36-1　加载分析库

勾选“分析工具库”，单击“确定”按钮。

步骤 2：

单击工作表标签“移动平均”；单击工作表任意单元格，如 B2 单元格。

单击“数据—(分析)—数据分析”，弹出“数据分析”对话框。

在“数据分析”对话框中，单击“移动平均”，如图 36-2 所示，单击“确定”按钮，弹出“移动平均”对话框。

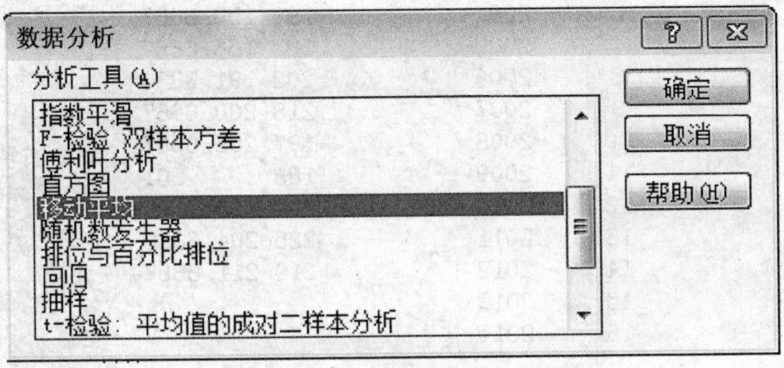

图 36-2　选择分析工具

步骤 3：

在“移动平均”对话框中，单击“输入区域”框，选择 B1:B14 区域，并勾选“标志位于第一行”，因为这个区域包括了标题行。单击“间隔”文本框，输入 3，表示移动平均计算的项数，即每三年计算一次平均。单击“输出区域”框，选择 C2:C15 区域，如图 36-3 所示，单击“确定”按钮。

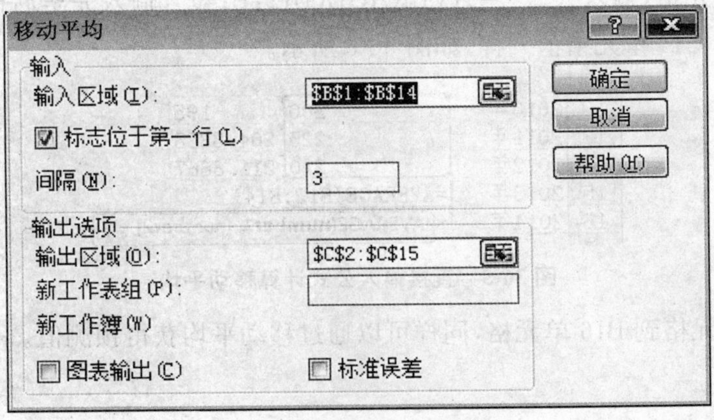

图 36-3　设置移动平均参数

注意

1. 移动平均的“间隔”大于等于 2 才有意义，原始数据项数必须大于间隔长度才有意义。

2. 移动平均的计算可以直接用 AVERAGE() 函数来代替，移动平均就是计算间隔周期的平均值。

步骤 4：

观察C列，得到移动平均计算的结果，如图 36-4 所示。

	A	B	C
1	日期（年）	销售额（万元）	移动平均
2	2000	120	#N/A
3	2001	122	#N/A
4	2002	134	125.3333
5	2003	128	128
6	2004	190	150.6667
7	2005	182	166.6667
8	2006	202	191.3333
9	2007	218	200.6667
10	2008	197	205.6667
11	2009	188	201
12	2010	200	195
13	2011	225	204.3333
14	2012	210	211.6667
15	2013		
16	2014		

图 36-4　移动平均计算结果

解释：输出区域的第一行和第二行出现错误信息"＃N/A"，表示在前两个计算周期内没有可用的数据，因为本次移动平均的项数是 3。C15 单元格没有得到移动平均值，虽然在图 36-3中将此单元格包括在内，原因是 C15 单元格的结果要由 B13：B15 区域计算平均值得到，而 B15 没有数值。

步骤 5：

单击 B15 单元格，输入公式"＝AVERAGE(B12：B14)"，输入完毕后按回车键，得到移动平均值 212，与 C14 单元格值一样，如图 36-5 所示。

12	2010年	200	195
13	2011年	225	204.3333
14	2012年	210	211.6667
15	2013年	=AVERAGE(B12:B14)	
16	2014年	AVERAGE(**number1**, [number2], ...)	

图 36-5　直接输入公式计算移动平均

复制 B15 单元格到 B16 单元格，同样可以通过移动平均获得预测值。

子任务 37　对销售数据进行预测

销售预测常用的方法是通过 FORECAST 函数进行预测，FORECAST 函数根据一条线性回归拟合线返回一个预测值，使用此函数可以对未来销售额、库存需求、消费趋势进行预测。

对应文件"37 对销售数据进行预测"。

步骤 1：

单击工作表标签“销售数据预测”。

步骤 2：

单击 B15 单元格。

单击“公式—(函数库)—插入函数 *fx* 插入函数”，弹出“插入函数”对话框。

在弹出的“插入函数”对话框中，单击“类别”的下拉箭头，选择“统计”，在“选择函数”列表框中选择“FORECAST”函数，单击“确定”按钮；如图 37-1 所示。

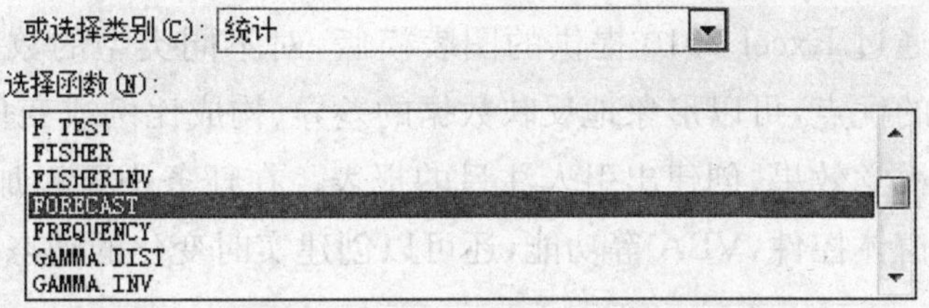

图 37-1　插入 FORECAST 函数

插入函数的步骤也可以单击“公式—(函数库)—其他函数—统计—FORECAST”。

步骤 3：

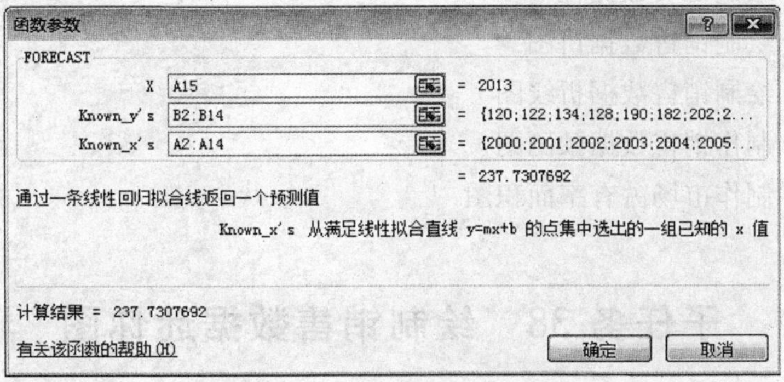

图 37-2　FORECAST 函数参数

在弹出的“函数参数”对话框中，“*X*”为预测参数的自变量值，点击 A15，“Known_y's”为已知结果的值的区域，拖动工作表“B2:B14”区域，“Known_x's”为已知结果的自变量区域，拖动工作表“A2:A14”区域，如图 37-2 所示，单击“确定”按钮。

在 B15 单元格得到预测结果 237.7307692。

步骤 4：

点击 B15，按 Ctrl＋1，设置单元格格式，选择“数值”，小数位数为 0。

提高

1. FORECAST()函数的格式是：FORECAST(*X* 值，已知因变量区域，已知自变量区域)。

2. FORECAST()函数通过已知自变量与因变量拟合出一条直线：$Y=aX+b$，再将函数中的 *X* 值带入公式计算出预测值。

任务 7　数据的图表分析

任务说明

本任务主要是通过 Excel 2010 提供的图表模版，对不同类型的数据绘制不同的图表。图表具有直观形象的优点，可以形象地反映数据的差异、构成比例或变化趋势。图形能够增强工作表或图表的视觉效果，创建出引人注目的报表。在任务中可以加入 Excel 2010 的函数公式、定义名称、窗体控件、VBA 等功能，还可以创建实时变化的动态图表。

任务结构

子任务 38　绘制销售数据迷你图

子任务 39　绘制工资数据柱形图

子任务 40　绘制销售数据饼图

子任务 41　绘制销售数据折线图

子任务 42　制作销售数据预测图

子任务 43　制作市场占有率面积图

子任务 38　绘制销售数据迷你图

迷你图是 Excel 2010 中的一个新功能，与普通工作表上的图表不同，迷你图不是对象，它实际上是单元格背景中的一个微型图表，因此迷你图可以与数据同时放在一个单元格中。Excel 可以为多行(或多列)数据创建一组迷你图，一组迷你图具有相同的图表特征。

对应文件“38 绘制销售数据迷你图”。

步骤 1：

点击工作表标签“迷你图”。

步骤 2：

选择 F2:F3 区域，单击“插入—(迷你图)—柱形图”，弹出“创建迷你图”对话框，如图 38-1所示。

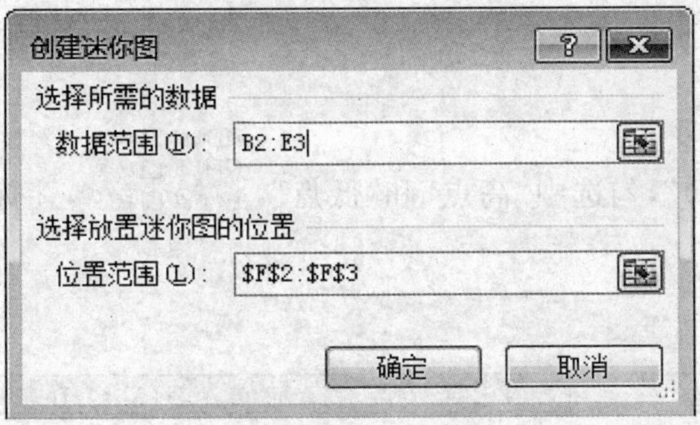

图 38-1　插入迷你图

单击“数据范围”，在工作表中拖动 B2:E3 区域，单击“确定”按钮，出现柱形迷你图，如图 38-2 所示。

	A	B	C	D	E	F
1		2010年	2011年	2012年	2013年	
2	销售计划	2000	2200	2400	2600	
3	销售实绩	2010	2546	2386	2678	

图 38-2　柱形迷你图

步骤 3：

单击鼠标选择 B4:E4 区域。

步骤 4：

单击“插入—(迷你图)—折线图”，弹出“创建迷你图”对话框，如图 38-3 所示。

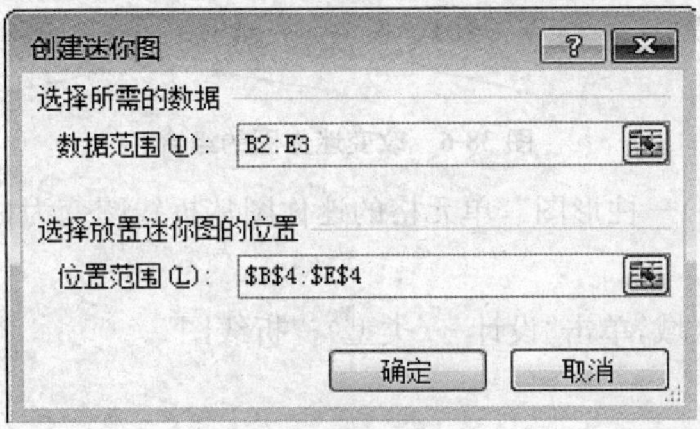

图 38-3　插入迷你图

单击“数据范围”框，在工作表中拖动鼠标选择 B2:E3 区域，单击“确定”按钮，出现迷你图，如图 38-4 所示。

	A	B	C	D	E
1		2010年	2011年	2012年	2013年
2	销售计划	2000	2200	2400	2600
3	销售实绩	2010	2546	2386	2678
4					

图 38-4　插入折线迷你图

步骤 5：

选中 B4:E4 区域。

单点“设计—(显示)”，勾选中“高点”和“低点”，

，迷你图中会加上高低值点，如图 38-5 所示。

	A	B	C	D	E
1		2010年	2011年	2012年	2013年
2	销售计划	2000	2200	2400	2600
3	销售实绩	2010	2546	2386	2678
4					

图 38-5　加高低值点的迷你图

步骤 6：

改变迷你图类型。

单击 E4 单元格，点击“设计—(分组)—取消组合”。这时，取消了迷你图的组合。

步骤 7：

	A	B	C	D	E
1		2010年	2011年	2012年	2013年
2	销售计划	2000	2200	2400	2600
3	销售实绩	2010	2546	2386	2678
4					

图 38-6　改变迷你图的组合

单击“设计—(类型)—柱形图”，单元格的迷你图从折线图变为柱形图，如图 38-6 所示。

步骤 8：

单击选中 F2:F3 区域，单击“设计—(类型)—折线图”。

步骤 9：

单击 D3 单元格，按 Delete 键，删除数据，迷你图因为缺少数据而产生空距，如图 38-7 所示。

	A	B	C	D	E	F
1		2010年	2011年	2012年	2013年	
2	销售计划	2000	2200	2400	2600	
3	销售实绩	2010	2546		2678	

图 38-7　缺少数据的迷你图

步骤 10：

单击 F3 单元格。

单击“设计—(迷你图)—编辑数据—隐藏和清空单元格”，弹出“隐藏和空单元格设置”对话框，如图 38-8 所示。

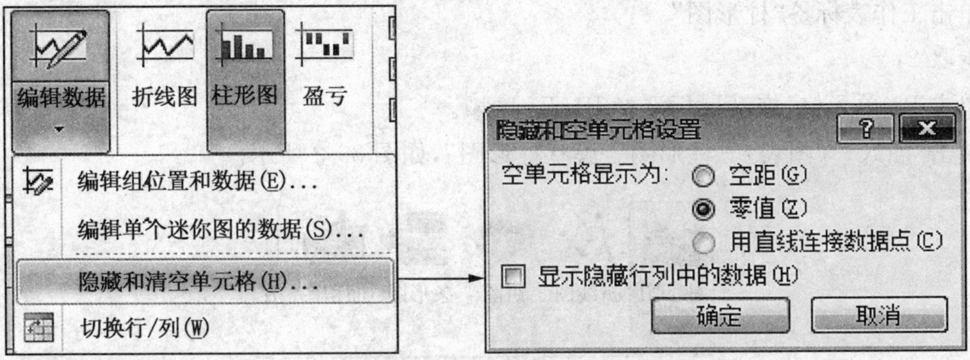

图 38-8 设置空单元格绘零值

在“隐藏和空单元格设置”对话框中，点选“空单元格显示为”“零值”，单击“确定”按钮。迷你图中缺少数据的项在绘图时，用零值代替，如图 38-9 所示。

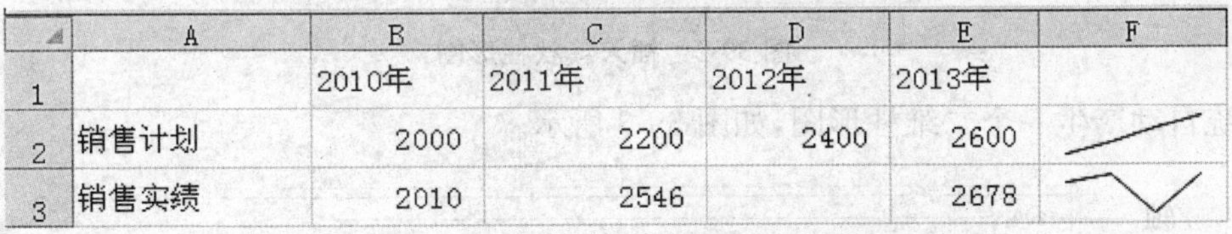

	A	B	C	D	E	F
1		2010年	2011年	2012年	2013年	
2	销售计划	2000	2200	2400	2600	
3	销售实绩	2010	2546		2678	

图 38-9 将空值绘制成零值的迷你图

子任务 39 绘制工资数据柱形图

柱形图也称作直方图，是 Excel 2010 的默认的图表类型，也是销售数据处理过程中常用的一种图表类型。

柱形图通常用来描述不同时期数据的变化情况或者描述不同类别数据之间的差异，也可以同时描述不同时期、不同类别数据的变化和差异。柱形图包括有 19 种子图表类型，如图 39-1 所示。

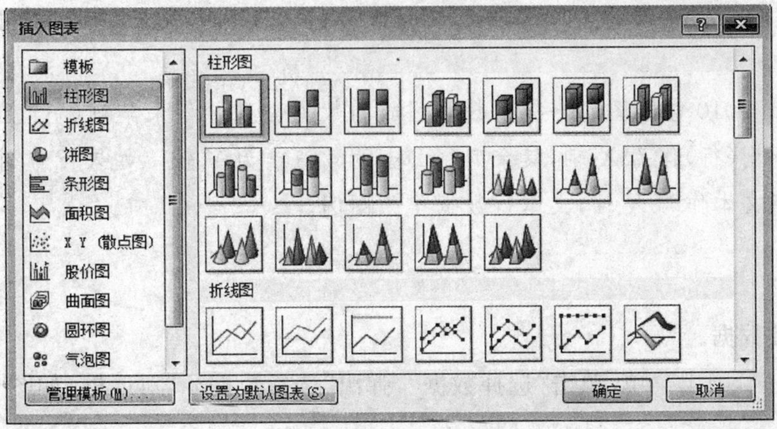

图 39-1 柱形图表类型

对应文件“39 绘制工资数据柱形图”。

步骤 1：

单击工作表标签“柱形图”。

步骤 2：

单击 B1 单元格，拖动鼠标选择 B1：F7 区域。

单击“插入—(图表)—柱形图—簇状柱形图”，如图 39-2 所示。

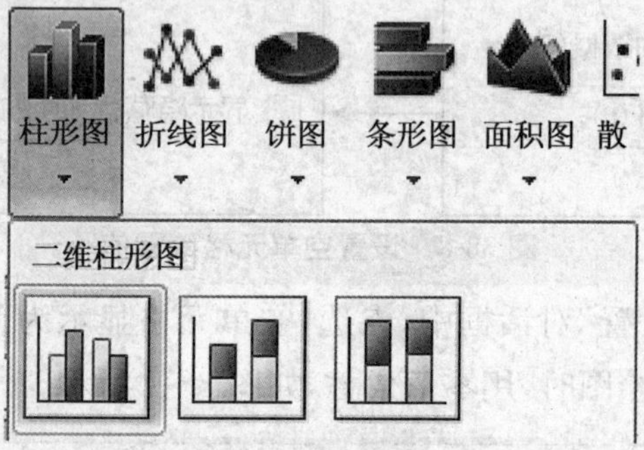

图 39-2 插入簇状柱形图

系统自动产生一个二维柱形图，如图 39-3 所示。

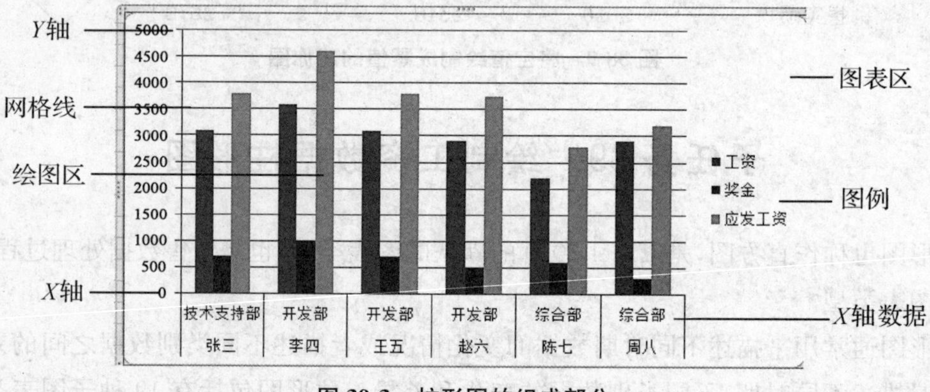

图 39-3 柱形图的组成部分

注意

1. 选定一个区域绘制柱形图时，Excel 2010 默认以行方式来安处理数据，并按行方式来绘图。

2. Excel 2010 在绘图时会分析数据区域的数据类型。如果某列(行)上存在文本型数据，这将此列(行)作为 X 轴，其余列(行)上的数值作为 Y 轴。如果行与列上都有文本型数据，则将文本作为 X 轴，文本行数据作为图例。

步骤 3：

更改 X 轴数据。

右击图表区，弹出菜单，单击“选择数据”，弹出“选择数据源”对话框，如图 39-4 所示。

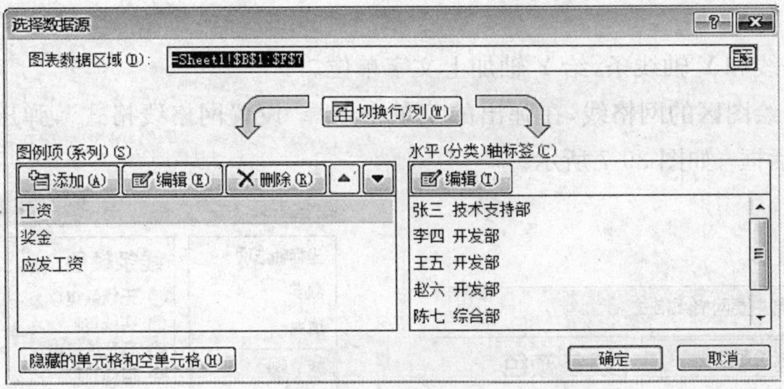

图 39-4　改更数据源

在“选择数据源”对话框中单击“应发工资”，点“删除”按钮，则“应发工资”字段从图表中删除。

在“选择数据源”对话框中单击“水平轴标签”下面的“编辑”按钮，弹出“轴标签”对话框，如图 39-5 所示。

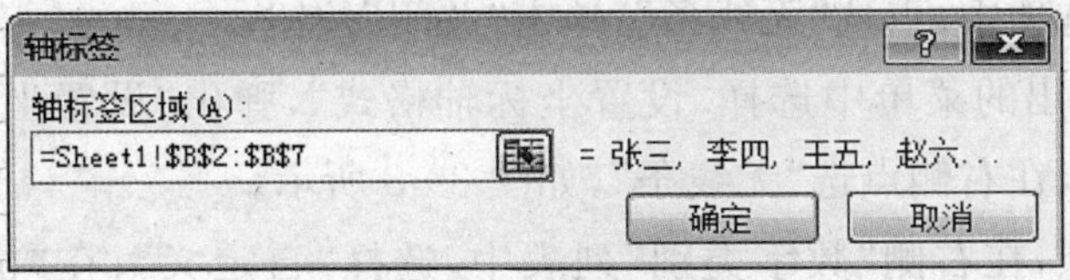

图 39-5　更改轴标签

单击“轴标签区域”文本框右侧的区域选定按钮，选择工作表中 B2:B7 区域，点击“确定”按钮，返回“选择数据源”对话框，再点击“确定”按钮。

这时，图表中仅保留工资、奖金两项，且横向坐标轴只显示姓名，如图 39-6 所示。

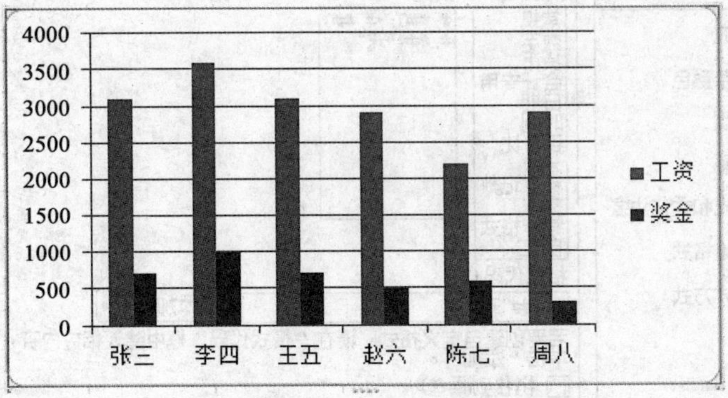

图 39-6　修饰后的图表

技巧

1. 单击绘图区中某个系列的柱形图，整个图表中的同类柱形图被选中，直接按 Delete 键，可以将这个系列的数据从绘图区中删除。

2. 两次单击绘图区中某个系列的柱形图，可以只选中这一个柱形图，并且可以只对这一个柱形图进行设置，如颜色、数据标记等。

步骤 4：

取消网格线和 Y 轴线条，给 Y 轴加上文字单位。

鼠标右击绘图区的网格线，在弹出的菜单中选择“设置网格线格式”，弹出“设置主要网格线格式”对话框，如图 39-7 所示。

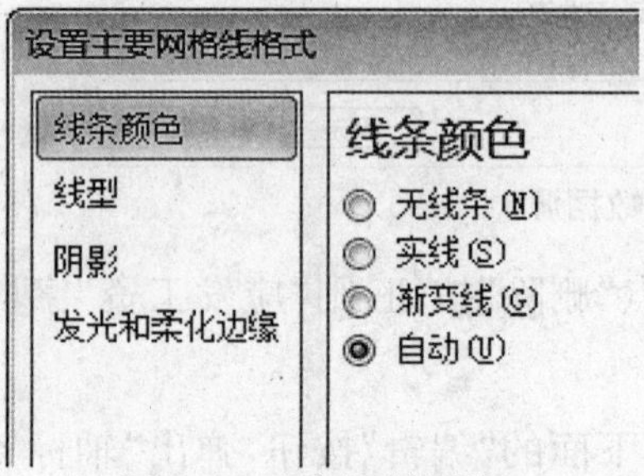

图 39-7　更改网络线图

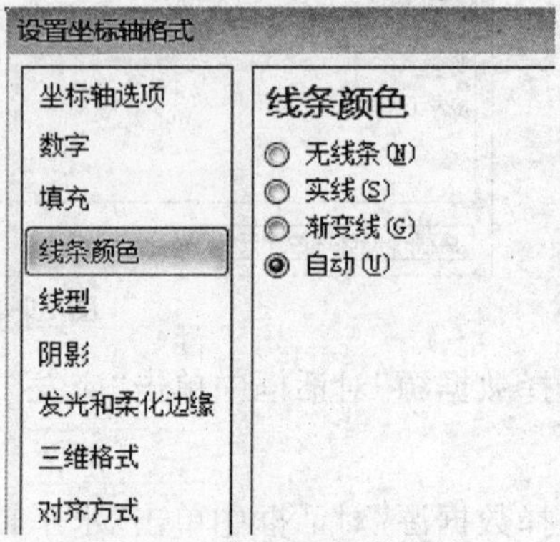

图 39-8　更改坐标轴格式

在“线条颜色”选项中，点选“无线条”，单击“关闭”按钮。

右击 Y 轴，在弹出的菜单中选择“设置坐标轴格式”，弹出“设置坐标轴格式”的对话框中，选择“线条颜色”，在右侧点选“无线条”，如图 39-8 所示。

选择“数字”选项，在右侧“数字类别”列表中，选择“自定义”，在“格式代码”框中输入：“＃，＃＃＃"元"”，点“添加”按钮，如图 39-9 所示。

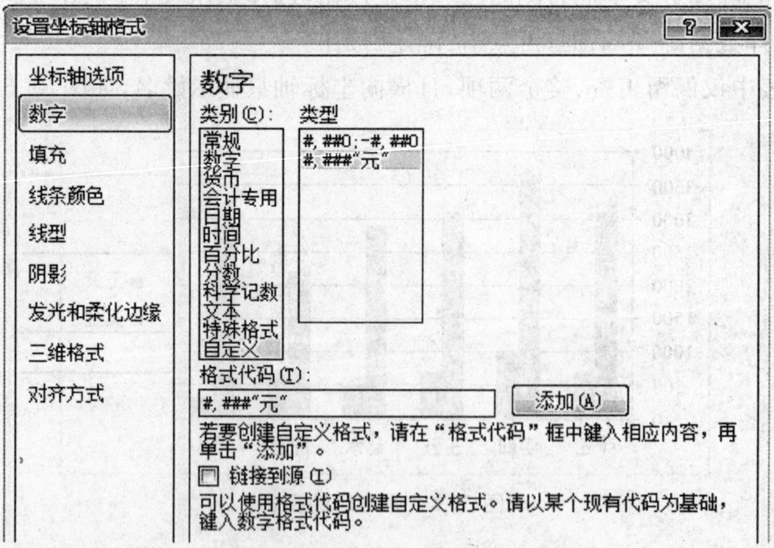

图 39-9　更改坐标轴数字格式

点击“关闭”按钮。

这时，图表没有了网格线，Y 轴线条也没有了，Y 轴的数值加上了单元“元”字，如图 39-10所示。

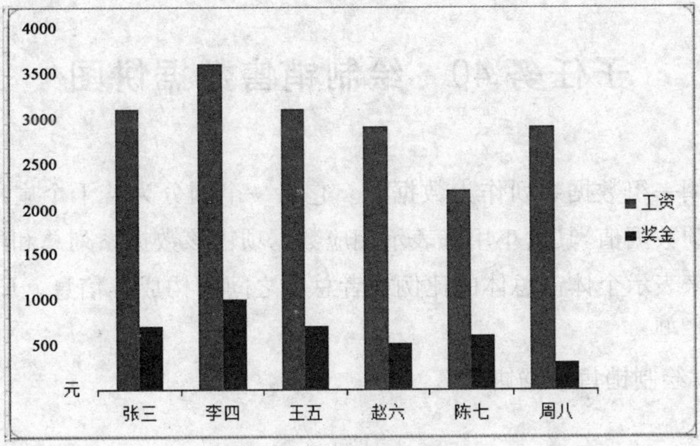

图 39-10　修饰后的图表

步骤 5：

单击“插入—(插图)—形状—矩形”，在工作表空白区域绘制一个矩形，点击“格式—(形状样式)—形状填充—橙色”，矩形区域被橙色填充。

右击刚绘制的矩形，选择“复制”或直接按 Ctrl+C，单击绘图区中工资的柱形条，所有的工资柱形条被所选中，如图 39-11 所示。

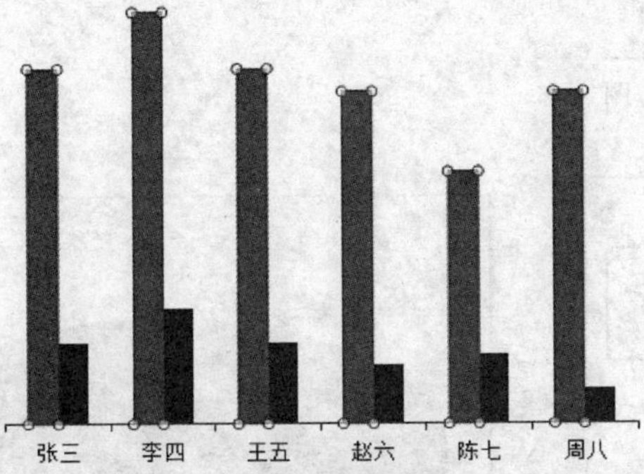

图 39-11　选中全部工资柱形图

按鼠标：Ctrl+V，这时刚复制的橙色被粘贴到所有工资的柱形条中，如图 39-12 所示。

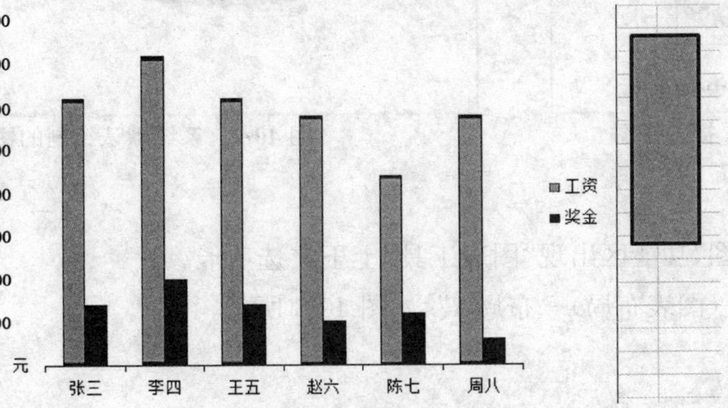

图 39-12　更改工资柱形图

子任务 40　绘制销售数据饼图

饼图通常只用一组数据系列作为数据源。它将一个圆分为若干个扇形，每个扇形代表数据系列中的一项数据值，其大小用来表示相应数据项占该数据系列总和的比例值。

饼图一般用来表示个体占总体的比例或者总体之间的构成等信息。Excel 2010 的饼图包含 6 种子图表类型。

对应文件"40 绘制销售数据饼图"。

步骤 1：

单击工作表标签"销售数据饼图"。

步骤 2：

拖动鼠标选择 B2:B9 区域，按住 Ctrl 键不放，拖动鼠标选择 J2:J9 区域。

前一个区域是数据标志，后一个区域是数据。

单击"插入—(图表)—饼图—三维饼图"，如图 40-1 所示。

系统自动插入一个饼图，如图 40-2 所示。

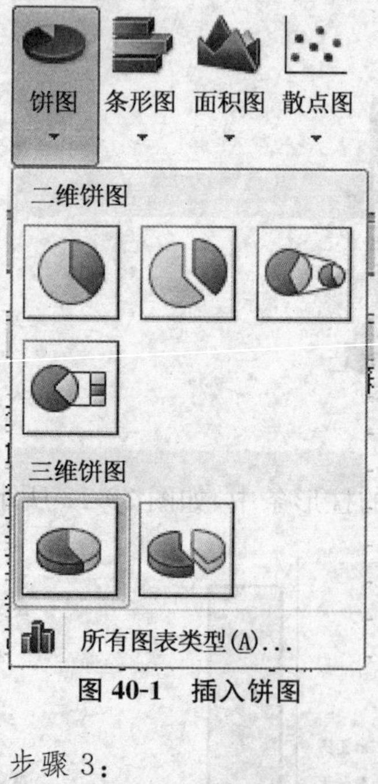

图 40-1　插入饼图

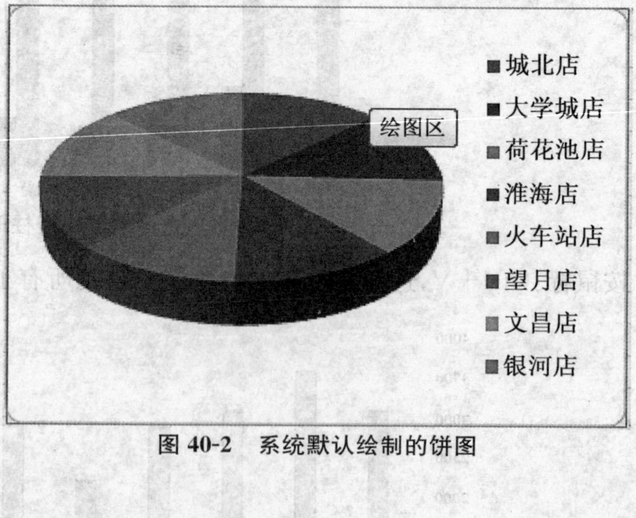

图 40-2　系统默认绘制的饼图

步骤 3：

单击选中饼图，功能区出现"图表工具"上下文选项卡。

单击"设计—(图表布局)—布局 1"，如图 40-3 所示。

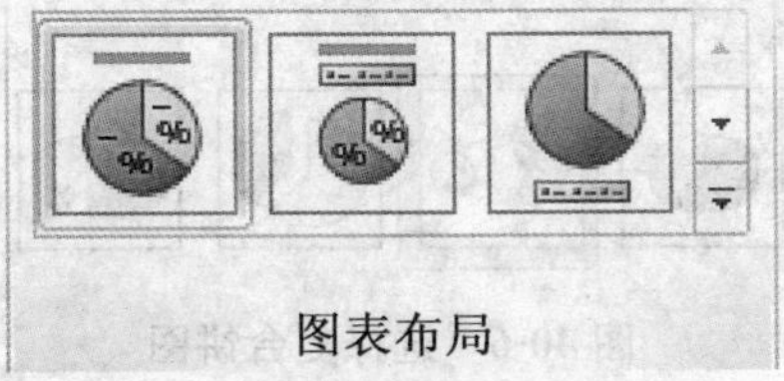

图 40-3　更改饼图布局

所有图例和比例值都显示在饼图上,如图 40-4 所示。

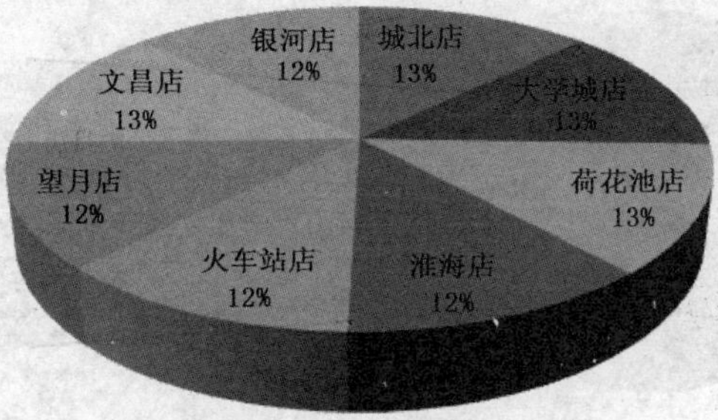

图 40-4　更改布局后的饼图

选择"图表标题"文本框,修改内容,改成"分店营业额比例"。

步骤 4:

选择数据区域的任意单元格,如 C1。

单点"数据—(排序和筛选)—排序",弹出"排序"对话框,如图 40-5 所示。

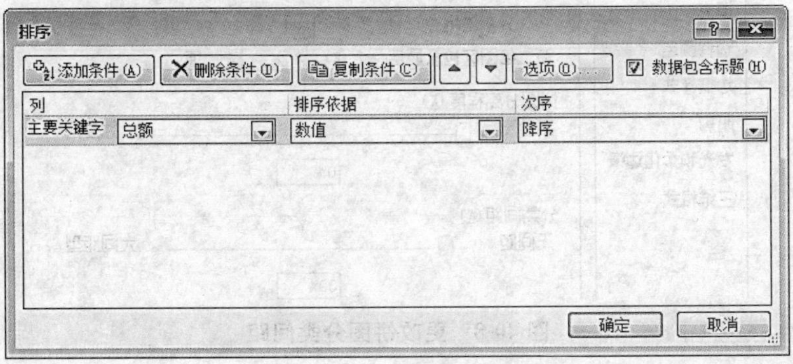

图 40-5　按总额排序

"主要关键字"选择"总额"字段,"排序依据"选择"数值","次序"选择"降序"。单击"确定"按钮,数据清单按总额的降序排序,饼图也随之变化。

步骤 5:

在图表区右击鼠标,选择"更改图表类型",弹出"更改图表类型"对话框。在左侧的类型框中选择"饼图",在右侧的分类型框中,选择"复合饼图",如图 40-6 所示。

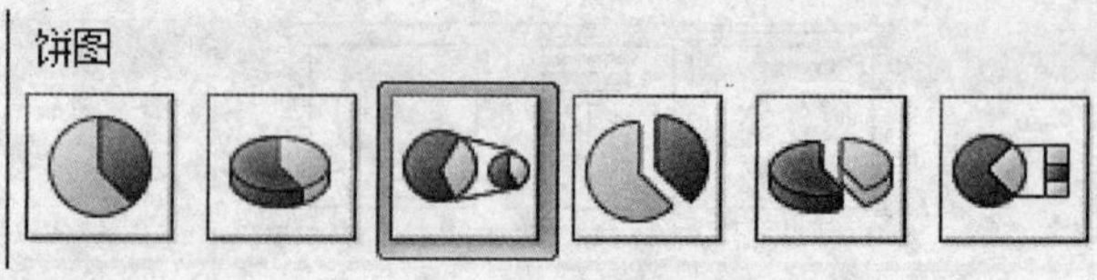

图 40-6 选择复合饼图

点击“确定”按钮，Excel 2010 自动给出复合饼图，并将最后三个数据放到第二饼图，如图 40-7 所示。

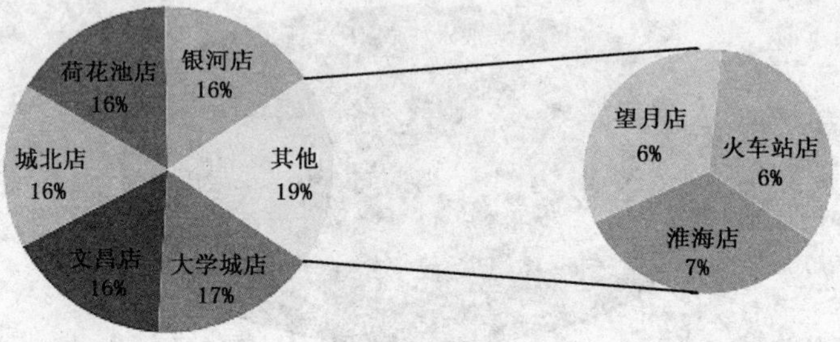

图 40-7 复合饼图

步骤 6：

右击绘图区，在弹出的菜单中，选择“设置数据系列格式”，弹出“设置数据系列格式”对话框，在“系列选项—分类间距”中，将分类间距设为 30%，如图 40-8 所示。

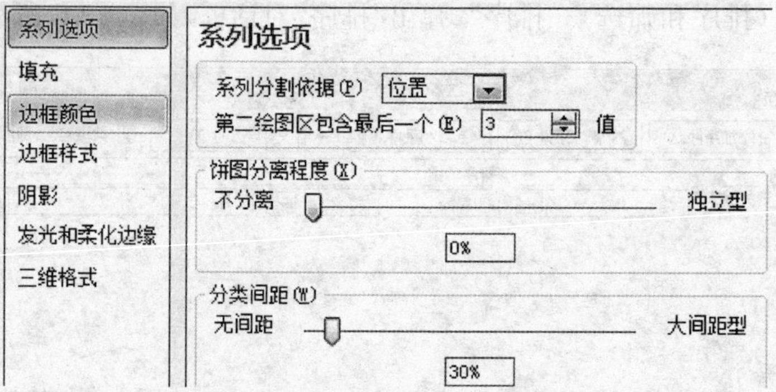

图 40-8 更改饼图分类间距

在对话框的左侧栏选择“三维格式”，在右侧选项中作如下设置：

棱台选项，顶端选择：松散嵌入，如图 40-9 所示。

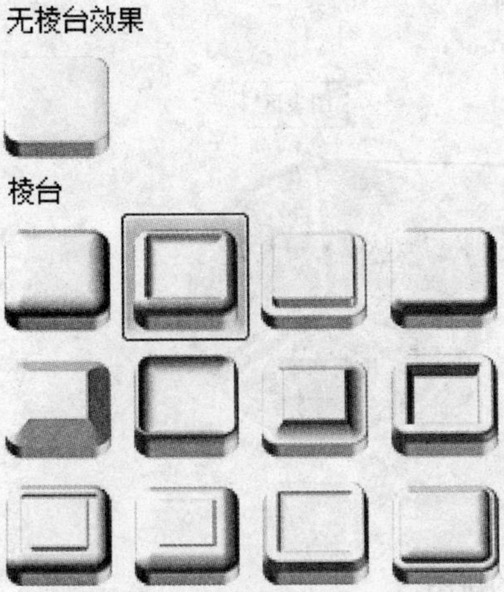

图 40-9 饼图的棱台选择

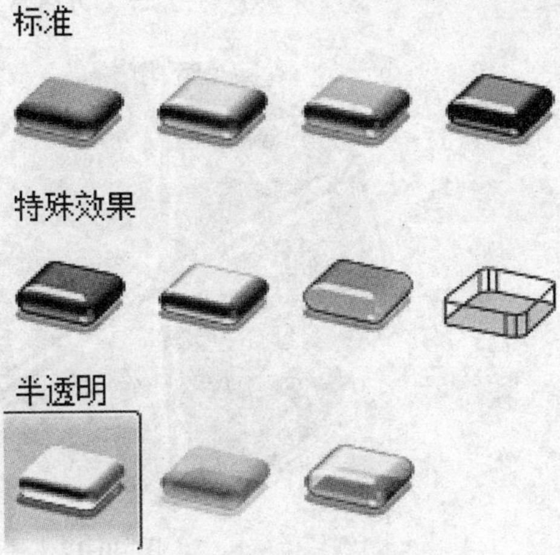

图 40-10 透明效果选择

材料选择:“半透明—粉”,如图 40-10 所示。

照明选择“暖调—日出”,如图: 

。角度设为 30 度,综合设置如图 40-11 所示。

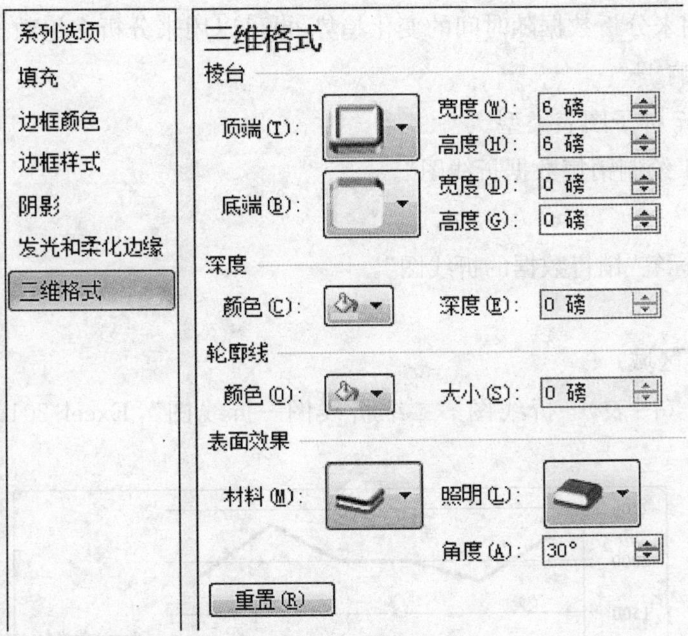

图 40-11 饼图三维综合设置

单击“关闭”按钮。效果如图 40-12 所示。

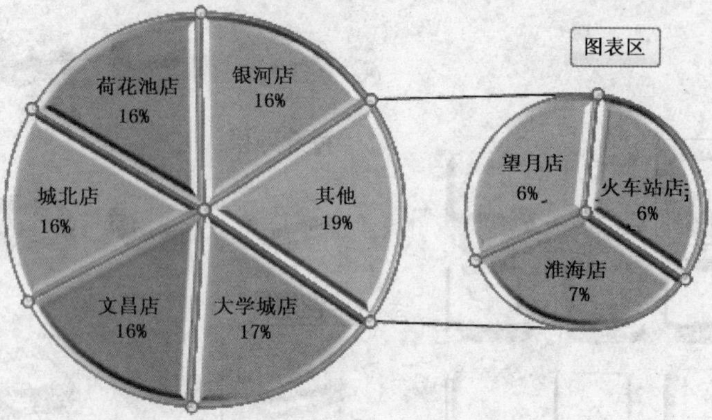

图 40-12　最终设置的饼图

子任务 41　绘制销售数据折线图

折线图是用直线段将各数据点连接起来而组成的图形，以折线方式显示数据的变化趋势。折线图可以清晰地反映出数据是递增还是递减、增减的速率、增减的规律、峰值等特征。因此，折线图常用来分析数据随时间的变化趋势，也可以用来分析多组数据随时间变化的相互作用和相互影响。

折线图包含 7 种子图表类型。

对应文件“41 绘制销售数据折线图”。

步骤 1：

单击工作表标签“销售数据的折线图”。

步骤 2：

选择 A2：C8 区域。

点击“插入—（图表）—折线图—二维折线图—折线图”，Excel 2010 绘出折线图，如图 41-1所示。

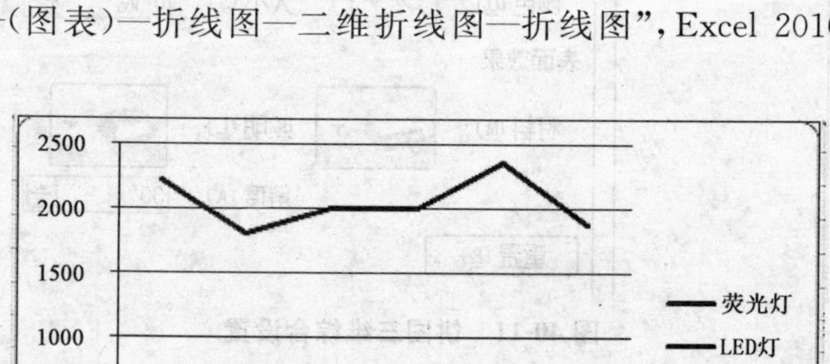

图 41-1　默认的折线图

步骤 3:

荧光灯的销售数据相对于 LED 灯的销售数据太小,因此做出调整。

单击鼠标,选中荧光灯的数据线,如图 41-2 所示。

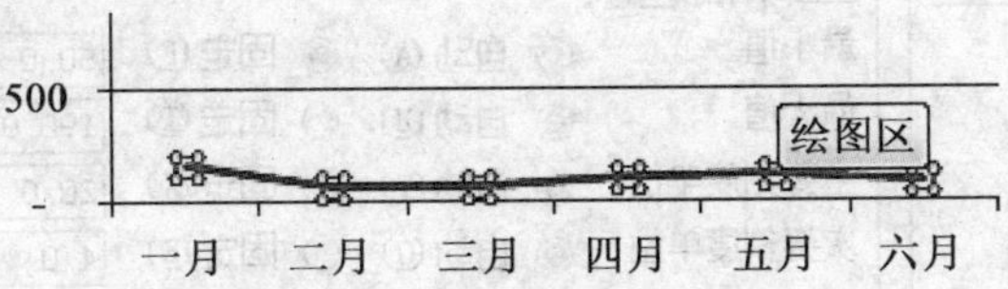

图 41-2 选中荧光灯数据线

在线上右击鼠标,在弹出的菜单中选择"设置数据系列格式",弹出"设置数据系列格式"对话框,如图 41-3 所示。

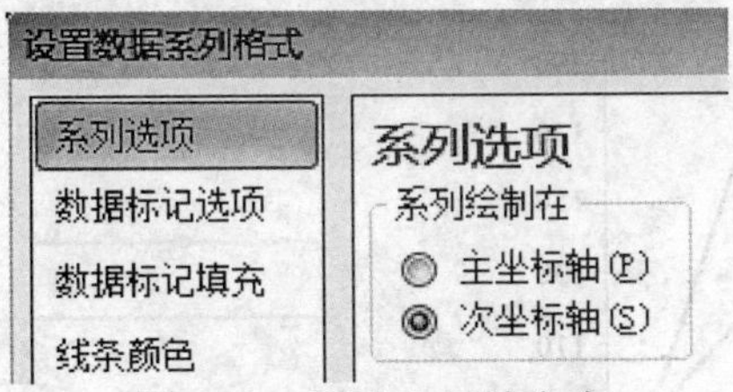

图 41-3 更改坐标轴主次

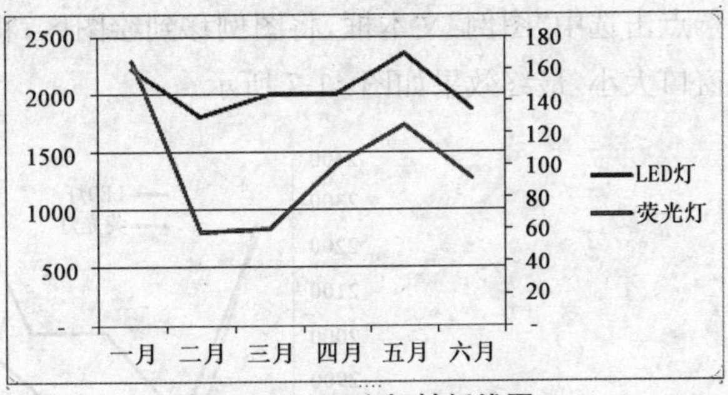

图 41-4 双坐标轴折线图

在左侧的选项中选择"系列选项",在右侧的"系列选项—系列绘制在"点选"次坐标轴",点击"关闭"按钮,这时图表会在右侧的 Y 轴上出现一系列新刻度,用来标记荧光灯的数据,如图 41-4 所示。

步骤 4:

考察图 41-4,LED 的数据最低值是 1808,荧光灯的数据最低值是 58,而默认的 *X* 轴与 *Y* 轴交于 0,可以更改 *X* 轴与 *Y* 轴的交叉点,使折线图的阅读性更好。

将鼠标移到左侧的 *Y* 轴,按鼠标右键,在弹出的菜单中选择"设置坐标轴格式",弹出"设置坐标轴格式"对话框,如图 41-5 所示。

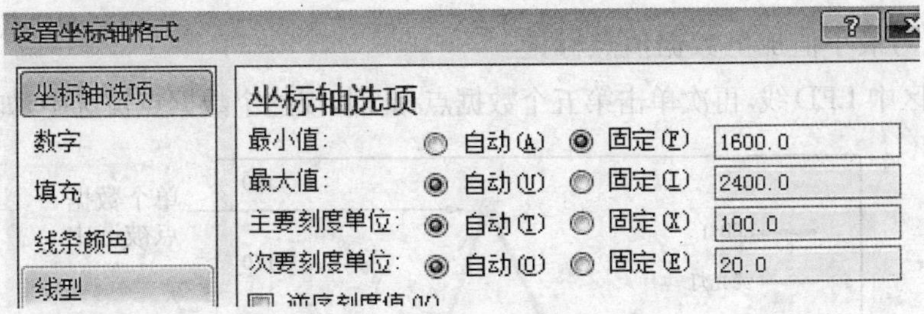

图 41-5 设置左侧坐标轴刻度

在对话框左侧选择"坐标轴选项",在右侧"坐标轴选项"的"最小值"选择"固定",输入:1600,点击"关闭"按钮。

同上,在右侧的 *Y* 轴上按鼠标右键,在弹出的菜单中选择"设置坐标轴格式",弹出"设置坐标轴格式”对话框，如图 41-6 所示。

图 41-6　设置右侧坐标轴刻度

在对话框左侧选择“坐标轴选项”，在右侧“坐标轴选项”的“最小值”选择“固定”，输入：50，点击“关闭”按钮。

点击选中“图例”文本框，将图例移到绘图区；将网络线去掉(参见子任务 39)，并调整绘图窗口大小，最终效果如图 41-7 所示。

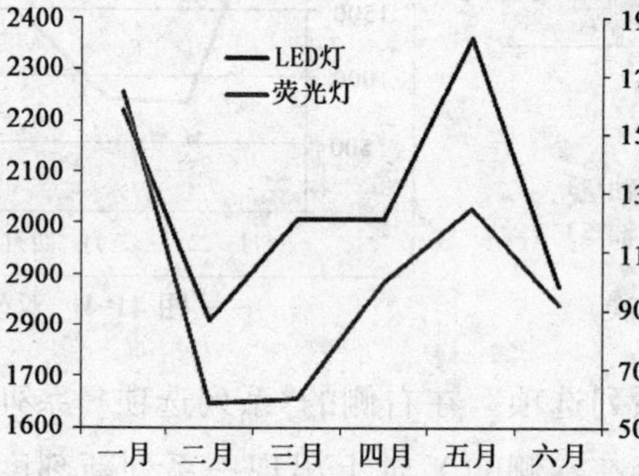

图 41-7　最终的双折线图

技巧

1. 折线图中如果有两列数据，且数据相差较大时，双 Y 轴刻度是常用的绘图方式。

2. 在使用双刻度时，由于两折线对应两刻度，有时较难分辨哪一根折线对应哪一个轴刻度，因此常在坐标轴上旁进行说明。有时也用不同的绘图方式进行区分，如线柱图。

步骤 5：

给最大值与最小值加上数据值点标记。

单击绘图区中 LED 线，再次单击第五个数据点，此时，仅这个数据点被选中，如图 41-8 所示。

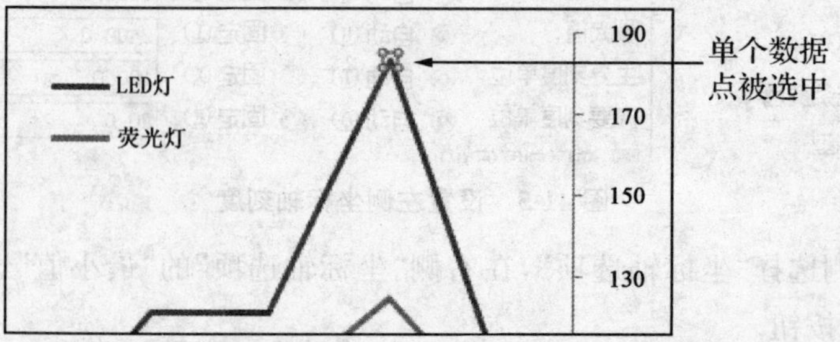

图 41-8　选中单个数据点

在该数据点按鼠标右键，在弹出的菜单上选择“设置数据点格式”，弹出“设置数据点格式”对话框，在对话框的左侧选择“数据标记选项”，在右侧窗口中“数据标记类型”选择“内置”，类型选择：实心三角，大小为10，如图41-9所示。

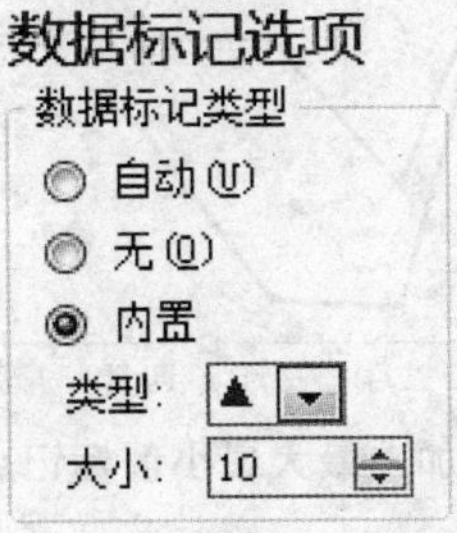

图41-9 设置数据标记

单击“关闭”按钮。

单击绘图区中荧光灯线，再次单击第二个数据点，此时，仅这个数据点被选中，如图41-10所示。

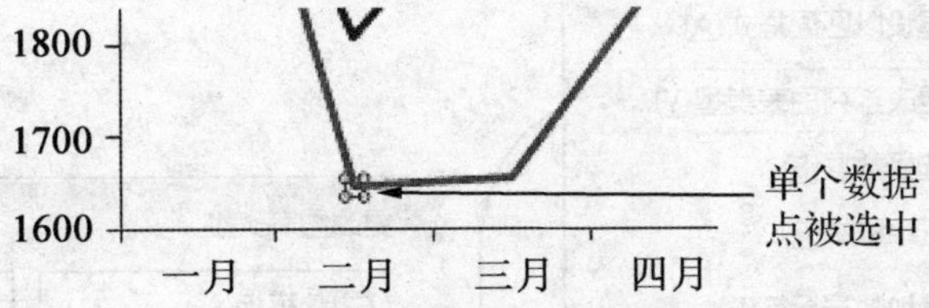

图41-10 选中最小值点

在该数据点按鼠标右键，在弹出的菜单上选择“设置数据点格式”，弹出“设置数据点格式”对话框，在对话框的左侧选择“数据标记选项”，在右侧窗口中“数据标记类型”选择“内置”，类型选择“×”，大小为10，如图41-11所示。

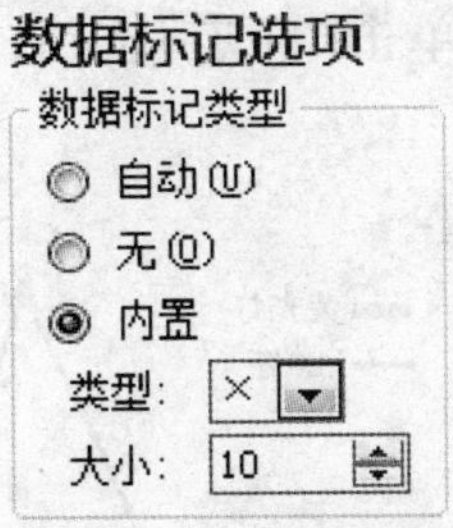

图41-11 设置数据标记

单击“关闭”按钮，最终效果如图41-12所示。

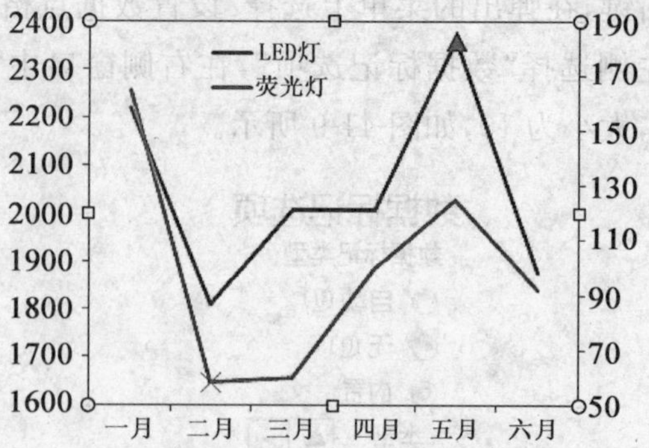

图 41-12　加上最大最小值标记点的折线图

步骤 6：

改变其中一类数据的图表类型。

点击选中荧光灯线，则所有数据点被选中，在线上按鼠标右键，如图 41-13 所示。

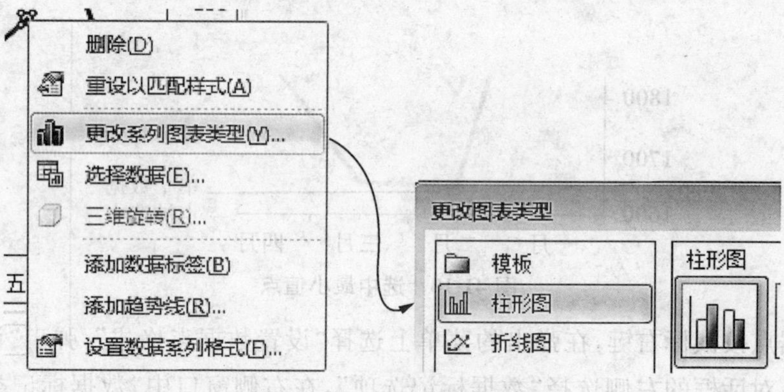

图 41-13　更改图表类型

在右键菜单中选择“更改系列图表类型”，出现“更改图表类型”对话框，选择左侧的“柱形图”，选择右侧的“簇状柱形图”，单击“确定”按钮，原来的双折线图变成了线柱图，如图 41-14所示。

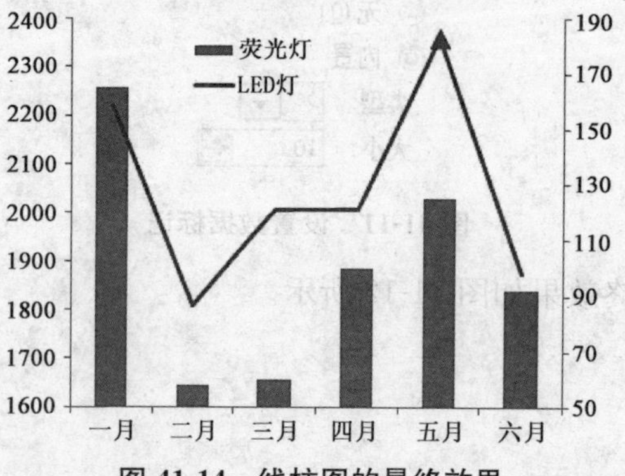

图 41-14　线柱图的最终效果

子任务42 制作销售数据预测图

Excel 2010 图表可以附加趋势线，通过现有数据，趋势线可以拟合并加以预测。Excel2010 的趋势线有六种。

线性趋势线：增长或降低速率比较稳定。

对数趋势线：增长或降低幅度一开始比较快，逐渐趋于平缓。

多项式趋势线：增长或降低的波动较多。

乘幂趋势线：增长或降低的速度持续增加且增加幅度比较恒定。

指数趋势线：增长或降低的速度持续增加且增加幅度越来越大。

移动平均线：增长或降低的速度波动不大，且没有季节因子影响。

对应文件“42 制作销售数据预测图”。

步骤1：

单击工作表标签“销售预测图”。

步骤2：

拖动鼠标选择 A2:H3 单元格区域。

单击“插入—(图表)—折线图—带数据标记的折线图”，如图 42-1 所示。

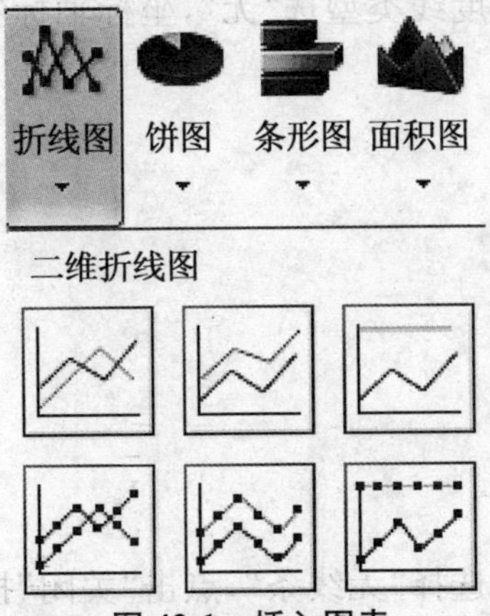

图 42-1 插入图表

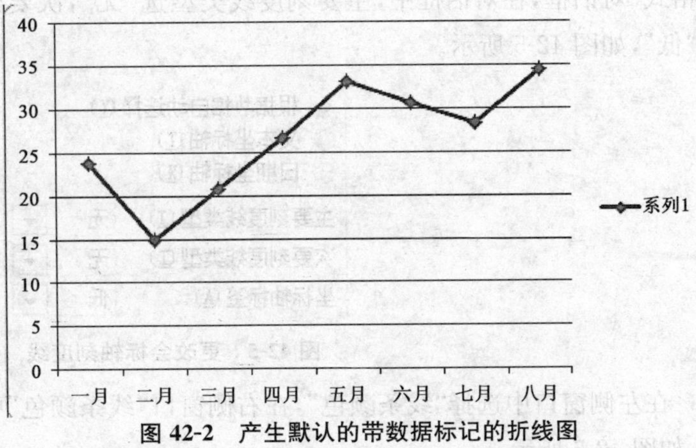

图 42-2 产生默认的带数据标记的折线图

产生带数据标记的折线图，如图 42-2 所示。

步骤3：

单击图表区的图例 系列1，按 Delete 键，删除图例。

右击 Y 轴，在弹出的窗口选择“设置坐标轴格式”，出现“设置坐标轴格式”对话框。

在对话框左侧选择“坐标轴选项”，右侧坐标轴最小值选“固定”，输入：10。

在“横坐标轴交叉”选择“坐标轴值”，输入数值：25，如图 42-3 所示。

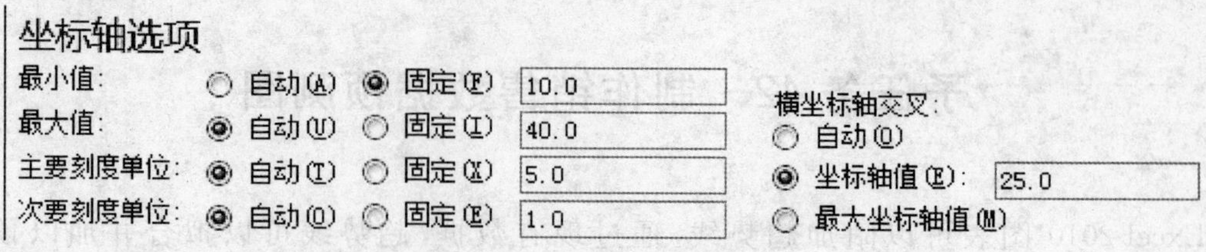

图 42-3　设置坐标轴选项

设置完毕后，单击“关闭”按钮，图表随之变化，如图 42-4 所示。

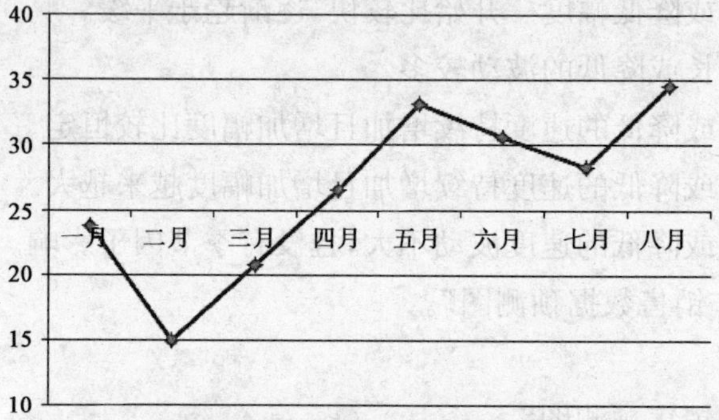

图 42-4　更改坐标轴和最小刻度

步骤 4：

移动鼠标到 X 轴标签上按鼠标右键，在弹出的菜单上选择“设置坐标”，弹出“设置坐标轴格式”对话框，在对话框中，主要刻度线类型选“无”，次要刻度线类型选“无”，坐标轴标签选“低”，如图 42-5 所示。

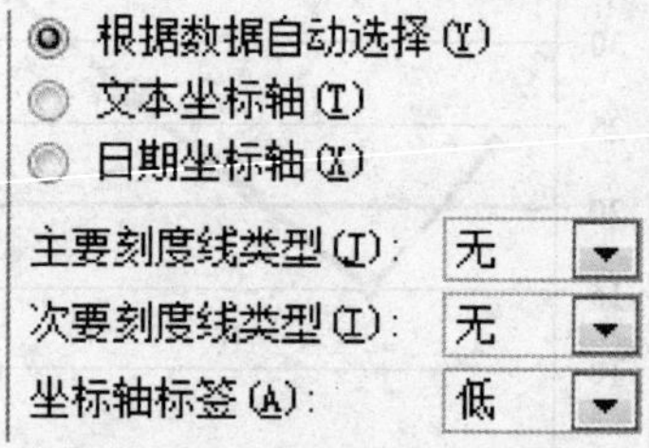

图 42-5　更改会标轴刻度线

在左侧窗口中选择“线条颜色”，在右侧窗口“线条颜色”中选择“无线条”，点击“关闭”按钮，如图 42-6 所示。

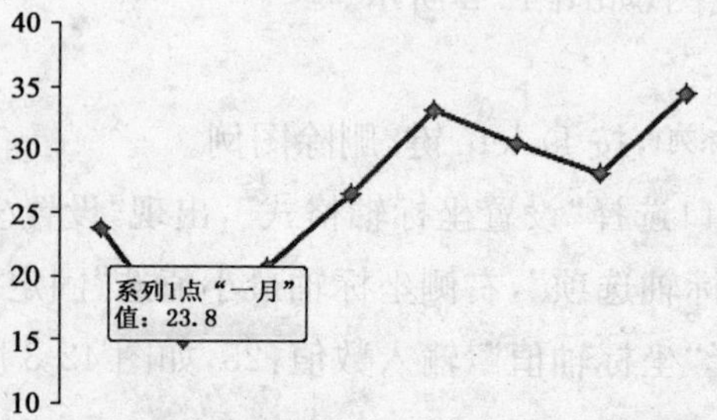

图 42-6　去掉网络线的图

步骤 5：

单击选中绘图区中的曲线，对着曲线按鼠标右键，弹出菜单 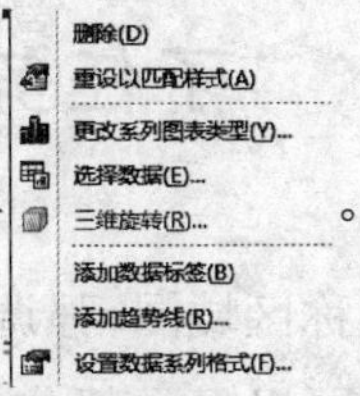

。

选择“添加趋势线”，弹出“设置趋势线格式”对话框，选择趋势线类型“多项式”，在“趋势预测”中，选择“前推”1 个周期，如图 42-7 所示。

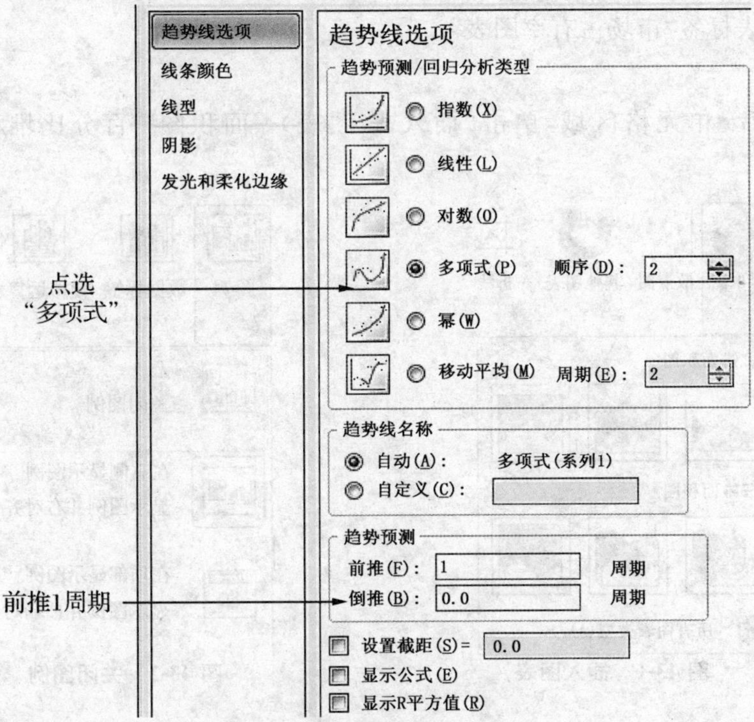

图 42-7　添加趋势线对话框

在绘图区就会添加二项式预测线，并预测下一下周期的数据，如图 42-8 所示。

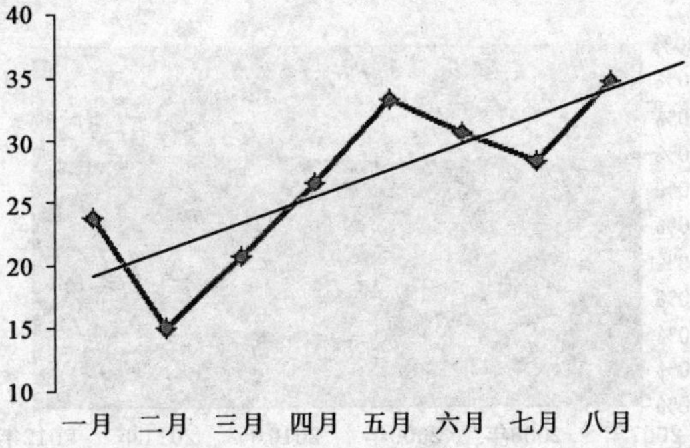

图 42-8　添加趋势线并进行预测

子任务 43 制作市场占有率面积图

面积图又称区域图，强调数量随时间而变化的程度，也可用于引起对总值趋势的注意。堆积面积图还可以显示部分与整体的关系。

对应文件“43 制作市场占有率面积图”。

步骤 1：

单击工作表标签“市场占有率图表”。

步骤 2：

选中 A2：G5 单元格区域，单击“插入—（图表）—面积图—百分比堆积面积图”，如图 43-1所示。

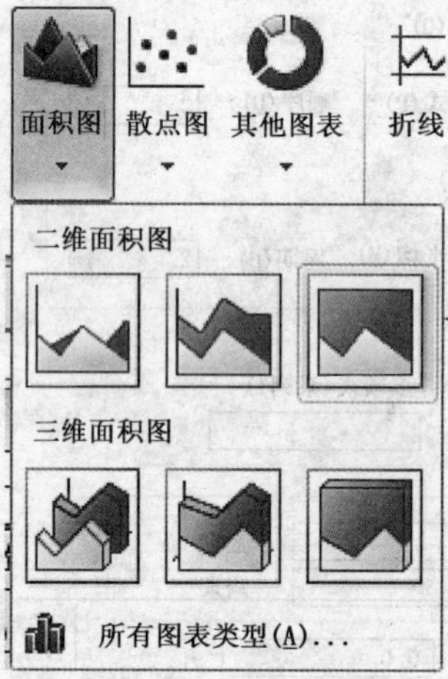

图 43-1 插入图表

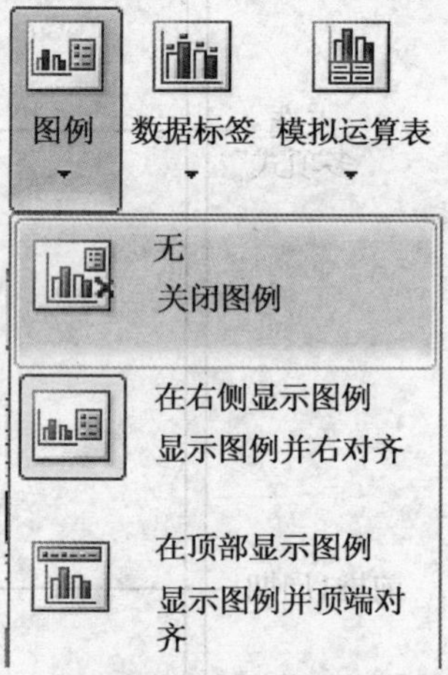

图 43-2 关闭图例

步骤 3：

选中图表，单击“图表工具—布局—（标签）—图例—关闭图例”，如图 43-2 所示。

产生的面积图如图 43-3 所示。

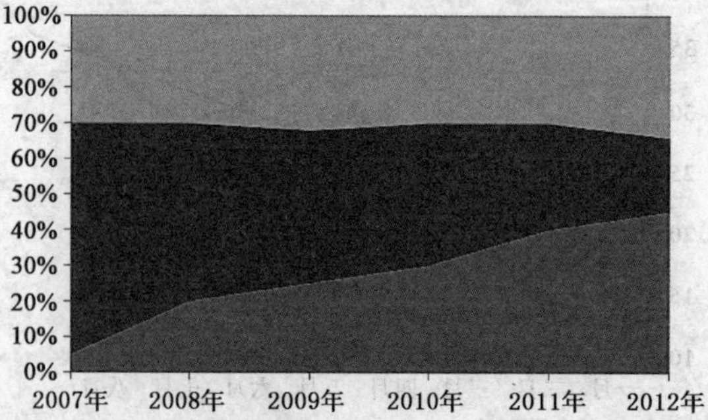

图 43-3 面积图

步骤 4：

单击“图表工具—设计—（图表样式）”，点击右侧“其他”扩展按钮，选择“样式 42”，如图 43-4所示。

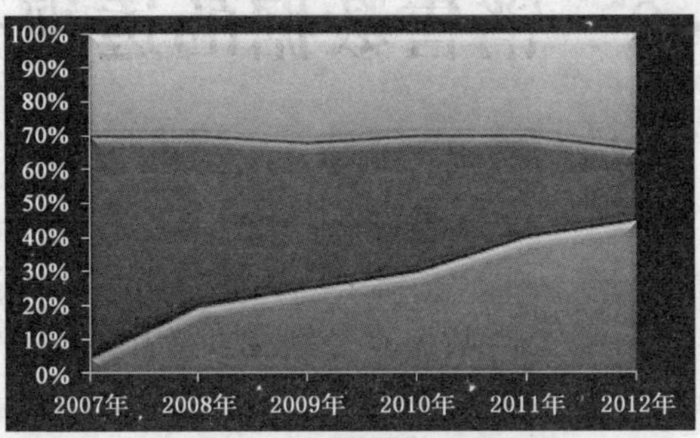

图 43-4 更改面积图样式

步骤 5：

单击“插入—（文本）—文本框”，在节能灯的系列位置上单击并拖动鼠标绘制文本框，在文本框中输入文本“节能灯所占比例变化趋势”。

同样的操作，给另两个系列位置分别加上“白炽灯所占比例变化趋势”、“LED 灯所占比例变化趋势”，如图 43-5 所示。

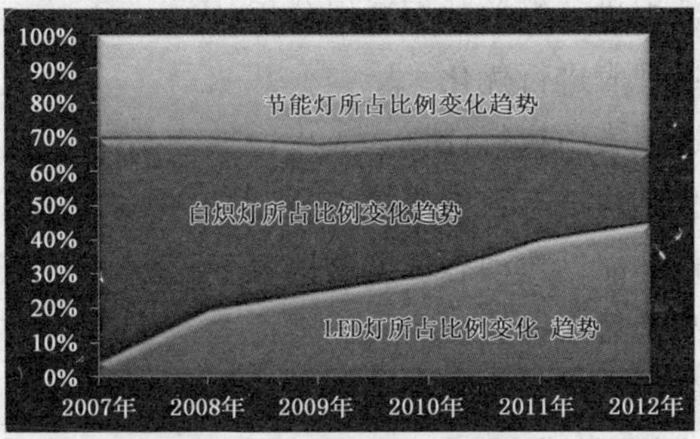

图 43-5 在图表中加入文本框

步骤 6：

单击选中第一个文本框，点击“格式—（形状样式）—强烈效果橄榄色”，同样给另两个文本框设置格式“强烈效果红色”、“强烈效果蓝色”，如图 43-6 所示。

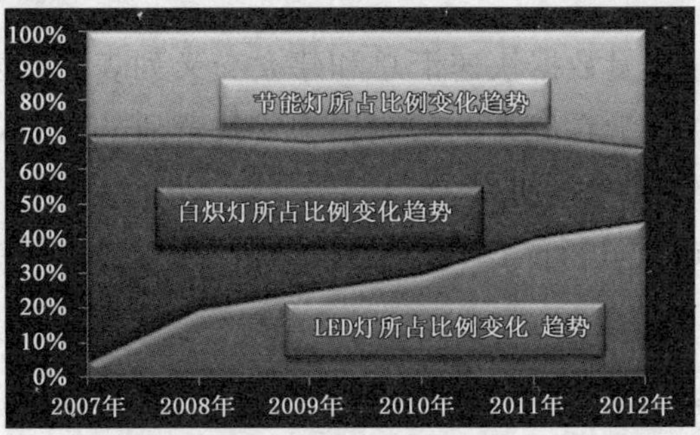

图 43-6 更改效果

任务8　销售数据的透视分析

任务说明

数据透视表是用来从 Excel 2010 数据表、关系数据库中总结信息的分析工具，它是一种交互式报表，可以快速分类汇总、比较大量数据，可以随时选择其中页、行和列中的不同元素，以达到快速查看源数据的不同统计结果，同时还可以随意显示和打印数据。

本任务主要对网点数据进行数据透视分析，并对数据透视表进行优化，最终绘制数据透视图，并对数据透视图进行简单的设置，在任务中还将 Excel 2010 新增的迷你图绘入数据透视表中。

任务结构

子任务 44　对网点数据进行简单数据透视分析
子任务 45　对数据透视表进行优化
子任务 46　在数据透视表中执行计算
子任务 47　通过名称创建动态数据透视表
子任务 48　通过表格功能创建动态数据透视表
子任务 49　创建产品销售数据透视图
子任务 50　创建带条件格式的数据透视表
子任务 51　创建带迷你图的数据透视表

子任务 44　对网点数据进行简单数据透视分析

数据透视表是一种对大量数据快速汇总和建立交叉列表的交互式动态表格，能帮助用户分析、组织数据，可以从大量看似无关的数据中寻找背后的联系，从而将复杂的数据转化为有价值的信息，以供研究和决策使用。

对应文件“44 对网点数据进行简单数据透视分析”。

步骤 1：

单击工作表标签“数据透视表”。

步骤 2：

单击工作表任意区域，如 A3。单击“插入—(表格)—数据透视表—数据透视表”。弹出

“创建数据透视表”对话框，如图 44-1 所示。

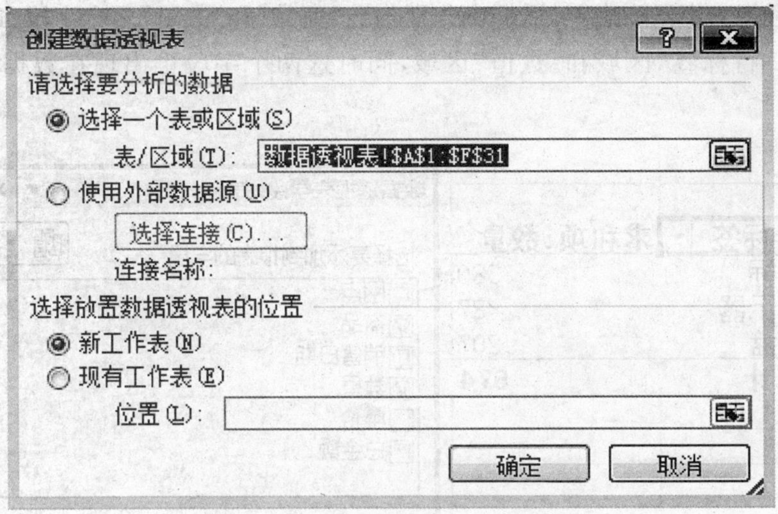

图 44-1　“创建数据透视表”对话框

注意

1. 从图 44-1 可见，数据透视表的数据来源可以是表、区域、外部数据，数据透视表可以放在本工作表，也可以放在新工作表中。

2. 数据来源的“表/区域”可以使用区域名，从而实现动态数据透视表。

步骤 3：

在“创建数据透视表”对话框，Excel 2010 默认选定整个数据区域，新建的数据透视表放在“新工作表”中。

单击“确定”按钮，Excel 2010 新建一个工作表，里面有一张空白的数据透视表，如图 44-2所示。

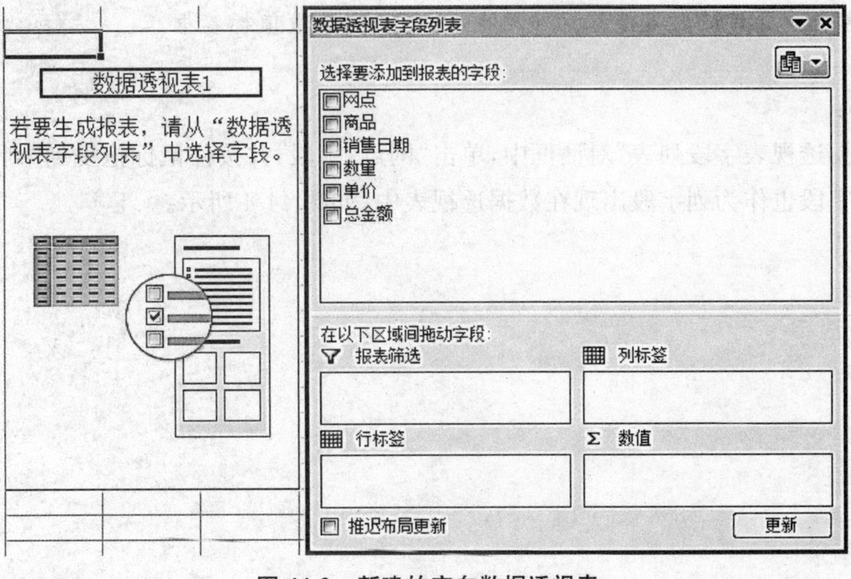

图 44-2　新建的空白数据透视表

步骤 4：

在“数据透视表字段列表”对话框中分别勾选“商品”和“数量”两个字段，这两个字段出现在对话框的“行标签”区域和“数值”区域，同时这两个字段也出现在数据透视表中，如图 44-3所示。

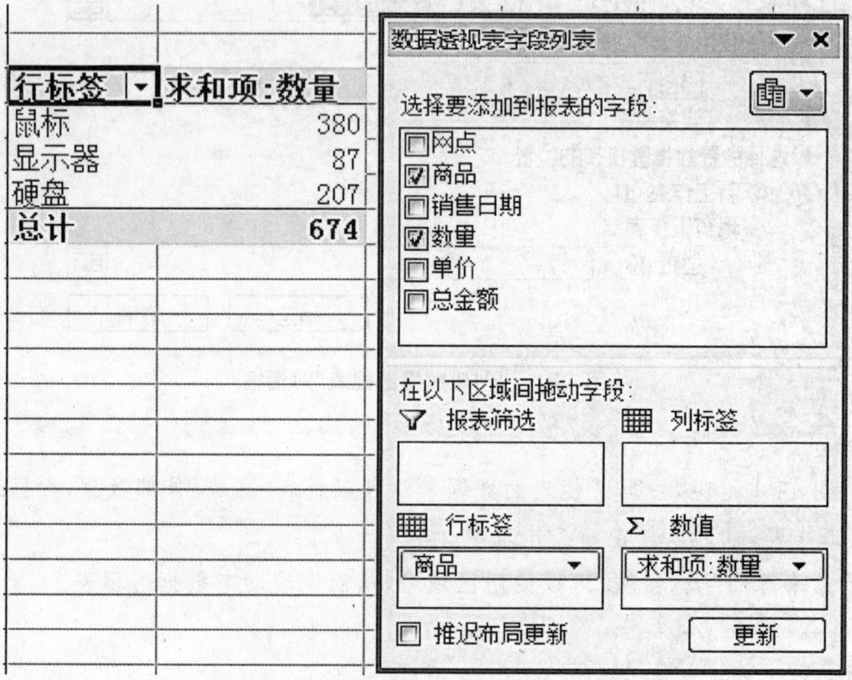

图 44-3　添加行标签和数值项的透视表

注意

1. Excel 2010 的“空白数据透视表”与 2003 版本有了较大变化，勾选字段，可以默认地进入到行、列或数值区域。

2. 空白数据透视表支持鼠标拖动字段到行、列或数值标签框。

步骤 5：

在“数据透视表字段列表”对话框中，单击“网点”字段，并按住鼠标拖曳到“列标签”区域内，“网点”字段也作为列字段出现在数据透视表中，如图 44-4 所示。

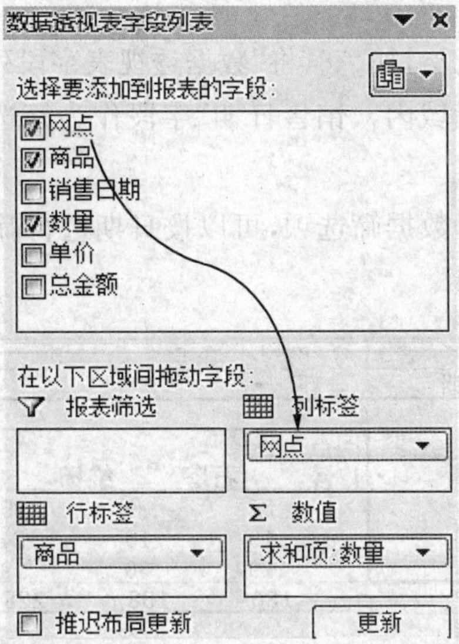

图 44-4　添加列标签

最终完成的数据透视表如图 44-5 所示。

	A	B	C	D	E	F
1						
2						
3	**求和项:数量**	**列标签**				
4	**行标签**	**广陵**	**石塔**	**维扬**	**银河**	**总计**
5	鼠标	32	95	195	58	380
6	显示器	19	13	24	31	87
7	硬盘	129	30	9	39	207
8	**总计**	**180**	**138**	**228**	**128**	**674**

图 44-5　添加列标签后的透视表

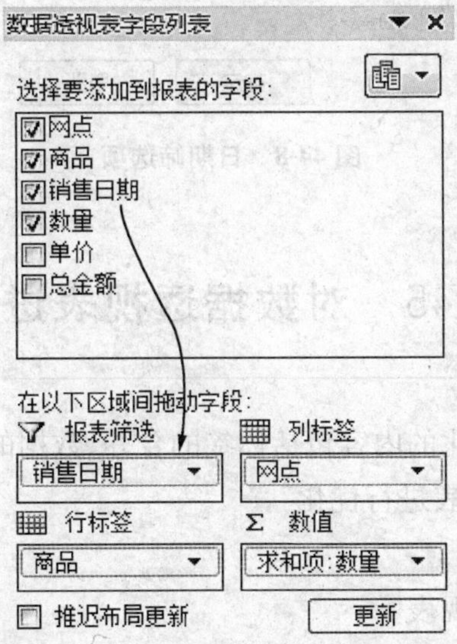

图 44-6　将销售日期拖到报表筛选项

步骤 6：

单击数据透视表任一单元格，如 A8，将“数据透视表字段列表”单击“销售日期”字段，并按住鼠标拖曳到“报表筛选”区域内，“销售日期”字段作为筛选字段出现在数据透视表的首行，如图 44-6 所示。

这时的数据透视表带上了数据筛选项，可以按日期进行筛选，查看每一天的销售数据，数据透视表变成如图 44-7 所示。

筛选项

	A	B	C	D	E	F
1	销售日期	(全部)				
2						
3	求和项:数量	网点				
4	商品	广陵	石塔	维扬	银河	总计
5	鼠标	32	95	195	58	380
6	显示器	19	13	24	31	87
7	硬盘	129	30	9	39	207
8	总计	180	138	228	128	674

图 44-7　加上销售日期筛选的透视表

单击“销售日期”的下拉按钮，出现日期选项，可以选择一个或多个日期，对数据进行筛选，如图 44-8 所示。

图 44-8　日期筛选项

子任务 45　对数据透视表进行优化

数据透视表可以优化，优化的内容包括标签的合并、数据的分组等。

对应文件“45 对数据透视表进行优化”。

步骤 1：

单击工作表标签“数据透视表”。

步骤 2：

单击工作表内任一单元格，如 B2 单元格。

单击“插入—(表格)—数据透视表—数据透视表”。

在弹出的“数据透视表”对话框中，不改变默认设置，点击“确定”按钮。

系统自动新建一个空白的数据透视表。

点击数据透视表中任一单元格，单击“选项—(数据透视表)—选项—选项”，如图 45-1 所示。

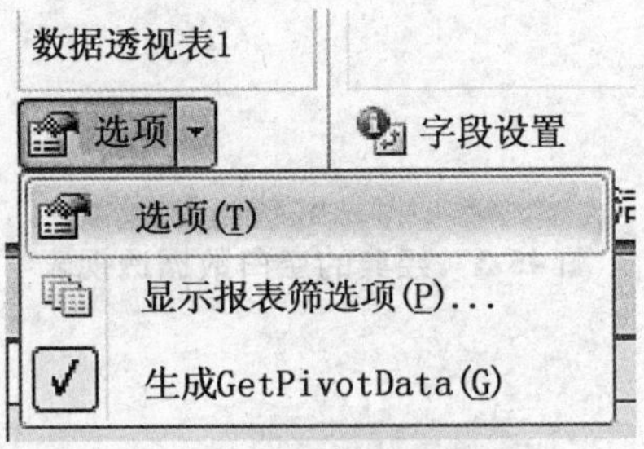

图 45-1 数据透视表选项

弹出“数据透视表选项”对话框，单击“显示”选项卡，如图 45-2 所示。

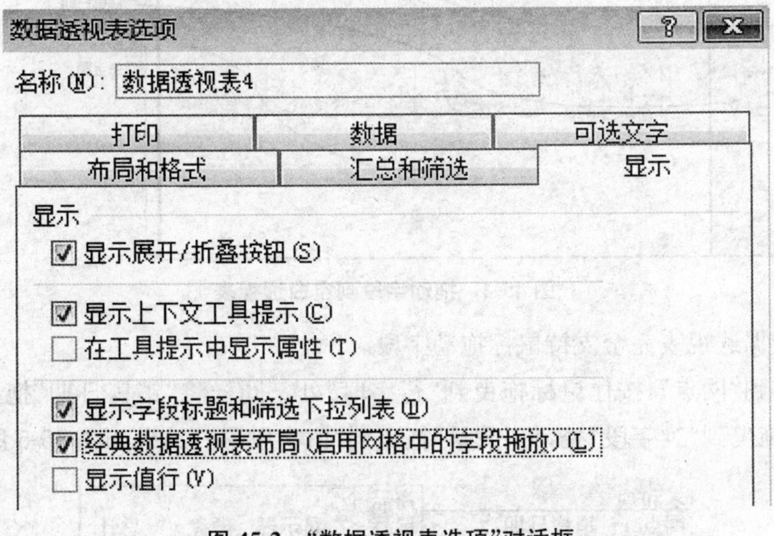

图 45-2 “数据透视表选项”对话框

勾选“经典数据透视表布局”，则会显示 Excel 2003 版的数据透视表空白表样式，如图 45-3所示。

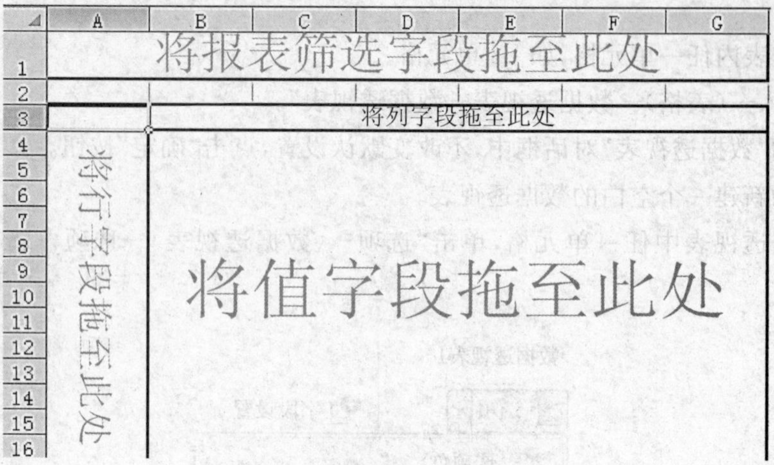

图 45-3　经典的空白数据透视表

步骤 3：

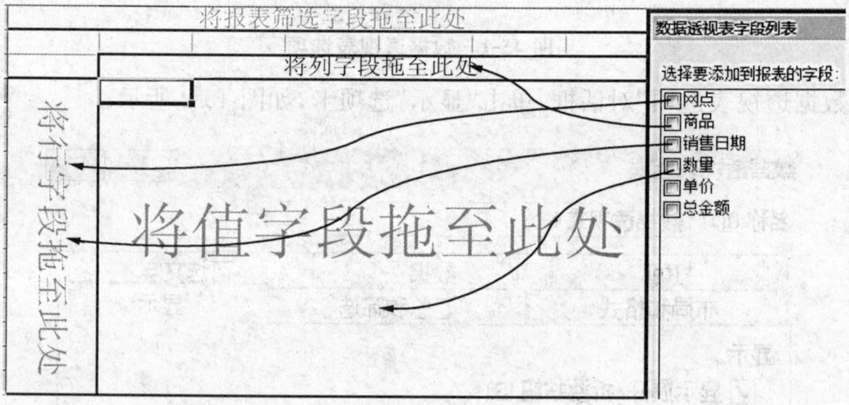

图 45-4　拖动字段到空白透视表

经典的数据透视表完全支持鼠标拖动字段。

将鼠标移到“网点”，按住鼠标拖曳到“行字段”处。同样将“销售日期”拖曳到“行字段”处，将“商品”拖曳到“列字段”处，将“数量”拖曳到“值字段”处，结果如图 45-5 所示。

求和项:		商品			
网点	销售日期	鼠标	显示器	硬盘	总计
⊟广陵	2012年1月1日		2		2
	2012年1月25日			25	25
	2012年2月9日			19	19
	2012年3月4日			40	40
	2012年3月18日		5		5
	2012年6月30日			21	21
	2012年7月9日	32			32
	2012年8月1日		12		12
	2012年12月15日			24	24
广陵 汇总		32	19	129	180

图 45-5　数据透视表(部分)

步骤 4:

单击“选项—(数据透视表)—选项—选项”,弹出“数据透视表选项”对话框。在对话框中单击“布局和格式”选项卡,勾选“合并且居中排列带标签的单元格”,如图 45-6 所示。

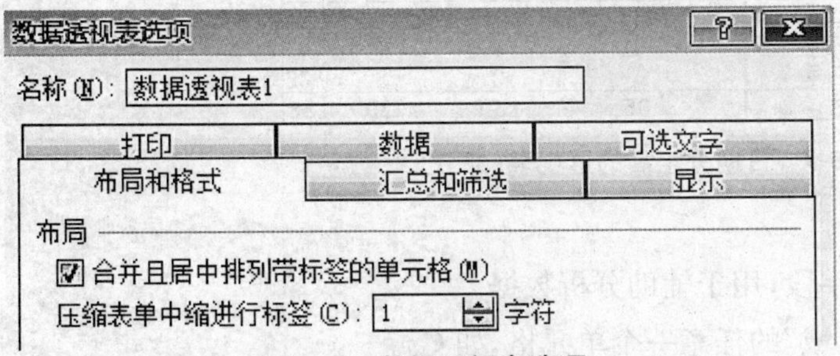

图 45-6 数据透视表选项

图 45-7 网点跨行居中显示

网点数据跨行居中显示,如图 45-7 所示。

步骤 5:

单击 B 列“销售日期”数据,按鼠标右击,在弹出的菜单中选择“创建组”,弹出“分组”对话框。如图 45-8 所示。

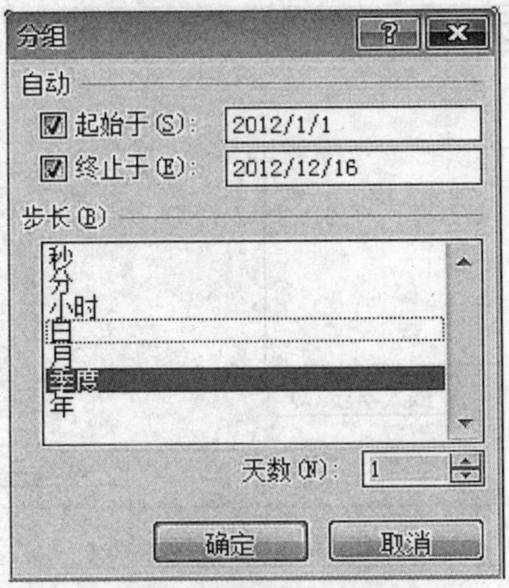

图 45-8 “分组”对话框

注意

1. Excel 2010 数据透视表的分组功能是十分实用的功能,将详细的数据分组,也是一种“数据透视表”。

2. 在已分组的数据上右击鼠标,选择“取消分组”可以撤消分组。

单击选中“季度”,取消“月”。单击“确定”按钮,销售日期按“季”来分组,结果如图 45-9 所示。

和项:数		商品			
网点	销售日期	鼠标	显示器	硬盘	总计
⊟广陵	第一季		7	84	91
	第二季			21	21
	第三季	32	12		44
	第四季			24	24
广陵 汇总		32	19	129	180
⊟石塔	第二季	54			54
	第三季	41	5		46
	第四季		8	30	38
石塔 汇总		95	13	30	138

图 45-9　日期分组后的透视表(部分)

步骤 6:

在数据透视表中可以插入新字段,用于辅助分析数据。

单击数据透视表的“值字段区域”的任意一个单元格,如 C5。

单击“开始—(单元格)—插入—插入计算字段”,弹出“插入计算字段”对话框。

在“插入计算字段”对话框中,在“名称”框输入“税费”,在“公式”框输入“=总金额*0.17”,单击“添加”按钮,如图 45-10 所示。

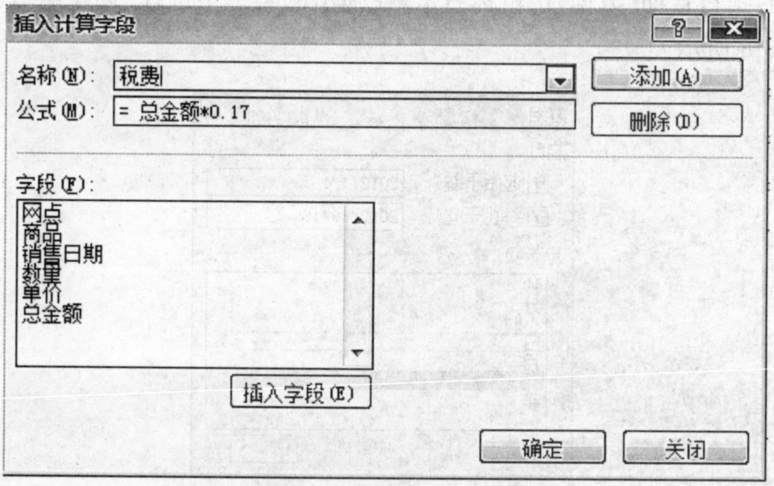

图 45-10　增加计算字段

新字段“税费”出现在字段列表中,点击“确定”按钮,税费项也出在数据透视表中,如图 45-11所示。

网点	销售日期	求和	求和	求和	求和
⊟广陵	第一季		¥0	7	¥2563
	第二季		¥0		¥0
	第三季	32	¥196	12	¥4394
	第四季		¥0		¥0
广陵 汇总		32	¥196	19	¥6957
⊟石塔	第二季	54	¥330		¥0
	第三季	41	¥251	5	¥1831
	第四季		¥0	8	¥2929
石塔 汇总		95	¥581	13	¥4760

图 45-11　增加税费后的透视表

步骤 7：

单击数据透视表，单击“选项—(显示)—字段列表 字段列表 ”，再依次点击 +/-按钮 和 字段标题，取消字段列表、加减号按钮和字段标题。

单击行号 5，选中整行。单击“开始—(编辑)—查找和选择—替换”，在“查找和替换”对话框中，“查找内容”输入“求和项：”，“替换为”文本框输入空格，点击“全部替换”按钮。同样，选中 A 列，将“汇总”替换为空格。

步骤 8：

选中整个透视表区域，单击“开始—字体—边框—所有边框”。

单击“设计—(数据透视表样式)—中等深浅 8”，最终效果如图 45-12 所示。

		鼠标		显示器		硬盘		数量汇总	税费汇总
		数量	税费	数量	税费	数量	税费		
广陵	第一季		¥0	7	¥2563	84	¥8111	91	¥10674
	第二季		¥0		¥0	21	¥2028	21	¥2028
	第三季	32	¥196	12	¥4394		¥0	44	¥4590
	第四季		¥0		¥0	24	¥2317	24	¥2317
广陵		32	¥196	19	¥6957	129	¥12456	180	¥19610
石塔	第二季	54	¥330		¥0		¥0	54	¥330
	第三季	41	¥251	5	¥1831		¥0	46	¥2082
	第四季		¥0	8	¥2929	30	¥2897	38	¥5826
石塔		95	¥581	13	¥4760	30	¥2897	138	¥8239
维扬	第一季	25	¥153	8	¥2929		¥0	33	¥3082
	第二季		¥0	7	¥2563	9	¥869	16	¥3432
	第三季	83	¥508	9	¥3296		¥0	92	¥3804
	第四季	87	¥532		¥0		¥0	87	¥532
维扬		195	¥1193	24	¥8788	9	¥869	228	¥10851
银河	第一季	58	¥355		¥0	32	¥3090	90	¥3445
	第二季		¥0	25	¥9155	7	¥676	32	¥9830
	第四季		¥0	6	¥2197		¥0	6	¥2197
银河		58	¥355	31	¥11352	39	¥3766	128	¥15472
总计		380	¥2326	87	¥31858	207	¥19988	674	¥54171

图 45-12 优化后的数据透视表

子任务 46 在数据透视表中执行计算

在数据透视表中，数值区域中可以有多种计算显示方式，如求和、平均、最大、最小等。另外，通过对数据透视表现有字段进行重新组合形成新的计算字段和计算项，相当于在原有数据区域中进行数据分析。

对应文件“46 在数据透视表中执行计算”。

步骤 1：

单击工作表标签“透视分析计算”。

步骤 2：

单击数据区域内的任一单元格，如 B2。

单击“插入—(表格)—数据透视表—数据透视表”，弹出“创建数据透视表”对话框。

在弹出的“创建数据透视表”对话框中，单击“确定”按钮。

在新的工作表中产生一个空白的数据透视表。

步骤 3：

在“数据透视表字段列表”对话框中，将“员工姓名”拖到“行标签”框中，将“生产数量”拖到“数值”框中，并且重复拖四次，如图 46-1 所示。

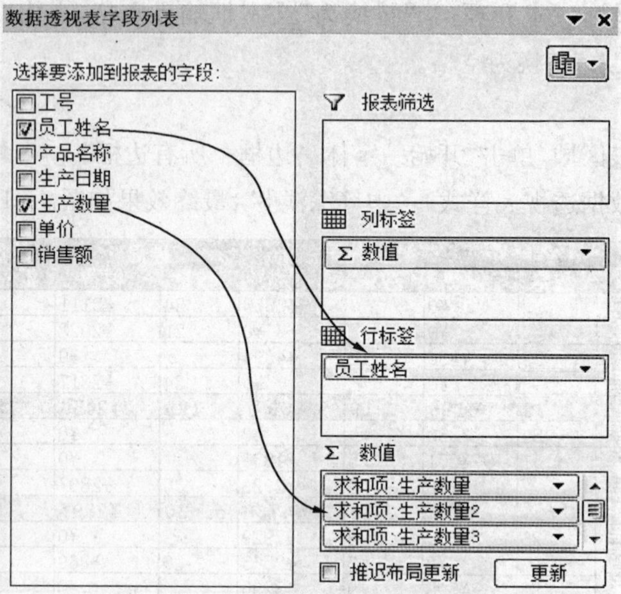

图 46-1 产生数据透视表

系统产生的数据透视表如图 46-2 所示。

行标签	求和项:生	求和项:生	求和项:生	求和项:生产
陈枫	13009	13009	13009	13009
陈国轩	11158	11158	11158	11158
范建伟	10315	10315	10315	10315
葛高红	12961	12961	12961	12961
郭青山	16306	16306	16306	16306
刘婷	8677	8677	8677	8677
刘雯燕	14068	14068	14068	14068
陆子成	15592	15592	15592	15592
潘媛	9913	9913	9913	9913
裴晨晖	13537	13537	13537	13537
王意嘉	9274	9274	9274	9274
徐厚盛	9955	9955	9955	9955
许静	11962	11962	11962	11962
张盛扬	18274	18274	18274	18274
张顺天	15328	15328	15328	15328
总计	**190329**	**190329**	**190329**	**190329**

图 46-2 初始的数据透视表

步骤 4：

右击 C 列有数据的任一单元格，如 C4 单元格，在弹出的菜单中选择“值汇总依据—平均值”。

右击 D 列有数据的任一单元格，如 D4 单元格，在弹出的菜单中选择“值汇总依据—最大值”。

右击 E 列有数据的任一单元格，如 E4 单元格，在弹出的菜单中选择“值汇总依据—最小值”。

设定完毕后，四列数据分别变成了：求和、平均、最大值、最小值。

步骤 5：

行标签	总产量	平均产量	最大产量	最小产量
陈枫	13009	1300.9	2893	118
陈国轩	11158	1115.8	2899	55
范建伟	10315	1031.5	2968	133
葛高红	12961	1296.1	2746	121
郭青山	16306	1630.6	2737	118
刘婷	8677	867.7	2362	196
刘雯燕	14068	1406.8	2614	118
陆子成	15592	1559.2	2686	277
潘媛	9913	991.3	2071	34
裴晨晖	13537	1353.7	2878	190
王意嘉	9274	927.4	3001	61
徐厚盛	9955	995.5	2929	184
许静	11962	1196.2	2581	172
张盛扬	18274	1827.4	3001	112
张顺天	15328	1532.8	2653	208
总计	**190329**	**1268.86**	**3001**	**34**

图 46-3　修改计算方式后的透视表

单击 B3 单元格，改成“总产量”；单击 C3 单元格，改成“平均产量”；单击 D3 单元格，改成“最大产量”；单击 E3 单元格，改成“最小产量”，如图 46-3 所示。

步骤 6：

点击数据透视表内的任一单元格，如 C3；按 Ctrl＋A 键，选中整个透视表；再按 Ctrl＋C 键，复制整个透视表；再点击 A25 单元格，按 Ctrl＋V 键，粘贴整个透视表。

步骤 7：

单击第二个数据透视表任一单元格，如 A26。在“数据透视表字段列表”对话框中，去掉“员工姓名”前面的“√”，勾选“产品名称”，数据透视表变成如图 46-4 所示。

行标签	总产量	平均产量	最大产量	最小产量
LED灯	24370	1282.631579	2614	34
U形灯管	5342	1068.4	2332	184
玻璃灯管	9356	1871.2	2602	142
灯极	27119	1595.235294	2968	178
灯罩	20135	1184.411765	2899	211
灯座	18237	1013.166667	3001	55
花形灯管	23531	1384.176471	2929	190
环形灯管	5189	1037.8	1642	112
节能灯	24074	1416.117647	2920	127
球形灯管	20009	1177	3001	61
细直灯管	12967	997.4615385	2587	118
总计	**190329**	**1268.86**	**3001**	**34**

图 46-4　产品名称作为行标签的数据透视表

步骤 8：

单击“行标签”右侧的下拉按钮，选择“标签筛选—结尾是”，如图 46-5 所示。

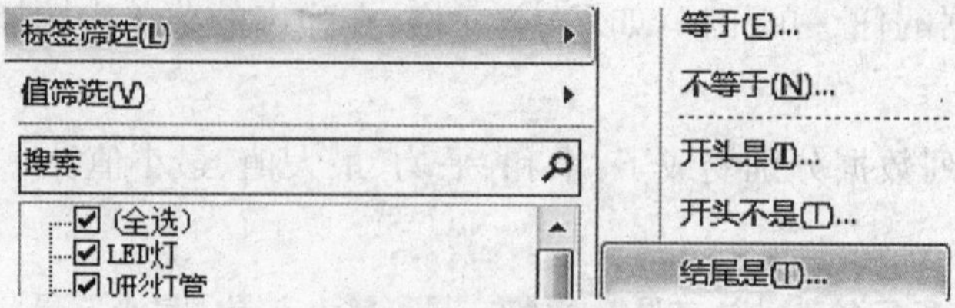

图 46-5 标签筛选

在弹出的“标签筛选”对话框中，输入“灯管”，如图 46-6 所示。

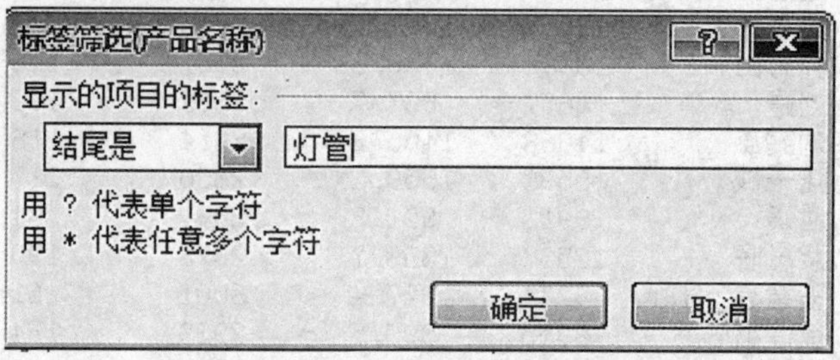

图 46-6 筛选结尾是灯管的数据

单击“确定”按钮，筛选所有品名中包含“灯管”的字段，得到结果，如图 46-7 所示。

行标签	总产量	平均产量	最大产量	最小产量
U形灯管	5342	1068.4	2332	184
玻璃灯管	9356	1871.2	2602	142
花形灯管	23531	1384.176471	2929	190
环形灯管	5189	1037.8	1642	112
球形灯管	20009	1177	3001	61
细直灯管	12967	997.4615385	2587	118
总计	**76394**	**1232.16129**	**3001**	**61**

图 46-7 筛选后的透视表

步骤 9：

选中“行标签”下面的所有数据，即 A26：A31 区域，单击“选项—(分组)—将所选内容分组”，单击“设计—(布局)—报表布局—以表格形式显示”，效果如图 46-8 所示。

产品名称2	产品名称	总产量	平均产量	最大产量	最小产量
数据组1	U形灯管	5342	1068.4	2332	184
	玻璃灯管	9356	1871.2	2602	142
	花形灯管	23531	1384.176471	2929	190
	环形灯管	5189	1037.8	1642	112
	球形灯管	20009	1177	3001	61
	细直灯管	12967	997.4615385	2587	118
总计		**76394**	**1232.16129**	**3001**	**61**

图 46-8 所选内容分组

点击 A25，将“产品名称 2”改为“产品分类”；点击 A26，将“数据组 1”改为“灯管”。

步骤 10：

点击 B25 单元格右侧的筛选按钮，选择“标签筛选—结尾是”，如图 46-9 所示。

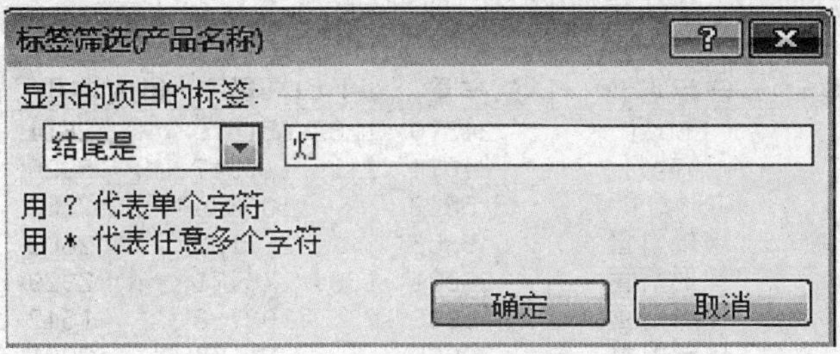

图 46-9　再次筛选

在文本框中,输入“灯”,单击“确定”,数据透视表筛选“产品名称”中所有包含“灯”的数据,数据透视表刷新后,将“数据组 2”改为“整灯”,如图 46-10 所示。

产品分类	产品名称	总产量	平均产量	最大产量	最小产量
整灯	LED灯	24370	1282.631579	2614	34
	节能灯	24074	1416.117647	2920	127
总计		**48444**	**1345.666667**	**2920**	**34**

图 46-10　整灯的数据透视表

步骤 11:

单击 B25 单元格右侧的筛选按钮,选择“标签筛选—清除筛选”,整个数据透视表显示出来,如图 46-11 所示。

产品分类	产品名称	总产量	平均产量	最大产量	最小产量
整灯	LED灯	24370	1282.631579	2614	34
	节能灯	24074	1416.117647	2920	127
灯管	U形灯管	5342	1068.4	2332	184
	玻璃灯管	9356	1871.2	2602	142
	花形灯管	23531	1384.176471	2929	190
	环形灯管	5189	1037.8	1642	112
	球形灯管	20009	1177	3001	61
	细直灯管	12967	997.4615385	2587	118
灯极	灯极	27119	1595.235294	2968	178
灯罩	灯罩	20135	1184.411765	2899	211
灯座	灯座	18237	1013.166667	3001	55
总计		**190329**	**1268.86**	**3001**	**34**

图 46-11　清除筛选后的数据透视表

单击“选项—(数据透视表)—选项—选项”,单击“布局和格式”选项卡,勾选“合并且居中排列带标签的单元格”,如图 46-12 所示。

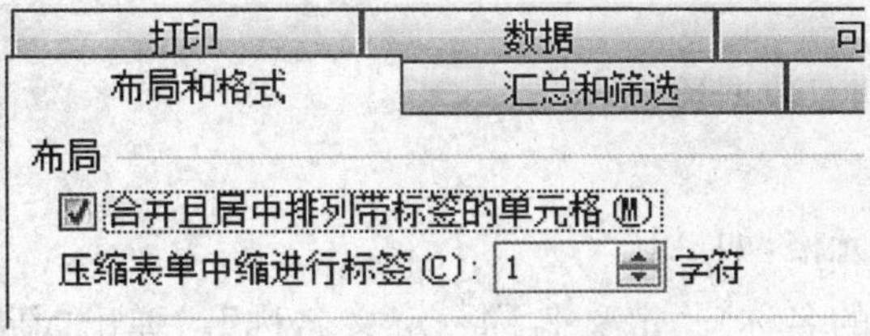

图 46-12　合并且居中标签选项

设置完毕后的数据透视表结果如图 46-13 所示：

产品分类	产品名称	总产量	平均产量	最大产量	最小产量
整灯	LED灯	24370	1282.631579	2614	34
	节能灯	24074	1416.117647	2920	127
灯管	U形灯管	5342	1068.4	2332	184
	玻璃灯管	9356	1871.2	2602	142
	花形灯管	23531	1384.176471	2929	190
	环形灯管	5189	1037.8	1642	112
	球形灯管	20009	1177	3001	61
	细直灯管	12967	997.4615385	2587	118
灯极	灯极	27119	1595.235294	2968	178
灯罩	灯罩	20135	1184.411765	2899	211
灯座	灯座	18237	1013.166667	3001	55
总计		190329	1268.86	3001	34

图 46-13　合并且居中后的数据透视表

步骤 12：

单击数据透视表任意单元格，在“数据透视表字段列表”对话框中，去掉“产品名称”前面的勾选，则透视表以新建的分组进行透视分析，如图 46-14 所示。

产品分类	总产量	平均产量	最大产量	最小产量
整灯	48444	1345.666667	2920	34
灯管	76394	1232.16129	3001	61
灯极	27119	1595.235294	2968	178
灯罩	20135	1184.411765	2899	211
灯座	18237	1013.166667	3001	55
总计	190329	1268.86	3001	34

图 46-14　以新建分组进行数据透视分析

子任务 47　通过名称创建动态数据透视表

用户创建数据透视表后，如果数据区域的数据作了修改，在数据透视中刷新就可以更新数据透视表，但是，如果增加了新的数据，新增的数据也无法显示在数据透视表中。

为了解决数据透视表动态更新问题，在创建数据透视表时，引入了动态数据透视表方法。动态数据透视表最常用的方法是“定义名称法”和“创建表法”。

对应文件“47 通过名称创建动态数据透视表”。

步骤 1：

单击工作表标签“动态数据透视表”。

步骤 2：

单击工作表任一单元格，如 A1。

单击“公式—(定义的名称)—定义名称—定义名称”。弹出“新建名称”对话框，在名称框中输入“data”，在引用位置输入“＝offset(a1,0,0,counta(a:a),counta(1:1))”，点击“确定”按钮，如图 47-1 所示。

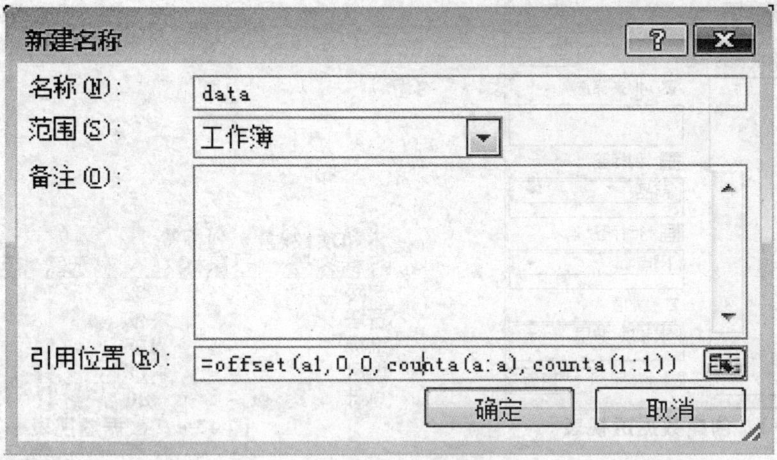

图 47-1　创建区域

提高

1. OFFSET()函数以指定的引用为参照系，通过给定偏移量得到新的引用，格式是"OFFSET(引用区域，行数，列数"，高度""，宽度")"。

2. COUNTA()函数返回非空值的单元格个数，格式"COUNTA(值 1"…")"。

步骤 3：

单击"插入—(表格)—数据透视表—数据透视表"，弹出"创建数据透视表"对话框，在对话框中"表/区域"的文本框中输入刚才建立的区域名称"data"，如图 47-2 所示。

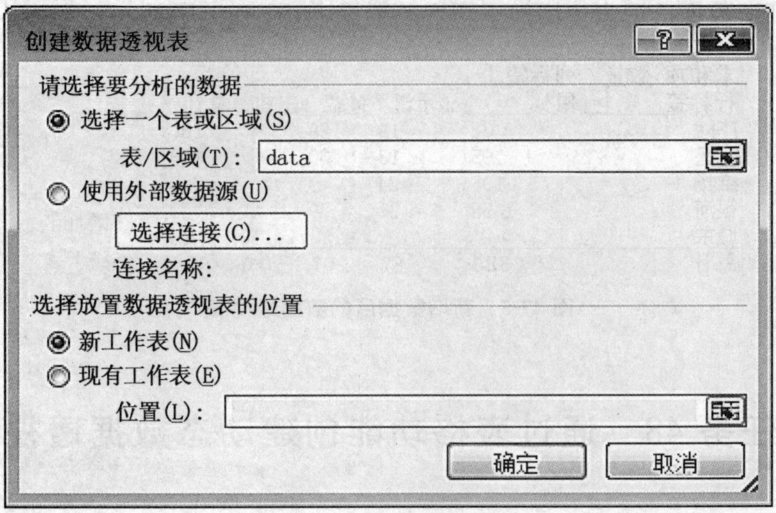

图 47-2　创建数据透视表

单击"确定"按钮，在新的工作表中出现空白的数据透视表。

在"数据透视表字段列表"对话框中，将"商品"字段拖到列标签框中，将"网点"字段拖到行标签框中，将"数量"拖到数值框中，如图 47-3 所示。

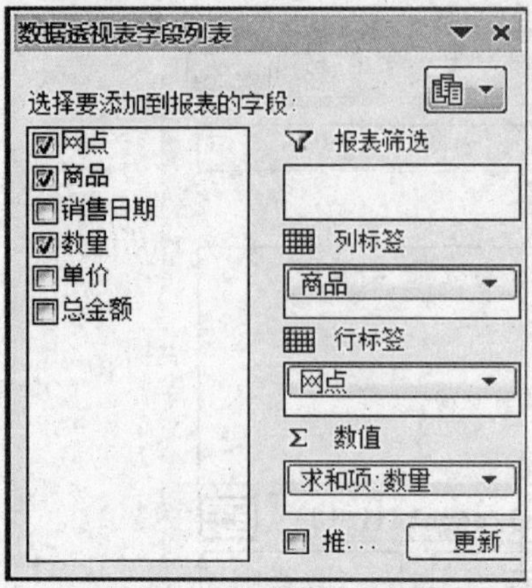

图 47-3　创建数据透视表

求和项:数量	列标签			
行标签	鼠标	显示器	硬盘	总计
广陵	32	19	129	180
石塔	95	13	30	138
维扬	195	24	9	228
银河	58	31	39	128
总计	380	87	207	674

图 47-4　数据透视表

创建的数据透视表如图 47-4 所示。

步骤 4：

单击工作表标签"动态数据透视表"，点击 D3 单元格，将数据从"25"改为"50"。

单击数据透视表标签"sheet3"，单击数据透视表中任一单元格，右击鼠标，在弹出的菜单中选择"刷新"，数据透视表中的数据更新。

步骤 5：

单击工作表标签"动态数据透视表"，点击 A32 单元格，在这行添加一行数据：

"城东，主机，2013 年 1 月 1 日，10，500，5000"。

单击数据透视表标签"sheet3"，单击数据透视表中任一单元格，右击鼠标，在弹出的菜单中选择"刷新"，数据透视表中增加了新增的数据，如图 47-5 所示。

求和项:数量	列标签				
行标签	鼠标	显示器	硬盘	主机	总计
广陵	32	19	129		180
石塔	95	13	30		138
维扬	195	24	9		228
银河	58	31	39		128
城东				10	10
总计	380	87	207	10	684

新增加的数据

图 47-5　新增数据后的数据透视表

子任务 48　通过表格功能创建动态数据透视表

利用 Excel 2010 中的表格功能创建动态的数据透视表，工作表中如果创建了"表格"，则标题引用的区域可以随"表格"区域的增减而自动改变引用范围，这种以类似字段名方式表示单元格区域的方法称为"结构化引用"。

对应文件"48 通过表格功能创建动态数据透视表"。

步骤 1：

打开表名的使用设置。

单击“文件—选项”，单击左侧的“公式”，在“使用公式”下面，勾选“在公式中使用表名”，如图 48-1 所示。

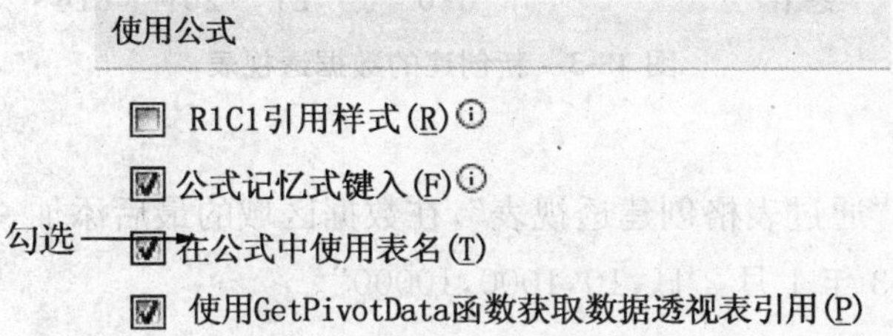

图 48-1 设置公式中使用表名

单击“确定”返回。

步骤 2：

单击工作表标签“通过表格创建透视表”，单击数据区域内任一单元格，如 A2。

创建表格有三种方法：

方法一：单击“开始—(样式)—套用表格格式”，选取任意格式，系统弹出“套用表格式”对话框，如图 48-2 所示。对话框内自动选定整个有数据的区域，单击“确定”按钮。

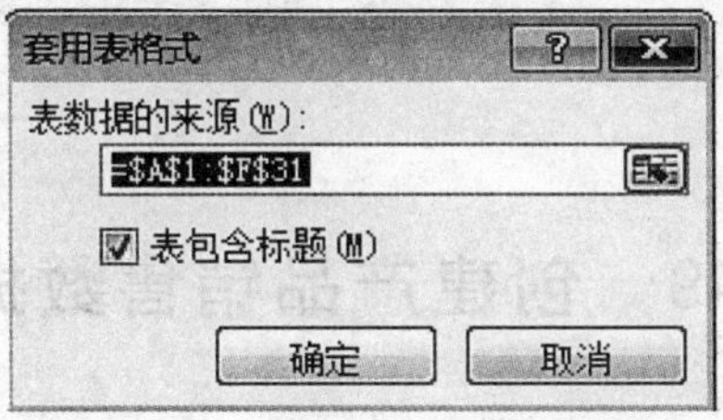

图 48-2 套用表格式对话框

方法二：单击“插入—(表格)—表格”，同样弹出“套用表格式”对话框，单击“确定”。

方法三：单击数据区域，按 Ctrl＋T，同样弹出“套用表格式”对话框，单击“确定”。

如果要取消表格，单击表格内的任一单元格，单击“设计—(工具)—转换为区域”。

单击数据区域任一单元格，单击“设计—(属性)—表名称”，将表名称改为“销售表 1”。

步骤 3：

单击“插入—(表格)—数据透视表—数据透视表”，弹出“创建数据透视表”对话框，在对话框中的“表/区域”名称中自动出现“销售表 1”，单击“确定”按钮，在新工作中自动创建一个空白数据透视表。

在新工作表中的“数据透视表字段列表”对话框中，将“商品”字段拖到列标签框中，将“网点”字段拖到行标签框中，将“数量”拖到数值框中，产生数据透视表，如图 48-3 所示。

求和项:数量	列标签			
行标签	鼠标	显示器	硬盘	总计
广陵	32	19	129	180
石塔	95	13	30	138
维扬	195	24	9	228
银河	58	31	39	128
总计	380	87	207	674

图 48-3　新创建的数据透视表

步骤 4：

单击工作表标签"通过表格创建透视表"，在数据区域的最后添加一行：

"城北，主机，2013 年 1 月 2 日，10，1000，10000"。

步骤 5：

单击数据透视表标签"Sheet3"，在透视表区域右击鼠标，选"刷新"，数据透视表更新内容，如图 48-4 所示。

	求和项:数量	列标签				
	行标签	鼠标	显示器	硬盘	主机	总计
	广陵	32	19	129		180
	石塔	95	13	30		138
	维扬	195	24	9		228
	银河	58	31	39		128
新增→	城北				10	10
	总计	380	87	207	10	684

图 48-4　刷新后的数据透视表

子任务 49　创建产品销售数据透视图

数据透视表在创建时，可以随数据透视表创建数据透视图，可以直观地、动态地展现数据透视表的数据分析结果。Excel 2010 中的数据透视图较之前版本有了较大改进，与普通图表完全融合，并增加了迷你图功能。

对应文件"49 创建产品销售数据透视图"。

步骤 1：

单击工作表标签"数据透视图"；单击数据区域任一单元格，如 A1。

步骤 2：

单击"插入—（表格）—数据透视表—数据透视表"。在弹出的"数据透视表"对话框中单击"确定"按钮。

在"数据透视表字段列表"对话框中，将"品名"字段拖至行标签，将"数量"字段拖至数值框，如图 49-1 所示。

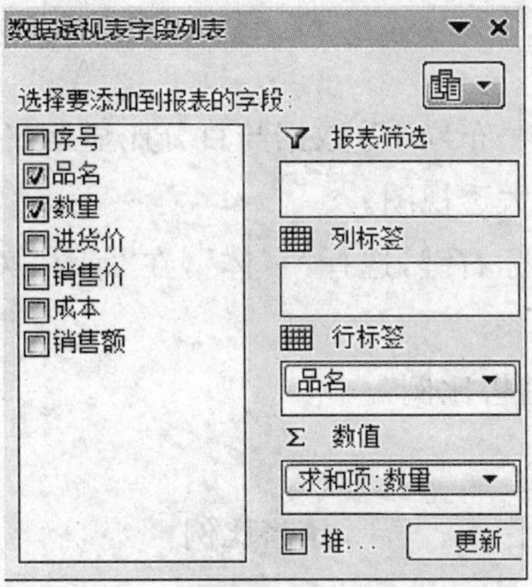

图 49-1　新建数据透视表字段列表

产生的数据透视表如图 49-2 所示。

行标签	求和项:数量
CPU	16
DVD光驱	15
打印机	6
内存条	13
显示器	7
硬盘	7
主板	5
总计	**69**

图 49-2　数据透视表

点击 A3 单元格，将 A3 单元格的“行标签”改成“商品名”；点击 B3 单元格，将 B3 单元格的“求和项:数量”改为“销量”。

步骤 3:

单击数据透视表中的任一单元格，如 A4。

单击“选项—(工具)—数据透视图”。弹出“插入图表”对话框，在对话框的左侧选择“饼图”，在右侧选第一个平面饼图，如图 49-3 所示。

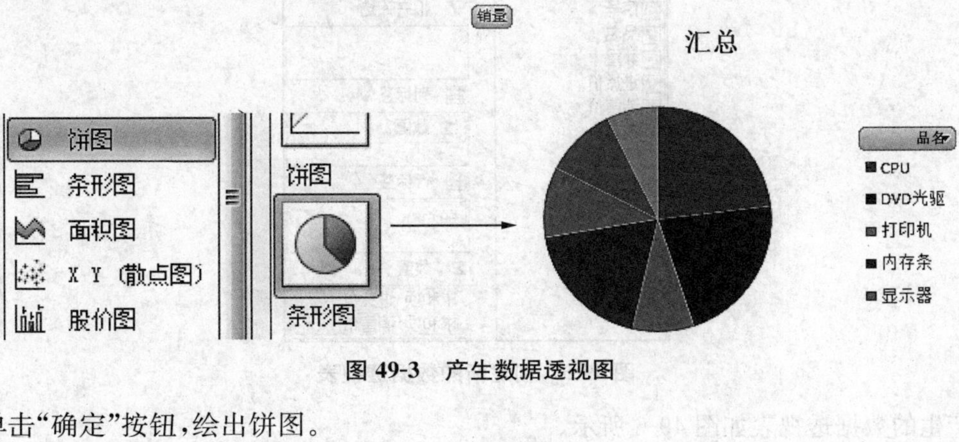

图 49-3　产生数据透视图

单击“确定”按钮，绘出饼图。

步骤 4：

对数据透视图进行设置。

单击“设计—(图表布局)—布局 1”，数据与百分比显示在图表中。

调整图表区窗口大小，放大透视图。

单击图中数据标签，按鼠标右键，选择“字体”，在“字体”对话框中，将字体颜色设为“白色”，字体改为 12 号。

点击标题，将标题改成“销售比例”。

最终效果如图 49-4 所示。

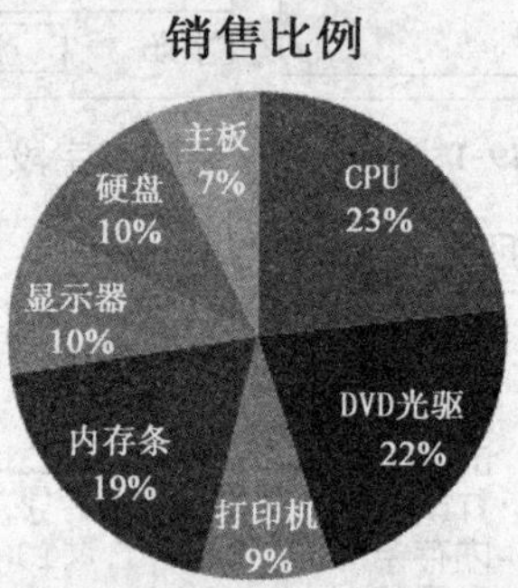

图 49-4　销售的数据透视饼图

步骤 5：

选中 A3:B11 区域，在选中区域右击鼠标，选择“复制”。

单击 A20 单元格，右击鼠标，选择“粘贴”。

单击 A20 单元格，如果“数据透视表字段列表”没有出现，则单击“选项—(显示)—字段列表”。

步骤 6：

去掉所有字段列表中字段前的“√”。

将“品名”字段拖至行标签；将“进货价”和“销售价”拖至数值框中，如图 49-5 所示。

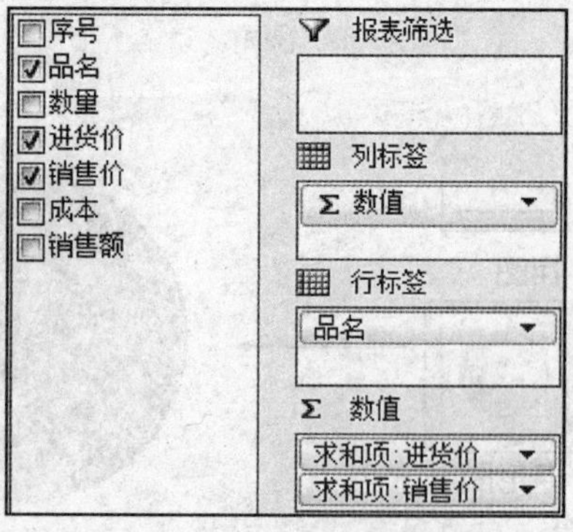

图 49-5　创建新的数据透视表

产生的数据透视表如图 49-6 所示。

商品名	求和项:进货价	求和项:销售价
CPU	3667	3755
DVD光驱	605	685
打印机	3280	3360
内存条	1638	1700
显示器	2560	2630
硬盘	1230	1280
主板	1070	1120
总计	**14050**	**14530**

图 49-6　新的数据透视表

步骤 7：

点击 B20 单元格，将“求和项：进货价”改为“成本价”。

点击 C20 单元格，将“求和项：销售价”改为“零售价”，如图 49-7 所示。

商品名	成本价	零售价
CPU	3667	3755
DVD光驱	605	685
打印机	3280	3360
内存条	1638	1700
显示器	2560	2630
硬盘	1230	1280
主板	1070	1120
总计	**14050**	**14530**

图 49-7　新的数据透视表

步骤 8：

单击数据透视表中的任一单元格，如 A20。

单击“选项—（工具）—数据透视图”，弹出“插入图表”对话框，在对话框的左侧选择“柱形图”，在右侧选择“簇状柱形图”。单击“确定”按钮，产生数据透视图如图 49-8 所示。

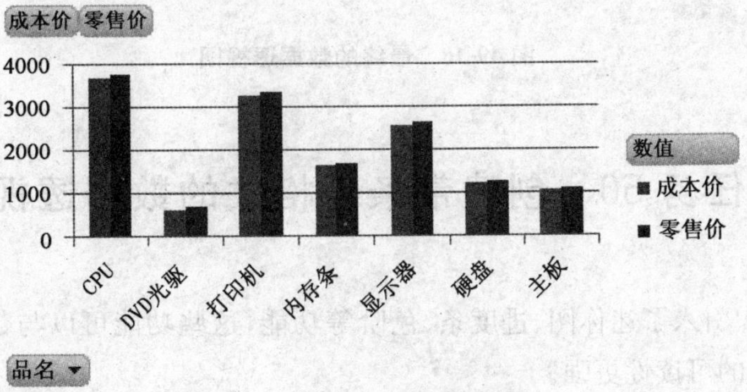

图 49-8　新建的数据透视图

步骤 9：

优化数据透视图。

右击网格线，在弹出菜单中选择“删除”；右击图例，在弹出菜单中选择“删除”。

单击“成本价”图形柱，此时所有“成本价”柱形图被选中，在“成本价”柱上右击鼠标，选择“设置数字序列格式”，弹出“设置数据系列格式”对话框，在左侧框中选择“填充”，在右侧点选"渐变填充","预设颜色"下拉列表中选择"熊熊火焰";点击窗口左侧"边框颜色",在右侧点选"无线条"。点击"关闭"按钮。

同上操作,将"零售价"柱形图设为"孔雀开屏",边框颜色为:"无线条",点击"关闭"按钮。如图49-9所示。

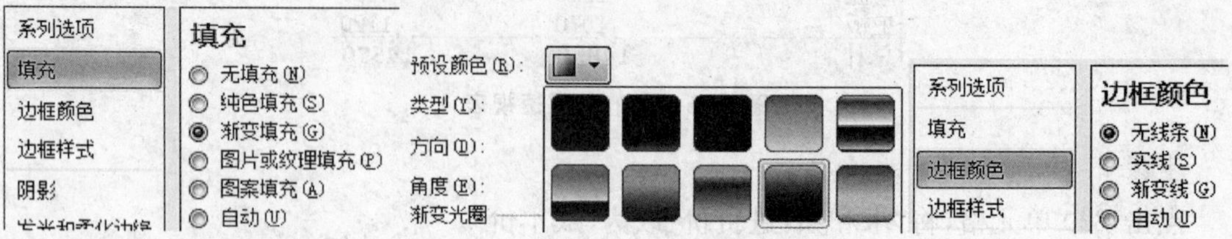

图49-9 设置成本价的填充、颜色和边框

单击"插入—(文本)—文本框",点击"绘图",在文本框中输入"价格对比图",全所文本框文字,点击"开始—(字体)",设置字体为"黑体"、"20"号字,最终结果如图49-10所示。

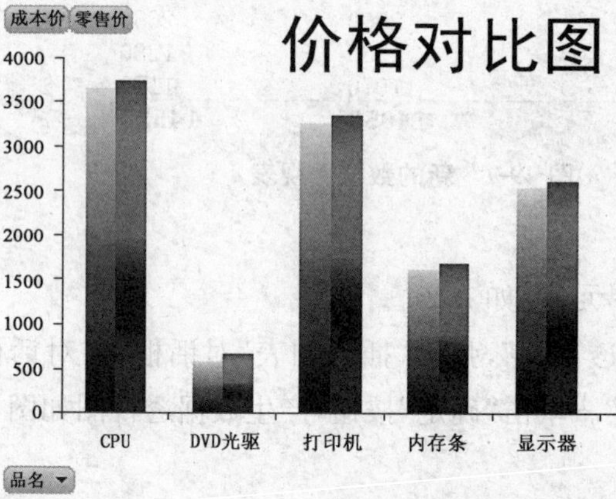

图49-10 最终的数据透视图

子任务50 创建带条件格式的数据透视表

Excel 2010中引入了迷你图、进度条、色阶等功能,这些功能可以与数据透视表无缝对接,让数据透视表的可读性更强。

对应文件"50创建带条件格式的数据透视表"。

步骤1:

单击工作表标签"带条件格式透视表"。

步骤2:

单击"插入—(表格)—数据透视表—数据透视表",在弹出的"创建数据透视表"对话框中按"确定"按钮;在新工作表中插入空白数据透视表。

步骤 3:

在新工作表中的“数据透视表字段列表”对话框中，将“月份”字段和“销售员”字段依次拖到行标签，将“计划销量”字段和“实际销量”两个字段依次拖到数值框，如图 50-1 所示。

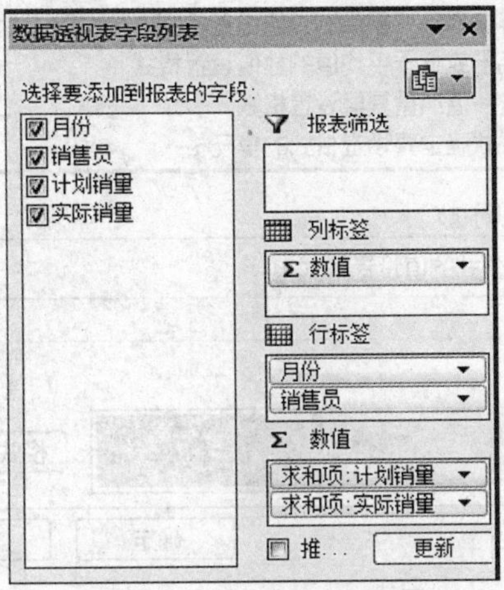

图 50-1　创建数据透视表

步骤 4:

单击数据透视表中的任一单元格，如 A4，单击“设计—(布局)—报表布局—以表格形式显示”，数据透视表变成图 50-2 所示。

月份	销售员	求和项:计划销量	求和项:实际销量
⊟1月份	陈枫	630	980
	刘婷	830	740
	徐厚盛	980	950
	张顺天	840	890
1月份 汇总		**3280**	**3560**

图 50-2　初始的数据透视表

步骤 5:

将鼠标移至 B4 单元格上方，鼠标箭头变成向下的黑色箭头⬇，此时单击鼠标，选中整个数据列。

单击“开始—(样式)—条件格式—新建规则”，在弹出的“新建格式规则”对话框中，规则类型选择“使用公式确定要设置格式的单元格”，“为符合此公式的值设置格式”输入公式“＝D4＜C4”。

单击“格式”按钮，在弹出的“设置单元格格式”对话框中，单击“填充”标签，选择背景色为“红色”，最终的格式规则如图 50-3 所示。

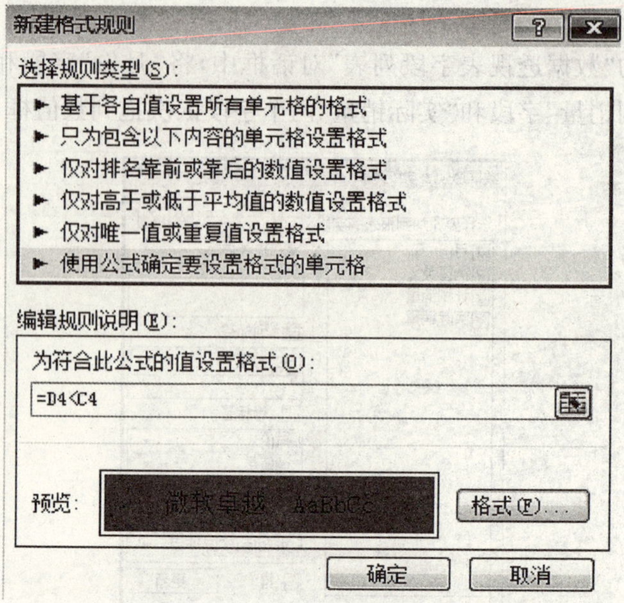

图 50-3　设置单元格规则

单击“确定”按钮，数据透视表中所有实际销量小于计划销量的销售员单元格背景变成红色，如图 50-4 所示。

月份	销售员
1月份	陈枫
	刘婷
	徐厚盛
	张顺天
1月份 汇总	
2月份	陈枫
	刘婷
	徐厚盛
	张顺天
2月份 汇总	

图 50-4　给单元格应用规则

步骤 6：

选择 C4:D34 区域，单击“开始—(样式)—条件格式—数据条—(实心填充)—绿色数据条”。

所选区域的单元格加上了绿色数据条，如图 50-5 所示。

月份	销售员	求和项:计划销量	求和项:实际销量
1月份	陈枫	630	980
	刘婷	830	740
	徐厚盛	980	950
	张顺天	840	890
1月份 汇总		**3280**	**3560**
2月份	陈枫	690	940
	刘婷	830	610
	徐厚盛	630	880
	张顺天	660	700
2月份 汇总		**2810**	**3130**

图 50-5　给数据加上数据条

子任务51　创建带迷你图的数据透视表

Excel 2010中的迷你图可以绘制在数据透视表中，数据透视表的迷你图相对一数据透视图来说，更加小巧，可以与数据透视表完全融合，如果再加上数据筛选，其直观性更加明显。

对应文件“51 创建带迷你图的数据透视表”。

步骤1：

单击工作表标签“迷你图透视表”。

步骤2：

单击“插入—(表格)—数据透视表—数据透视表”，在弹出的“创建数据透视表”对话框中单击“确定”按钮，在新工作表中创建了一个空白数据透视表。

在“数据透视表字段列表”对话框中，将“月份”字拖到列标签，将“销售员”字段拖到行标签，将“实际销量”字段拖到数值框，如图51-1所示。

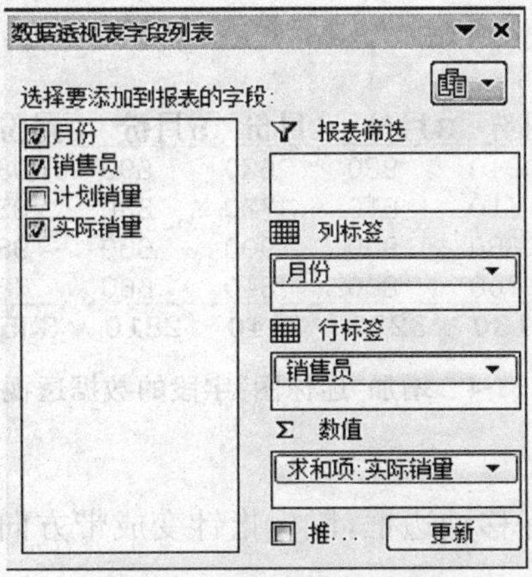

图51-1　创建数据透视表

在数据透视表工作表中产生的数据透视表如图51-2所示。

求和项:实	列标签						
行标签	1月份	2月份	3月份	4月份	5月份	6月份	总计
陈枫	980	940	980	630	690	980	5200
刘婷	740	610	610	770	830	830	4390
徐厚盛	950	880	900	900	630	980	5240
张顺天	890	700	800	840	660	760	4650
总计	**3560**	**3130**	**3290**	**3140**	**2810**	**3550**	**19480**

图51-2　生成的数据透视表

步骤3：

单击月份标题行任意单元格，如B4单元格，单击“选项—(计算)—域、项目和集—计算项”，弹出“插入计算字段”对话框。

在“插入计算字段”对话框中，字段“名称”输入“迷你图”；在“公式”框不输任何内容，清空公式框中的“＝”，单击“添加”按钮，如图 51-3 所示。

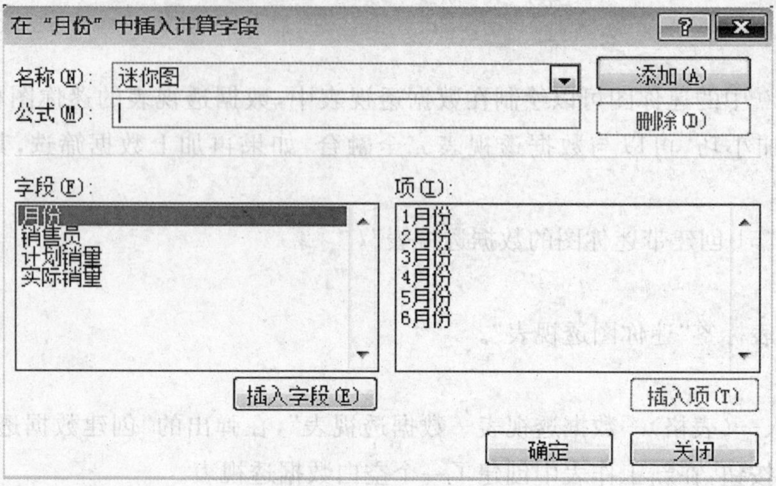

图 51-3　插入“迷你图”字段

“迷你图”字段被插入到“项”区域，单击“确定”按钮返回，在月份后增加了一列，如图 51-4所示。

求和项：列标								
行标签	1月份	2月份	3月份	4月份	5月份	6月份	迷你图	总计
陈枫	980	940	980	630	690	980		5200
刘婷	740	610	610	770	830	830		4390
徐厚盛	950	880	900	900	630	980		5240
张顺天	890	700	800	840	660	760		4650
总计	**3560**	**3130**	**3290**	**3140**	**2810**	**3550**		**19480**

图 51-4　增加“迷你图”字段的数据透视表

步骤 4：

选中 H4:H9 区域，将鼠标移动边框，鼠标指针变成带方向的十字箭头时，拖动区域到 B 列左边，如图 51-5 所示。

求和项：列标签								
行标签	迷你图	1月份	2月份	3月份	4月份	5月份	6月份	总计
陈枫		980	940	980	630	690	980	5200
刘婷		740	610	610	770	830	830	4390
徐厚盛		950	880	900	900	630	980	5240
张顺天		890	700	800	840	660	760	4650
总计		**3560**	**3130**	**3290**	**3140**	**2810**	**3550**	**19480**

图 51-5　移动“迷你图”字段

选中 B5:B8 区域，单击“插入—(迷你图)—折线图”，弹出“创建迷你图”对话框，数据范围输入“C5:H8”，位置范围默认是“B5:B8”，如图 51-6 所示。

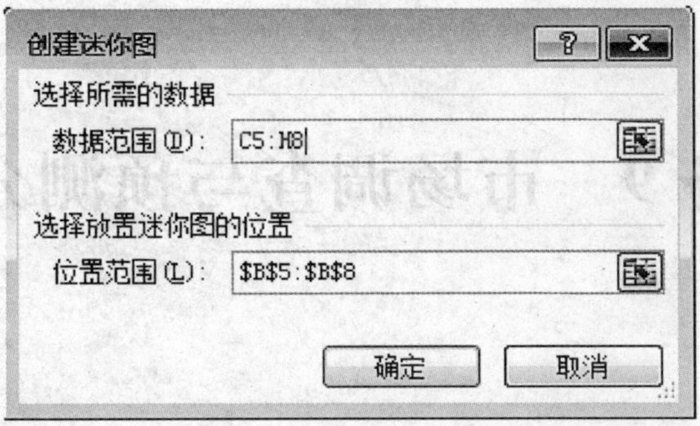

图 51-6 插入迷你图

单击“确定”按钮,在数据透视表中插入了迷你图,如图 51-7 所示。

求和项:实际销量	列标签							
行标签	迷你图	1月份	2月份	3月份	4月份	5月份	6月份	总计
陈枫		980	940	980	630	690	980	5200
刘婷		740	610	610	770	830	830	4390
徐厚盛		950	880	900	900	630	980	5240
张顺天		890	700	800	840	660	760	4650
总计		3560	3130	3290	3140	2810	3550	19480

图 51-7 插入迷你图的数据透视表

注意

1. 迷你图可以绘在数据透视表外的单元格区域内,不可以绘在数据透视表内。如果要绘在表内,必须通过插入字段的方法。

2. 插入的字段必须插入列标签的字段内。

任务9　市场调查与预测分析

任务说明

本任务主要是在获得市场调查数据的基础上进行预测分析。任务首先从数理统计的层面进行，然后通过模拟运算创建各种经营方案，便于对比各种方案，最后通过加载宏来解决生产问题。

任务结构

子任务 52　对销售数据进行描述统计分析

子任务 53　单变量模拟运算出口额

子任务 54　双变量模拟运算出口额

子任务 55　双变量模拟运算银行按揭方案

子任务 56　创建模拟运算方案

子任务 57　规划求解生产问题

统计分析，顾名思义即将信息统括起来进行计算的意思，常指对收集到的有关数据资料进行整理归类并进行解释的过程，是对数据进行定量处理的理论与技术。统计分析按不同的分类标志，可划分为不同的类别，常用的分类标准是功能标准，依此标准进行划分，统计分析可分为描述统计和推断统计。

1. 描述统计

描述统计是将研究中所得的数据加以整理、归类、简化或绘制成图表，以此描述和归纳数据的特征及变量之间的关系的一种最基本的统计方法。描述统计主要涉及数据的集中趋势、离散程度和相关强度，最常用的指标有众数、平均数、标准差、相关系数等。

2. 推断统计

推断统计指用概率形式来决断数据之间是否存在某种关系及用样本统计值来推测总体特征的一种重要的统计方法。推断统计包括总体参数估计和假设检验，最常用的方法有 Z 检验、T 检验、卡方检验等。

子任务52　对销售数据进行描述统计分析

所谓描述统计分析，就是对一组数据的各种数学特征进行分析，以便于描述测量样本的各种特征及其所代表的总体的特征。描述统计分析的项目很多，常用的如平均数、标准差、中位数、频数分布、正态或偏态程度等。

对应文件“52 对销售数据进行描述统计分析”。

步骤1：

加载数据分析库。

单击“文件—选项”，打开“EXCEL选项”对话框，单击左侧的“加载项”，在右侧点击“转到”按钮，打开“加载宏”对话框，如图52-1所示。

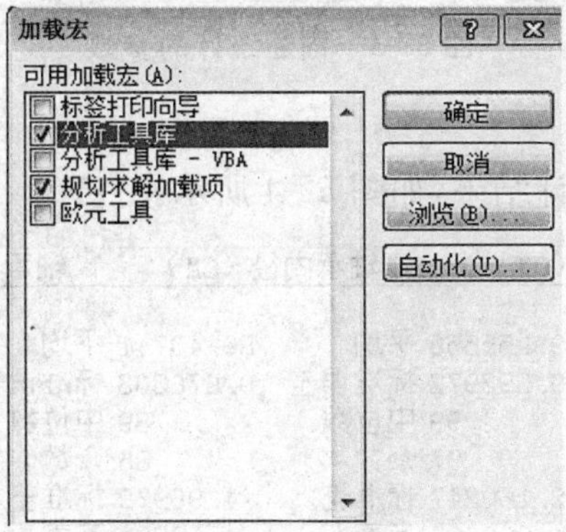

图52-1　加载分析工具库

勾选“分析工具库”和“规划求解加载项”两项，点击“确定”按钮。

步骤2：

单击工作表标签“描述统计分析”。

单击“数据—(分析)—数据分析”，打开“数据分析”对话框，选择“描述统计”，点击“确定”按钮，打开“描述统计”对话框，如图52-2所示。

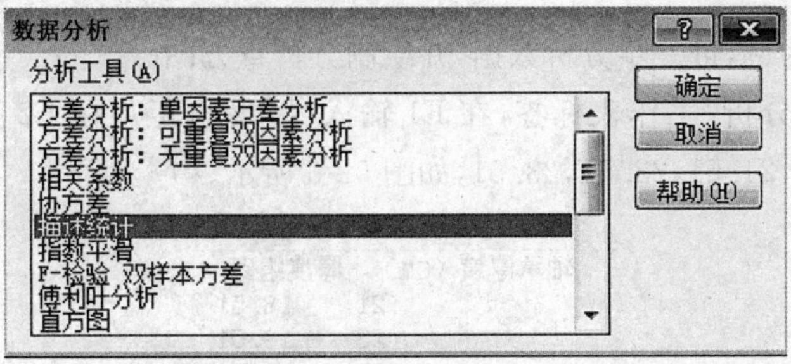

图52-2　选择分析工具

步骤 3:

在打开的“描述统计”对话框中,“输入区域”中输入:B1:D55 区域。“分组方式”点选“逐列”。勾选“标志位于第一行”选项,勾选“汇总统计”和“平均数置信度 95%”选项,如图 52-3 所示。

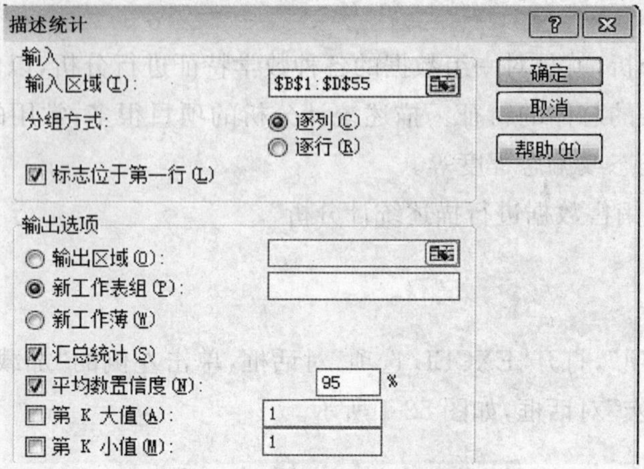

图 52-3 描述统计的参数

单击“确定”按钮。

在新的工作表中,出现统计结果,如图 52-4 所示。

轴承外径(CM)		轴承内径(CM)		轴承厚度(CM)	
平均	99.55556	平均	89.40741	平均	20.51852
标准误差	0.293972	标准误差	0.676303	标准误差	0.251815
中位数	99	中位数	89	中位数	20.5
众数	97	众数	86	众数	23
标准差	2.160247	标准差	4.96979	标准差	1.850454
方差	4.666667	方差	24.69881	方差	3.424179
峰度	-1.36372	峰度	-1.38635	峰度	-1.42078
偏度	0.30032	偏度	0.097118	偏度	0.006702
区域	6	区域	16	区域	5
最小值	97	最小值	82	最小值	18
最大值	103	最大值	98	最大值	23
求和	5376	求和	4828	求和	1108
观测数	54	观测数	54	观测数	54
置信度(95.0	0.589634	置信度(95	1.356492	置信度(95	0.505077

图 52-4 描述统计的结果

步骤 4:

以轴承的厚度为例,进一步分析数据,并绘制分析直方图。

单击“描述统计分析”工作表标签,在 E1 输入“厚度组距”,在 E2 列单元格分别输入:18.51,19.51,20.51,21.51,22.51,23.51,如图 52-5 所示。

D	E
轴承厚度(CM)	厚度组距
21	18.51
23	19.51
23	20.51
23	21.51
22	22.51
19	23.51

图 52-5 添加组距

组距数据用于分析轴承厚度的偏差情况。

步骤 5:

单击“数据—(分析)—数据分析”,在弹出的“数据分析”对话框中选择“直方图”,单击“确定”,弹出“直方图”对话框,如图 52-6 所示。

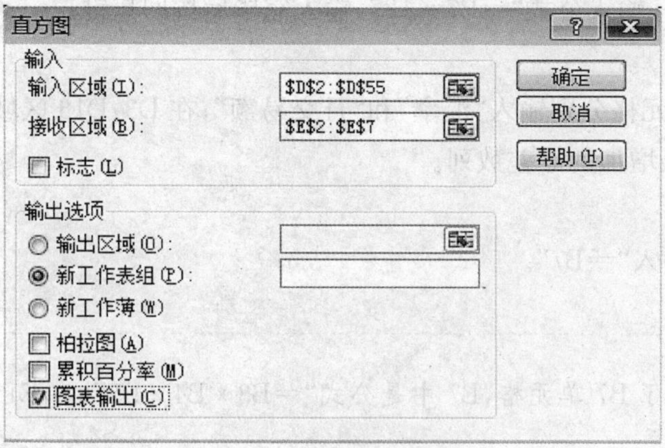

图 52-6　绘制分析直方图

在“直方图”对话框中,单击“输入区域”,拖动鼠选择 D2:D55 区域,单击“接收区域”,拖动鼠标选择 E2:E7 区域,勾选“图表输出”,单击“确定”按钮,出现直方图,如图 52-7 所示。

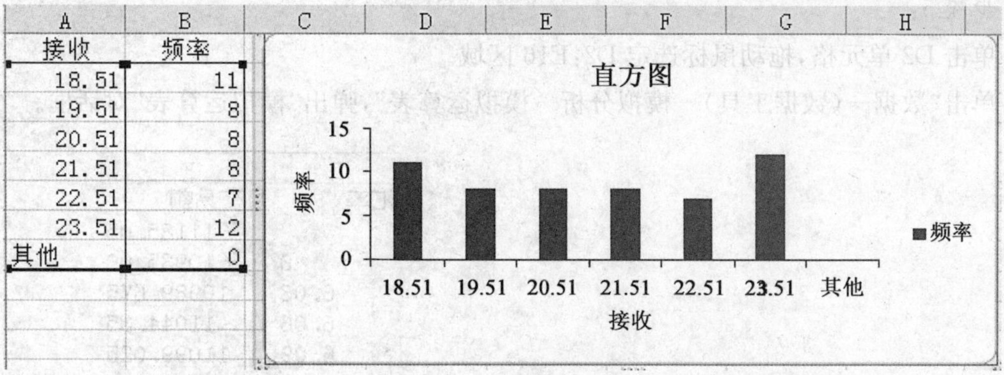

图 52-7　分析直方图

直方图得出不同的厚度组距的轴承样本个数。

子任务 53　单变量模拟运算出口额

模拟运算表是一组命令的组成部分,这些命令也被称作模拟分析工具。使用模拟运算表即意味着执行模拟分析。

模拟分析是指通过更改单元格中的值来查看这些更改对工作表中公式结果的影响的过程。例如,可以使用模拟运算表更改贷款利率和期限以确定可能的月还款额。

对应文件“53 单变量模拟运算出口额”。

步骤 1：

单击工作表标签“单变量模拟运算表”。

步骤 2：

单击 B7 单元格，输入公式“=B3 * B4 * B5”，输入完毕后按回车键。

单击 B8 单元格，输入公式“=B7 * 12”，输入完毕后按回车键。

步骤 3：

在 D1 与 E1 单元格分别输入“汇率”和“月交易额”；在 D3:D16 区域产生数据：以 6 为初始数据，0.03 为步长增加的等差数列。

步骤 4：

在 E2 单元格输入“=B7”。

注意

1. E2 中引用了 B7 单元格，B7 中是公式“=B3 * B4 * B5”，在 E1 引用这个公式为模拟运算做准备。

2. 模拟运算实际就是改变一个参数的函数运算，一个是因变量引用，一个是自变量引用。

步骤 5：

单击 D2 单元格，拖动鼠标选定 D2:E16 区域。

单击“数据—(数据工具)—模拟分析—模拟运算表”，弹出“模拟运算表”对话框。

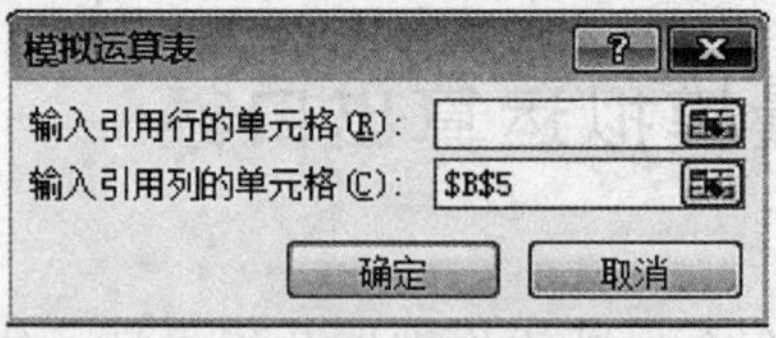

图 53-1 “模拟运算表”对话框

D	E
汇率	月交易额
	￥11185.05
6	￥10935.00
6.03	10989.675
6.06	11044.35
6.09	11099.025
6.12	11153.7
6.15	11208.375
6.18	11263.05
6.21	11317.725
6.24	11372.4
6.27	11427.075
6.3	￥11481.75
6.33	￥11536.43
6.36	￥11591.10
6.39	￥11645.78

图 53-2 模拟运算结果

在弹出的“模拟运算表”对话框中，在“输入引用列的单元格”框中输入“B5”，单击“确定”按钮，如图 53-1 所示。得到模拟运算结果，如图 53-2 所示。

解释：D2:D16 是自变量，E2:E16 是因变量，自变量参照 B5 单元格，因变量的计算公式由 B7 决定；最终计算出结果。单变量的模拟运算也可以由函数计算而来。

注意

1. 创建完成模拟运算表，在表中，E3:E16 区域是模拟运算的结果，整个结果是一个数组区域，不能被单独修改或删除。

2. 当汇率变化时，交易额数据会随之变化。

子任务 54 双变量模拟运算出口额

在子任务 53 中，如果汇率与单价同时发生变化时，运算就变得复杂起来，利用双变量模拟运算可以很简便地计算出结果。

对应文件“54 双变量模拟运算出口额”。

步骤 1：

单击工作表标签“双变量模拟运算”。

步骤 2：

单击 B7 单元格，输入公式“=B3 * B4 * B5”，输入完毕后按回车键。

单击 B8 单元格，输入公式“=B7 * 12”，输入完毕后按回车键。

步骤 3：

单击 A10 单元格，输入公式“=B7”。

在 B10:H10 区域输入数据，从 12.15 开始，以 0.5 为步长递加；在 A11:A18 区域输入数据，从 6.137 开始，以 0.05 为步长递减，如图 54-1 所示。

￥11185.05	12.15	12.65	13.15	14.15	14.65	15.15
6.137						
6.087						
6.037						
5.987						
5.937						
5.887						
5.837						
5.787						

图 54-1 生成模拟运算的框架

步骤 4：

单击 A10 单元格，拖曳鼠标到 H18，选中 A10:H18 区域。

单击“数据—(数据工具)—模拟分析—模拟运算表”，弹出“模拟运算表”对话框，在“输入引用行的单元格”输入：B3。在“输入引用列的单元格”输入：B5。如图 54-2 所示。

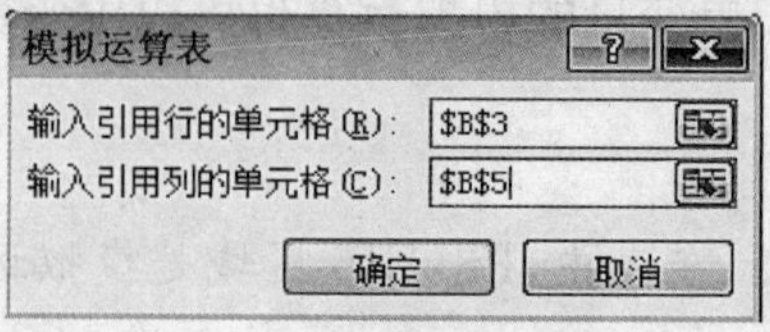

图 54-2 双变量模拟运算参数表

单击“确定”按钮,模拟运算如图 54-3 所示。

￥11185.05	12.15	12.65	13.15	13.65	14.15	14.65	15.15
6.137	11184.6825	11645	12105	12566	13026	13486	13946
6.087	11093.5575	11550	12007	12463	12920	13376	13833
6.037	11002.4325	11455	11908	12364	12814	13266	13719
5.987	10911.3075	11360	11809	12258	12707	13156	13605
5.937	10820.1825	11265	11711	12156	12601	13047	13492
5.887	10729.0575	11171	11612	12054	12495	12937	13378
5.837	10637.9325	111076	11513	11951	12389	12827	13265
5.787	10546.8075	10981	11415	11849	12283	12717	13151

图 54-3 模拟运算结果

步骤 5:

单击模拟运算表中的 A10 单元格,将内容改为“＝B8”,修改完毕后按回车键,则模拟运算表的内容改变为按年的模拟运算结果,如图 54-4 所示。

￥134220.56	12.15	12.65	13.15	13.65	14.15	14.65	15.15
6.137	134216.19	139739	145262.79	150786.09	156309.39	161832.69	167355.99
6.087	133122.69	138601	144079.29	149557.59	155035.89	160514.19	165992.49
6.037	132029.19	137462	142895.79	148329.09	153762.39	159195.69	164628.99
5.987	130935.69	136324	141712.29	147100.59	152488.89	157877.19	163265.49
5.937	129842.19	135185	140528.79	145872.09	151215.39	156558.69	161901.99
5.887	128748.69	134047	139345.29	144643.59	149941.89	155240.19	160538.49
5.837	127655.19	132908	138161.79	134315.09	148668.39	153921.69	159174.99
5.787	126561.69	131770	136978.29	142186.59	147394.89	152603.19	157811.49

图 54-4 修改公式改变运算结果

子任务 55 双变量模拟运算银行按揭方案

银行按揭指的是消费者按一定的利率从银行贷得一定数额的贷款,然后按月向银行分期支付本息,直至全部还清贷款和利息。

按揭贷款的还款方式有两种:等额还款法与等本还款法。目前选用等额还款方式比较多,因为它相对于等本还款方式有前期还款压力小的特点,缺点是在前面月份的还款额中,利息所占的比例相对较大,而本金所占的比例相对较小,如果提前还款,会因为支付了更多的利息而吃亏。

作为贷款人,必须知道每期需要支付多少本金和利息;每期偿还的金额是否在预期的承受能力内;在贷款期内,遇到国家调整贷款利率,如何重新测算每期需要支付多少本金和利息;相比原来还款压力增加多少。

对应文件“55 双变量模拟运算银行按揭方案”。

步骤 1:

单击工作表标签“按揭计算”。

步骤 2:

单击 B5 单元格,输入公式“＝PMT(B3/12,B4＊12,B2,0,1)”。输入结束按回车键,得到函数结果 4293.51,如图 55-1 所示。

贷款分析表	
贷款本金	50000
贷款利率（年）	6.60%
贷款期限（年）	1
按月等额还款	￥-4293.51

图 55-1　银行按揭一年的还款计算

步骤 3:

如果利率与贷款期限发生改变,模拟运算还款额。

单击 A10 单元格,输入公式“＝B5”。

在 B10:H10 区域输入数据,从 1 开始,以 2 为步长递加。在 A11:A20 区域输入数据,从 6.60％开始,以 0.20％为步长递增。如图 55-2 所示。

￥-4293.51	1	3	5	7	9	11	13
6.60%							
6.80%							
7.00%							
7.20%							
7.40%							
7.60%							
7.80%							
8.00%							
8.20%							
8.40%							

图 55-2　构建按揭计算表

提高

1. 等额还款函数是 PMT()函数,格式“PMT(利率,还款期数,贷款额,期末值,还款类型)”,其中还款类型为:0——期末还款,1——期初还款。

2. PMT()函数运算结果用红色负数表示,表示待付款项,数字格式可以修改。

步骤 4:

单击 A10 单元格,拖动鼠标选择 A10:H20 区域。

单击“数据—(数据工具)—模拟分析—模拟运算表”。弹出“模拟运算表”对话框。

在“模拟运算表”对话框中,“输入引用行的单元格”选择 B4 单元格,“输入引用列的单元格”选择 B3 单元格,如图 55-3 所示。

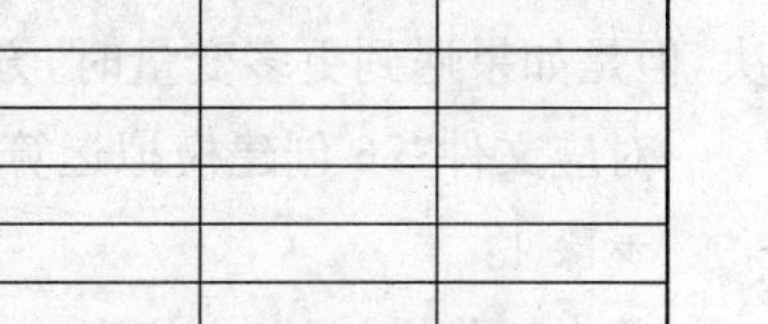

图 55-3　模拟运算表参数

单击“确定”按钮，完成运算。

步骤 5：

在数据区域，产生模拟运算结果，如图 55-4 所示。

￥-4293.51	1.00	3.00	5.00	7.00	9.00	11.00	13.00
6.60%	-4293.51	-1526.33	-975.29	-740.82	-611.87	-530.86	-475.65
6.80%	-4297.38	-1530.61	-979.80	-745.53	-616.77	-535.94	-480.91
7.00%	-4301.25	-1534.90	-984.32	-750.26	-621.69	-541.05	-486.20
7.20%	-4305.12	-1539.20	-988.85	-755.00	-626.63	-546.18	-491.52
7.40%	-4308.99	-1543.50	-993.40	-759.76	-631.60	-551.35	-496.88
7.60%	-4312.86	-1547.81	-997.95	-764.54	-636.58	-556.54	-502.26
7.80%	-4316.74	-1552.12	-1002.52	-769.34	-641.59	-561.75	-507.67
8.00%	-4320.62	-1556.44	-1007.11	-774.15	-646.62	-566.99	-513.12
8.20%	-4324.50	-1560.77	-1011.70	-778.98	-651.68	-572.26	-518.59
8.40%	-4328.38	-1565.11	-1016.30	-783.83	-656.75	-577.55	-524.09

图 55-4　利率与期限变化的按揭结果

子任务 56　创建模拟运算方案

在分析运算模型中，一到两个关键因素的变化对结果的影响时，可以使用模拟运算解决，但是如果遇到更多变量时，方案管理更容易解决问题。

对应文件“56 创建模拟运算方案”。

步骤 1：

单击工作表标签“方案”。

步骤 2：

选定 A3:B5 区域；单击“公式—(定义的名称)—根据所选内容创建”，弹出对话框“以选定区域创建名称”，如图 56-1 所示，勾选“最左列”选项，即以左边的单元格内容来命名右侧单元格，单击“确定”按钮。

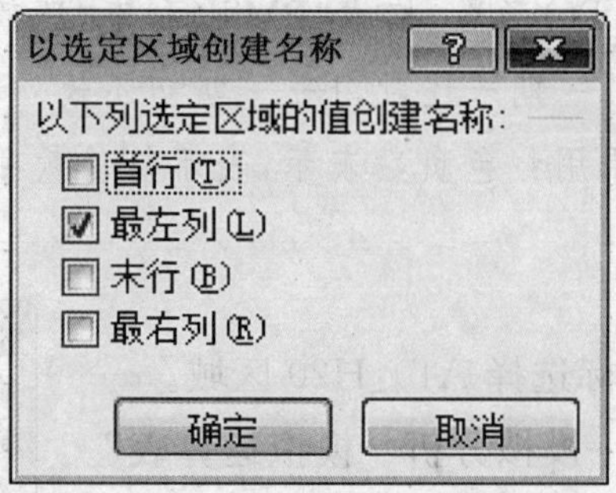

图 56-1　根据区域创建名称

步骤 3：

单击“数据—(数据工具)—模拟分析—方案管理器”，弹出“方案管理器”对话框，如图 56-2 所示。

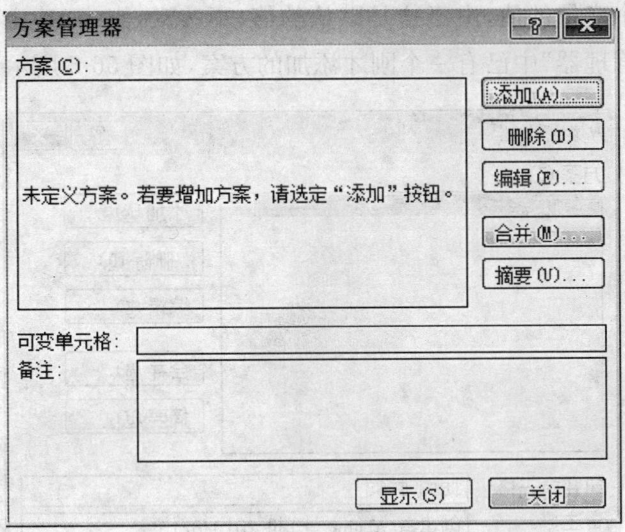

图 56-2　创建方案

步骤 4:

单击“添加”按钮，弹出“添加方案”对话框，如图 56-3 所示。

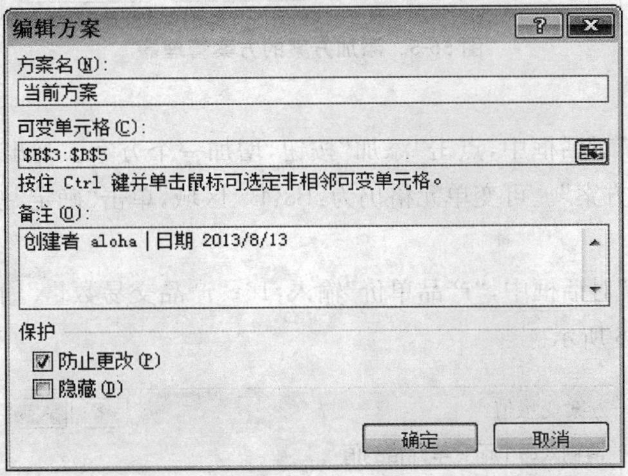

图 56-3　添加方案

在“添加方案”对话框中，“方案名”即为本方案命名，输入“当前方案”。

可变单元格为方案中可以变化的参数的区域，点击扩展按钮，选择 B3:B5 区域，点击“确定”，弹出“方案变量值”对话框，如图 56-4 所示。

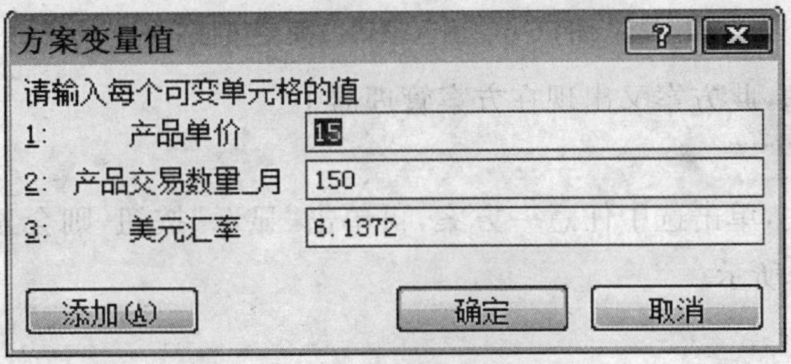

图 56-4　输入当前方案变量值

对话框中为三个变量的值，由于这是默认的值，不改动，点击“确定”按钮，返回“方案管理器”。这时“方案管理器”中已有一个刚才添加的方案，如图 56-5 所示。

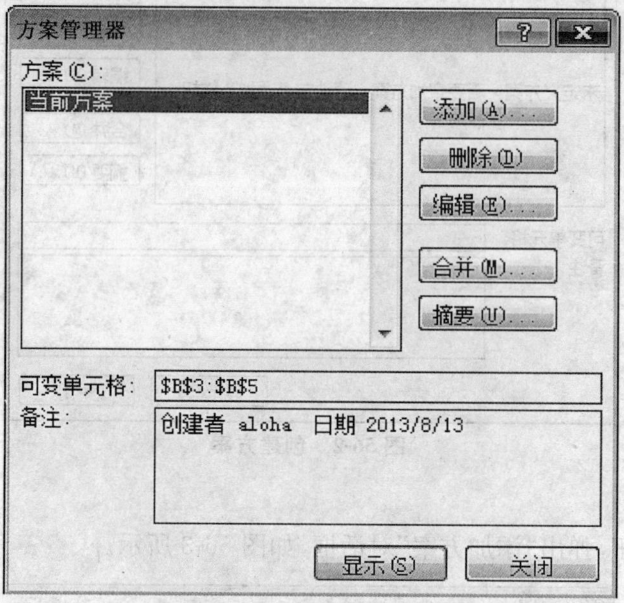

图 56-5　添加方案的方案管理器

步骤 5:

在“方案管理器”对话框中，点击“添加”按钮，增加一个方案。弹出“添加方案”对话框，给新方案命名“最优方案”。可变单元格仍为:B3:B5 区域，单击“确定”按钮。

步骤 6:

在“方案变量值”对话框中，“产品单价”输入:16;“产品交易数量”输入:220;“美元汇率”输入:6.9。如图 56-6 所示。

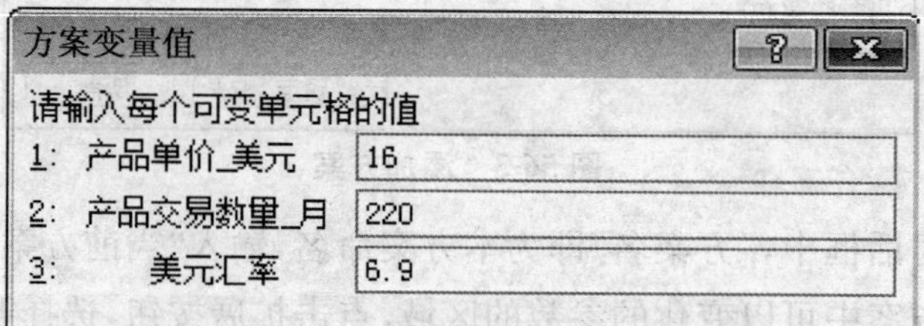

图 56-6　输入最优方案变量值

单击“确定”按钮，此方案又出现在方案管理器中。

步骤 7:

在方案管理器中，单击选中任意一方案，再单击“显示”按钮，则会显示出所设定参数运算的结果，如图 56-7 所示。

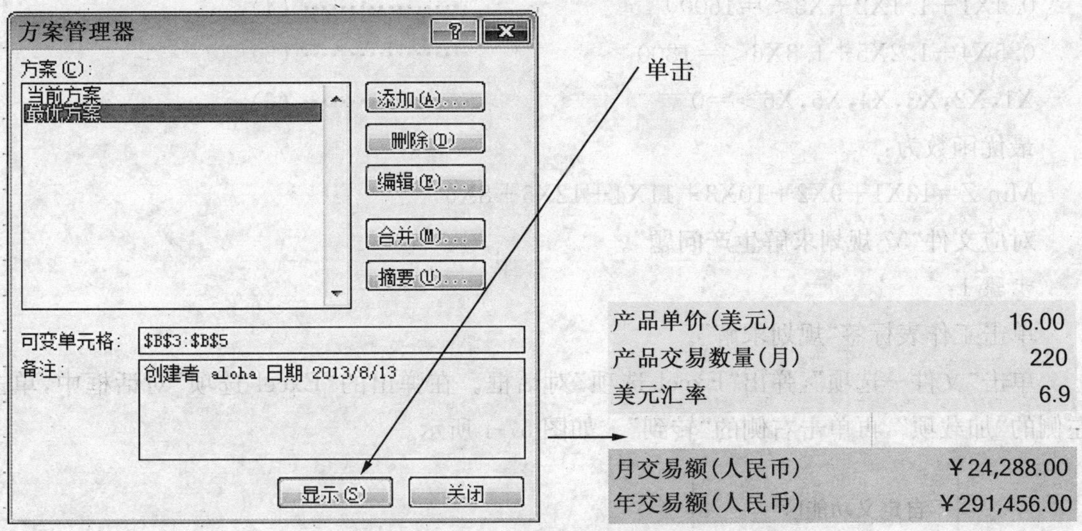

图 56-7　根据方案模拟运算出结果

对不满意的方案，可以单击该方案，再单击“编辑”按钮进行修改，或者单击“删除”按钮将方案删除。

子任务 57　规划求解生产问题

在生产管理和经营决策过程中，经常会遇到一些规划问题。规划分析主要是解决资源的有限性与人的欲望(产值、收益最大化)无限性之间的矛盾问题，即如何合理地利用有限的人力、物力、财力、时间等资源，得到最佳的经济效果，也就是说达到产量最大、利润最大、成本最小、耗时最少等目标。

某个生产问题：某工厂有甲、乙两条流水线，可生产 A、B、C 三种产品。假定这两条流水线最多可用于生产的时间分别为 1600 小时和 1800 小时，目前三种产品的生产任务量分别为 800 件、1200 件和 1000 件，且已知用两条不同流水线加工单位数量不同产品所需的时间和加工费用如下表。问怎样分配流水线的生产任务，才能既满足生产要求，又使生产费用最低？

流水线类型	单位产品所需生产时间			单位产品的加工费用			可用时间
	A	B	C	A	B	C	
甲	0.4	1.1	1.0	13	9	10	1600
乙	0.5	1.2	1.3	11	12	8	1800

解决思路：假设在甲流水线上生产 A、B、C 三种产品的产量分别为 X1、X2、X3；在乙流水线上生产 A、B、C 三种产品的产量分别为 X4、X5、X6；，则约束条件为：

$X1+X4=800$ ………………（1）

$X2+X5=1200$ ………………（2）

$X3+X6=1800$ ………………（3）

$0.4X1+1.1X2+X3<=1600$ ………………（4）

$0.5X4+1.2X5+1.3X6<=1800$ ………………（5）

$X1,X2,X3,X4,X5,X6>=0$ ………………（6）

最优函数为：

$\text{Min } Z=13X1+9X2+10X3+11X4+12X5+8X6$

对应文件“57 规划求解生产问题”。

步骤 1：

单击工作表标签“规划求解”。

单击“文件—选项”，弹出“Excel 选项”对话框。在弹出的“Excel 选项”对话框中，单击左侧的“加载项”，再单击右侧的“转到”。如图 57-1 所示。

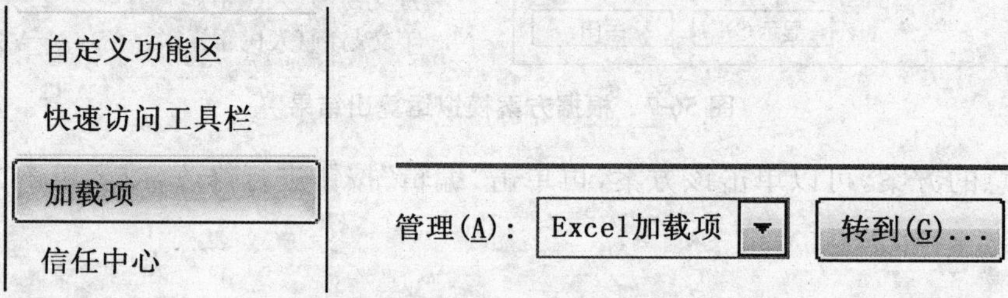

图 57-1 打开加载项

弹出“加载宏”对话框，如图 57-2 所示。

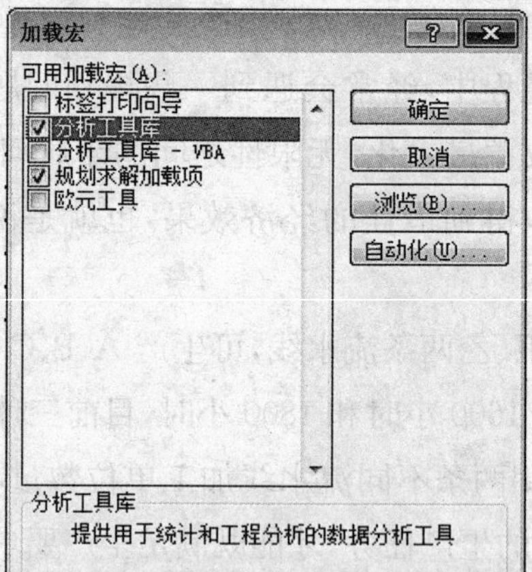

图 57-2 加载规划求解

勾选“规划求解加载项”，单击“确定”按钮。

步骤 2：

输入最优函数公式。

单击 B1 单元格，输入公式“=13 * B4+9 * B5+10 * B6+11 * B7+12 * B8+8 * B9”；这个公式就是最优函数。

步骤 3:

输入约束条件公式。

单击A12单元格,输入公式"＝B4＋B7";单击B12单元格,输入"＝";单击C12单元格,输入800。这个区域对应约束条件(1)。

单击A13单元格,输入公式"＝B5＋B8";单击B13单元格,输入"＝";单击C13单元格,输入1200,这个区域对应约束条件(2)。

单击A14单元格,输入公式"＝B6＋B9";单击B14单元格,输入"＝";单击C14单元格,输入1800,这个区域对应约束条件(3)。

单击A15单元格,输入公式"＝0.4＊B4＋1.1＊B5＋B6";单击B15单元格,输入"＜＝";单击C15单元格,输入1600;这个区域对应约束条件(4)。

单击A16单元格,输入公式"＝0.5＊B7＊1.2＊B8＋1.3＊B9";单击B16单元格,输入"＜＝";单击C16单元格,输入1800;这个区域对应约束条件(5)。

步骤 4:

单击"数据—(分析)—规划求解",弹出"规划求解参数"对话框。

在"规划求解参数"对话框中,点击"设置目标",选择B1单元格;点击"通过更改可变单元格",选择B4:B9区域。如图57-3所示。

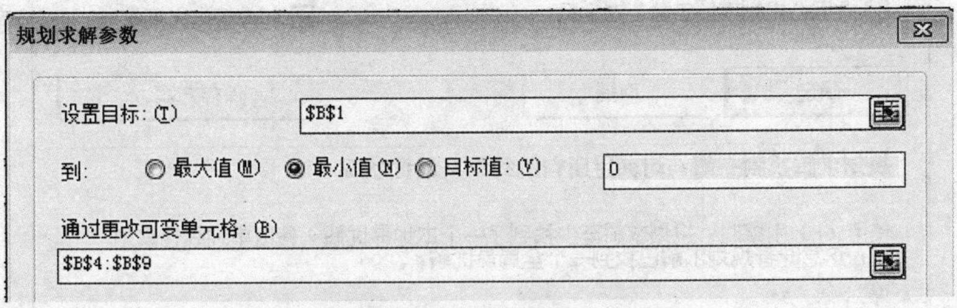

图57-3　规划求解部分参数

单击"规划求解参数"对话框中的"添加"按钮,弹出"添加约束"对话框。在"添加约束"对话框中,单击"单元格引用",选择A12单元格,关系运算选择"＝",单击"约束",选择C12单元格。至此,第一个条件输入完毕,如图57-4所示。

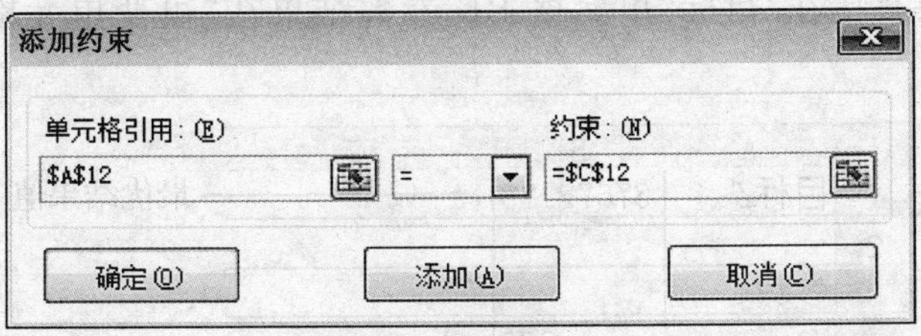

图57-4　添加条件一

单击"添加"按钮,将条件保存,继续输入剩下的五个约束条件。

步骤 5:

最后一个条件输入完毕后,点击"添加约束"对话框中的"确定"按钮,返回到"规划求解参数"对话框,如图57-5所示。

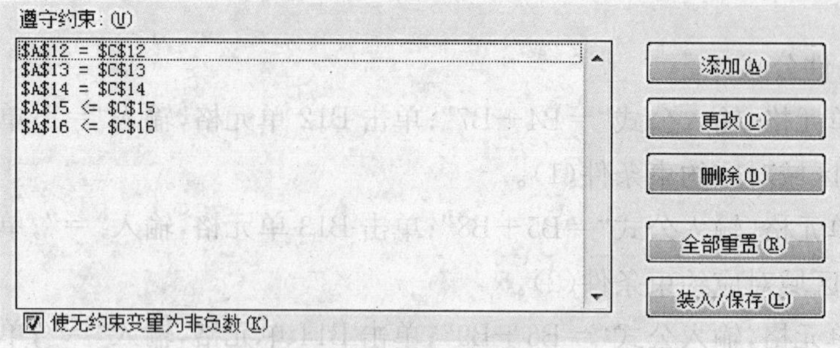

图 57-5　所有的约束条件

勾选“使无约束变量为非负数”，确保参数为正数。

由于相关参数采用系统默认，所以直接单击“求解”按钮，计算出结果，并弹出“规划求解结果”对话框，如图 57-6 所示。

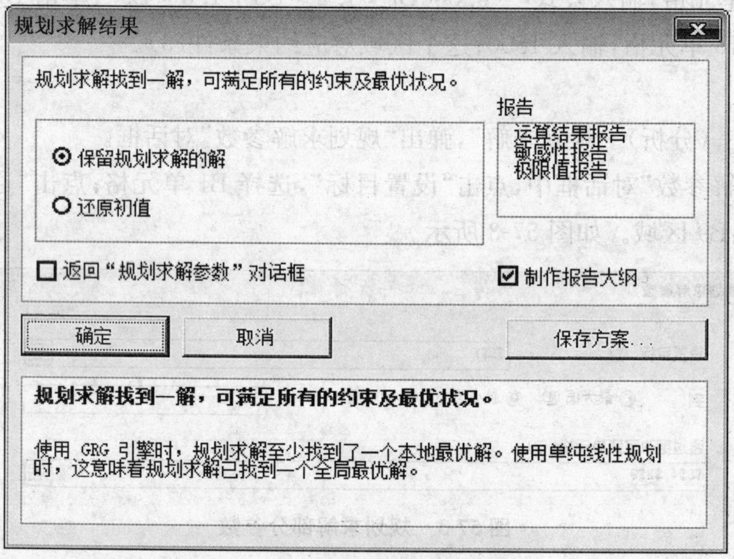

图 57-6　规划求解结果对话框

勾选“制作报告大纲”，单击“确定”按钮。

步骤 6：

规划求解的结果直接在“目标”单元格 B1，参数结果在“可变单元格”区域 B4:B9，如图 57-7 所示。

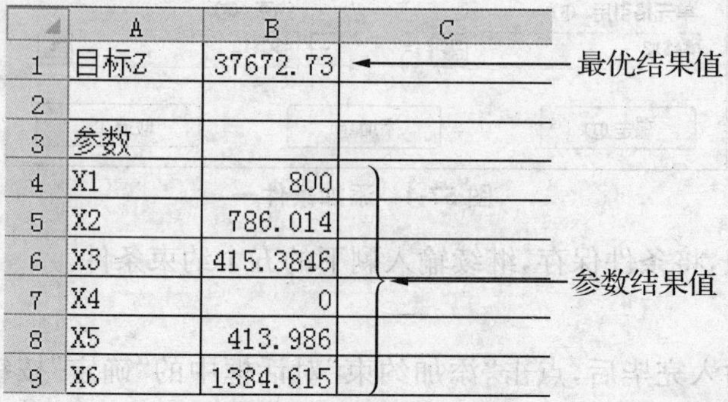

图 57-7　规划求解的结果

任务 10　自动化处理营销数据

任务说明

Excel 软件提供了自动化功能，包括宏和 VBA 编程。宏是最简单的 VBA 程序，也是学习 Excel VBA 的基础。

本任务主要是利用 Excel 2010 的“录制宏”功能，为工作簿录制宏，通过宏为工作簿自动地完成某些特定功能。此外，用户可以修改录制的宏，这样宏的功能就会更加强大。

任务结构

子任务 58　录制修改字体的宏

子任务 59　修饰职工信息表

子任务 60　保护工作表

子任务 58　录制修改字体的宏

步骤 1：

增加“开发工具”选项卡。

单击“开始—选项”，弹出“Excel 选项”对话框，在“Excel 选项”对话框中，单击左侧的“自定义功能区”，在右侧的“自定义功能区”中，勾选“开发工具”。单击“确定”按钮，“开发工具”选项卡出现在功能区中，如图 58-1 所示。

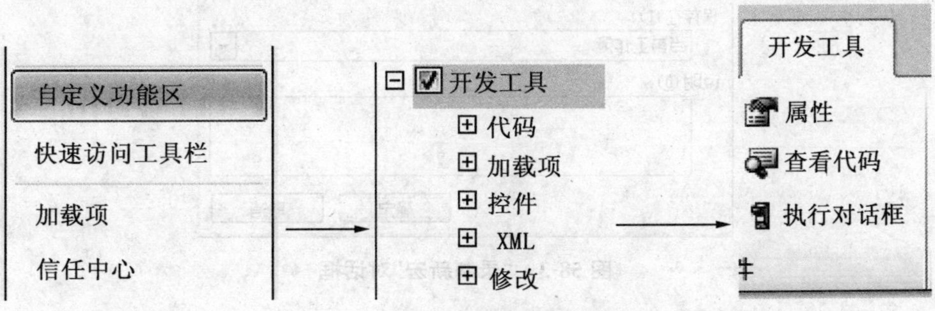

图 58-1　设置开发工具选项卡

步骤 2：

调整宏安全设置。

单击“开发工具—(代码)—宏安全性”，弹出“信任中心”对话框，默认光标在“宏设置”选项，窗口右侧为“宏设置”选项，点选“启用所有宏”，如图 58-2 所示。

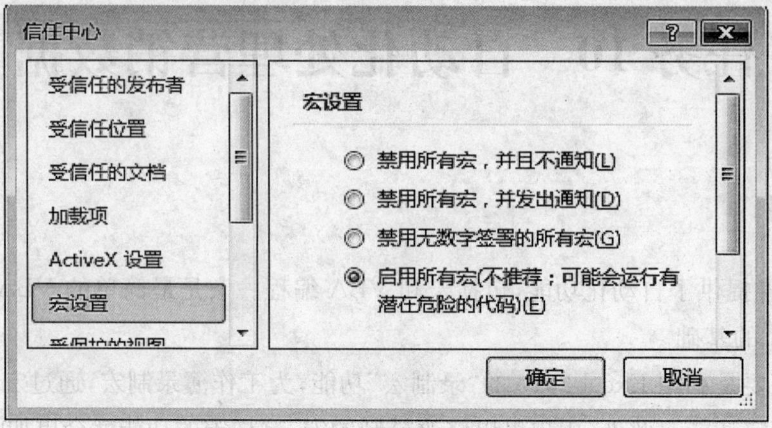

图 58-2　调整宏安全性

注意

1. 宏安全性降低后，如果运行一些来历不明的宏，可能会引发错误，如数据丢失、软件出错等。

2. 一些用宏命令或 VBA 程序编制出来的病毒在网上流行，称为宏病毒，随着文档的打开被激活，并造成一定的影响，用户一定要定时查杀宏病毒。

步骤 3：

单击工作表标签“修改字体的宏”。

单击“开发工具—(代码)—录制宏”，弹出“录制新宏”对话框，在“宏名”文本框中输入“修改字体”，如图 58-3 所示。

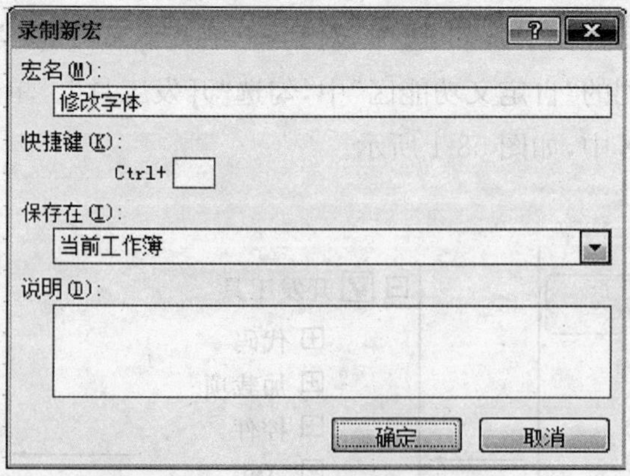

图 58-3　“录制新宏”对话框

输入完毕后，单击“确定”按钮。

注意

1. 在“录制新宏”对话框中，可以为宏指定快捷键，直接在“快捷键”框中输入字母或数字即可；在使用时，直接按 Ctrl+字母可以调出宏来执行。

2. 由于系统已定义了很多快捷键，因此新定义的快捷键不可以与现在的快捷键相同，以免冲突，如 Ctrl+1，为单元格格式快捷键。

步骤 4：

单击 A1 单元格，拖动鼠标选定 A1:H1 区域。

单击“开始—(对齐方式)—合并后居中”。A1:H1 区域合并为一个单元格，并且文字居中显示。

单击“开始—(字体)—华文行楷”，字号改为 12 号。

单击“开发工具—(代码)—停止录制”，将刚才的操作记录在宏内。

步骤 5：

单击“开发工具—(代码)”—宏”，弹出“宏”对话框，在“宏”对话框中，出现刚才录制的宏“修改字体”，如图 58-4 所示。

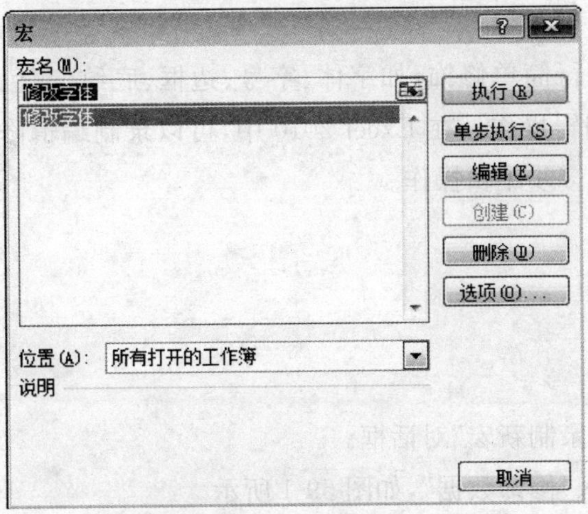

图 58-4 “宏”对话框

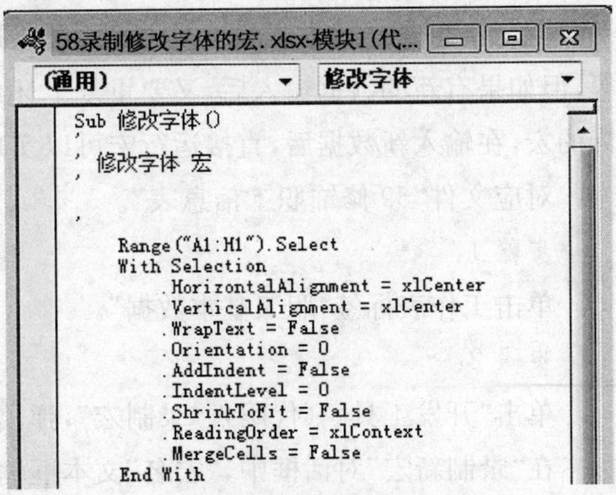

图 58-5 编辑宏

选中“修改字体”，单击“编辑”按钮，弹出 VBA 编辑窗口，并且调出“修改字体”宏，给用户编辑，如图 58-5 所示。

不作修改，单击“文件—关闭并返回到 Microsoft Excel”，如图 58-6 所示。

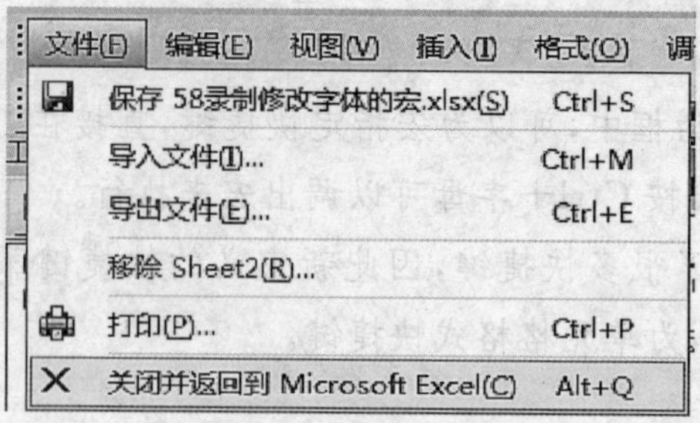

图 58-6　关闭 VBA 窗口

步骤 6:

单击工作表标签“原始数据”。

单击“开发工具—(代码)—宏”,弹出“宏”对话框。

单击“宏”对话框中的“修改字体”,再单击“执行”按钮,工作表中的 A1:H1 区域被更改成:华文行楷、12 号和合并居中样式。

子任务 59　修饰职工信息表

职工信息表中的数据输入完毕后,可以进行简单修饰,如字体、字号、边框、底纹、颜色等,但如果有新的数据输入后,又要重复上述编辑操作。在 Excel 2010 中,可以录制编辑修饰的宏,在输入新数据后,直接运行宏可以实现多步编辑操作。

对应文件“59 修饰职工信息表”。

步骤 1:

单击工作表标签“职工基本数据”。

步骤 2:

单击“开发工具—(代码)—录制宏”,弹出“录制新宏”对话框。

在“录制新宏”对话框中,“宏名”文本框输入“修饰数据”,如图 59-1 所示。

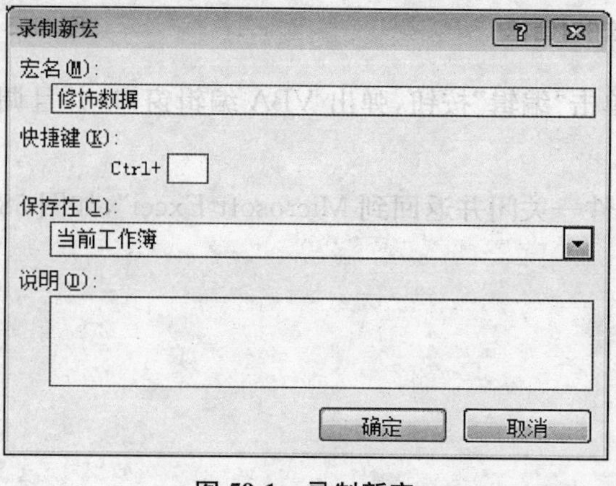

图 59-1　录制新宏

输入完毕后，单击“确定”按钮。

步骤 3：

单击 A2 单元格，按组合键 Ctrl+1，打开“设置单元格格式”对话框。

在“设置单元格格式”对话框中，单击“对齐”选项卡，在“水平对齐”下拉框中，选择“居中”，“垂直对齐”下拉框中，选择“居中”，如图 59-2 所示。

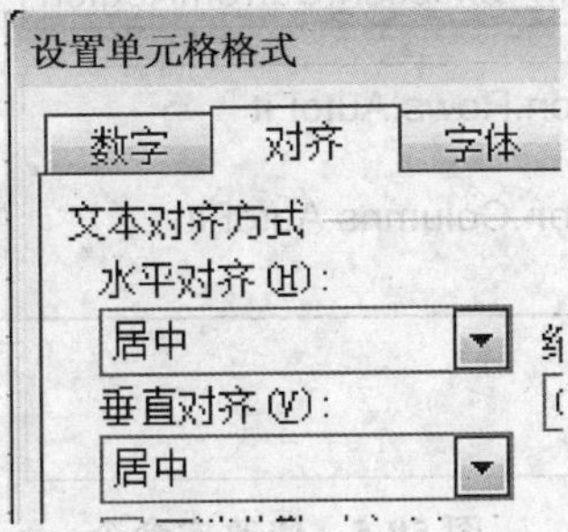

图 59-2　设置对齐方式

单击“字体”选项卡，在“字体”下拉列表中，选择“华文楷体”，在“字形”列表中选择“常规”，在“字号”下拉列表中，选择 14 号，如图 59-3 所示。

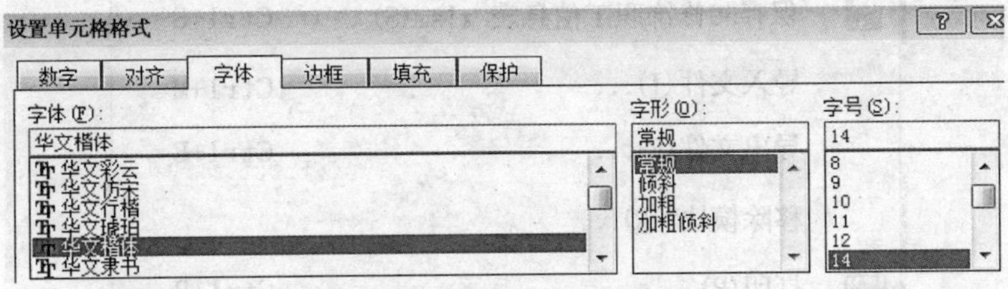

图 59-3　设置字体和字号

单击“确定”按钮。

单击“开始—(单元格)—格式—自动调整行高”，单击“开始—(单元格)—格式—自动调整列宽”。

单击“开发工具—(代码)—停止录制”，整个宏录制结束。

步骤 4：

单击“开发工具—(代码)—宏”，弹出“宏”对话框，如图 59-4 所示。

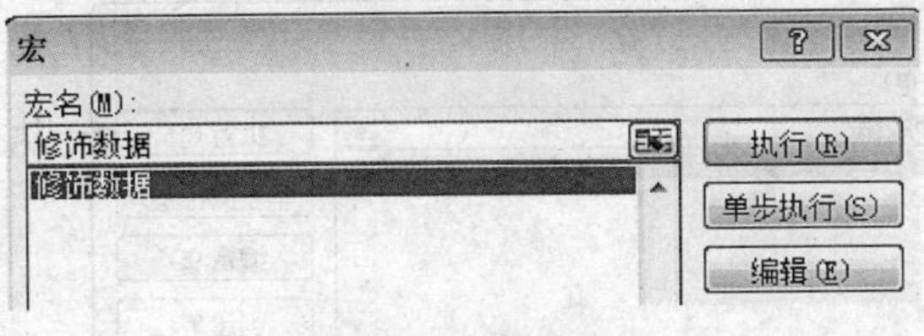

图 59-4　“宏”对话框

在“宏”对话框中，选择“修饰数据”，单击“编辑”按钮，弹出 VBA 编辑窗口，在窗口中编辑宏“修饰数据”。

在第一行“Sub 修饰数据()”后按回车键，插入一行。

在插入的新行输入“For each cell in selection. currentregion”。

在最后一行“End Sub”前按回车键，插入一行。

在插入的新行输入“Next cell”，如图 59-5 所示。

```
Sub  修饰数据()

For Each cell In Selection.CurrentRegion      ← 插入命令

        Selection.Rows.AutoFit

        Selection.Columns.AutoFit

    Next cell      ← 插入命令

    End Sub
```

图 59-5　修改宏命令

单击“文件—保存 59 修饰职工信息表. xlsm”，如图 59-6 所示。

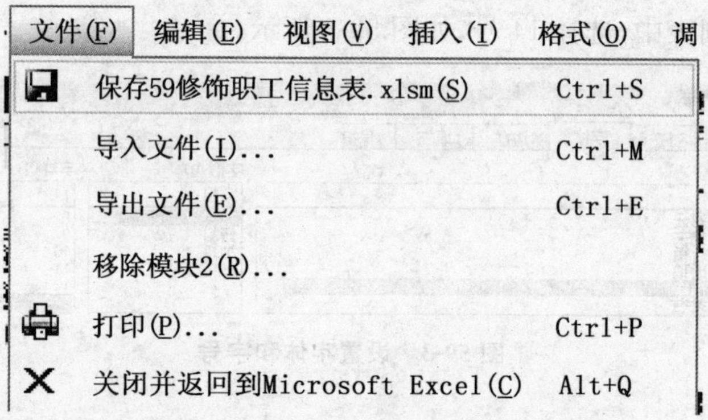

图 59-6　保存宏

保存完毕后，再单击“文件—关闭并返回到 Microsoft Excel”。

步骤 5：

选中 A1：H11 区域，单击“开发工具—(代码)”—宏”，弹出“宏”对话框。

在“宏”对话框中，选择“修饰数据”宏，单击“执行”按钮，如图 59-7 所示。

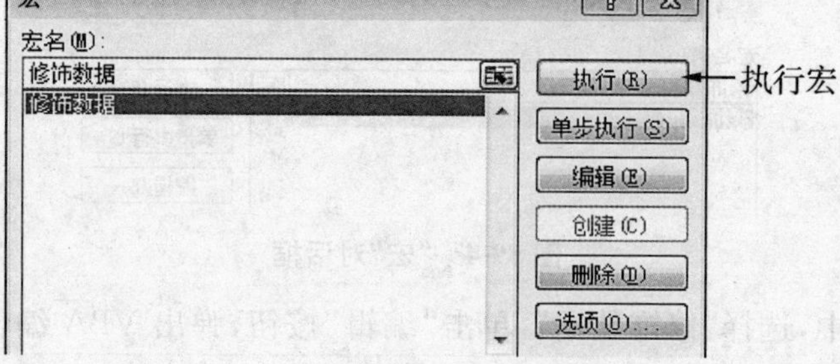

图 59-7　执行宏

过一会儿，宏命令执行完毕，所有选定区域改成统一格式，如图 59-8 所示。

序号	姓名	性别	出生日期	学历	工资	部门	联系方式
1	王家鹏	男	1980/6/20	本科	5830.50	营销部	13113154321.00
2	冯志杰	男	1982/3/13	硕士	4890.00	财务部	13113154322.00
3	吴青松	男	1979/9/14	本科	6835.80	总经办	13113154323.00
4	印玉洁	女	1980/11/11	专科	4350.10	营销部	13113154324.00
5	高俊	男	1983/2/10	博士	3490.30	财务部	13113154325.00
6	丁俊	男	1981/1/17	本科	3000.00	采购部	13113154326.00
7	张军玲	女	1980/12/4	硕士	6090.50	广告部	13113154327.00
8	赵星宇	男	1978/12/3	本科	2370.60	人事部	13113154328.00
9	贾旻茜	女	1983/5/2	硕士	4580.30	后勤部	13113154329.00
10	张嘉惠	女	1977/10/16	博士	8850.70	人事部	13113154330.00

图 59-8 执行宏后的数据格式

步骤 6：

以后往工作表中添加数据以后，再选中新增区域，单击“开发工具—(代码)—宏”，弹出“宏”对话框，单击对话框中的“修饰数据”宏，单击“执行”按扭，就可以将所有数据统一格式。

子任务 60 保护工作表

对于一个工作表，用户如果不想工作表被修改，可以对整个工作表或部分工作表进行保护，并加密。只有拥有密码的用户才可以修改，没有密码的用户只能查看内容。

注意

1. Excel 2010 有多重信息安全控制方法，如数字签名和 IRM(信息权限管理)。

2. 对工作簿而言，常用的有打开权限密码；对工作表而言，常用的是编辑权限，编辑权限中可以设置是否可以选中，即只可查看不能选中单元格。

对应文件“60 保护工作表”。

步骤 1：

单击工作表标签“保护工作表”。

步骤 2：

单击“开发工具—(代码)—录制宏”，弹出“录制新宏”对话框。在“录制新宏”对话框中的“宏名”文本框中，输入“保护工作表”，如图 60-1 所示。

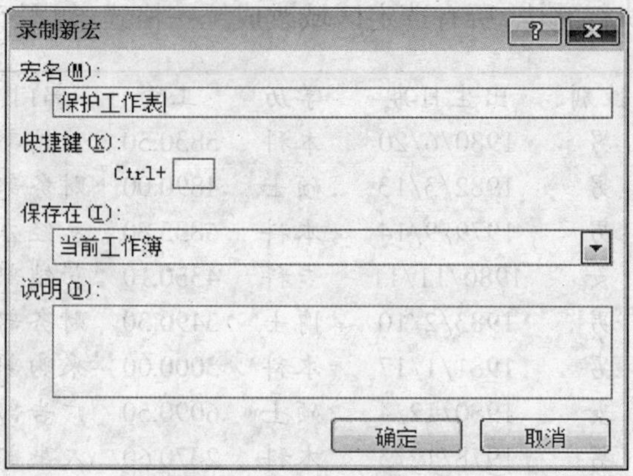

图 60-1 保护工作表宏

输入完毕后，单击“确定”按钮。

步骤 3:

单击“审阅—(更改)—保护工作表”，弹出“保护工作表”对话框。

在弹出的“保护工作表”对话框中，采用默认设置，在“取消工作表保护时使用的密码”文本框中输入密码：123456，如图 60-2 所示。

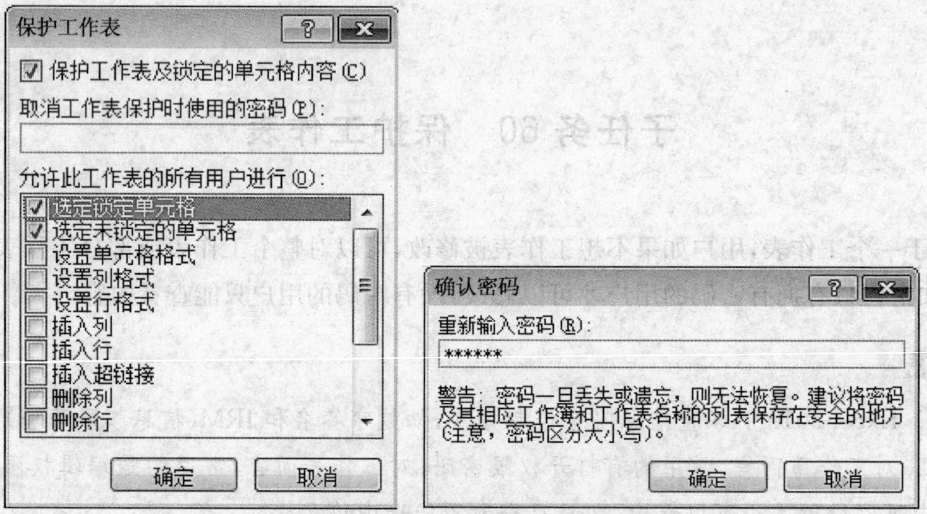

图 60-2 设置保护密码和确定密码

输入完毕后，单击“确定”按钮；软件要求再次确认密码，再输一次密码。

步骤 4:

单击“开发工具—(代码)—停止录制”。

步骤 5:

单击任意一单元格，如 A2，更改内容，弹出警告对话框，如图 60-3 所示。

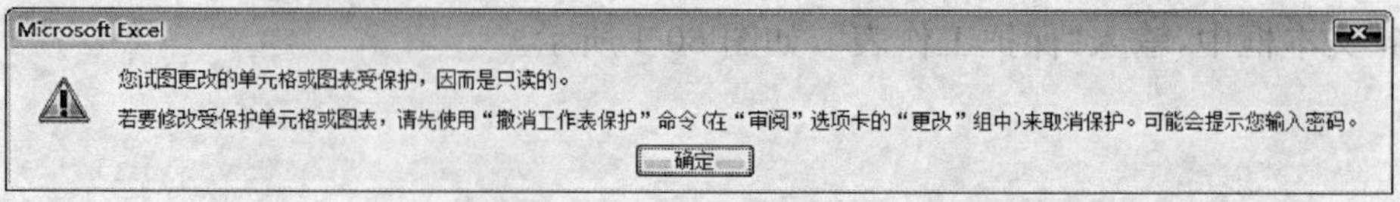

图 60-3 试图修改保护工作表的警告

步骤 6:

单击“开发工具—(代码)—宏”,弹出“宏”对话框,如图 60-4 所示。

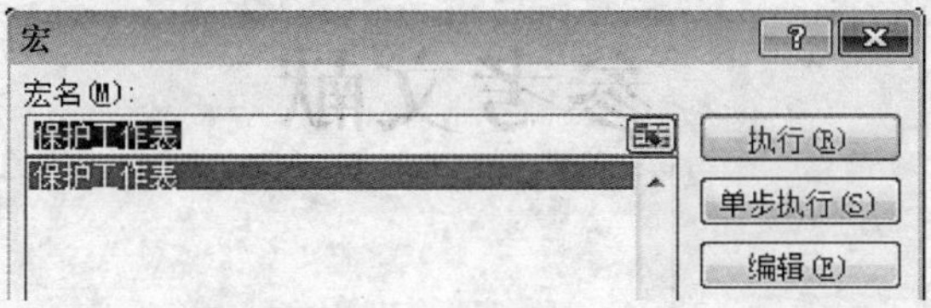

图 60-4 编辑宏

在“宏”对话框中,选择“保护工作表”,单击“编辑”按钮,弹出 VBA 编辑窗口,在窗口中编辑宏“保护工作表”。

将宏的内容改成:

```
Sub 保护工作表()
For Each one In Worksheets
One. Select
    ActiveSheet. Protect    Password:=123456,    DrawingObjects:=True,
Contents:=True, Scenarios:=True
    ActiveSheet. EnableSelection=xINoRestrictions
Next one
End Sub|
```

图 60-5 修改后的宏

单击保存快捷按钮 ,并退出 VBA 编辑窗口返回到 Excel 2010。

步骤 7:

单击“审阅—(更改)—撤消工作表保护”,弹出“撤消工作表保护”对话框。

在“撤消工作表保护”对话框的密码框中输入密码:123456。输入完毕后单击“确定”按钮,如图 60-6 所示。

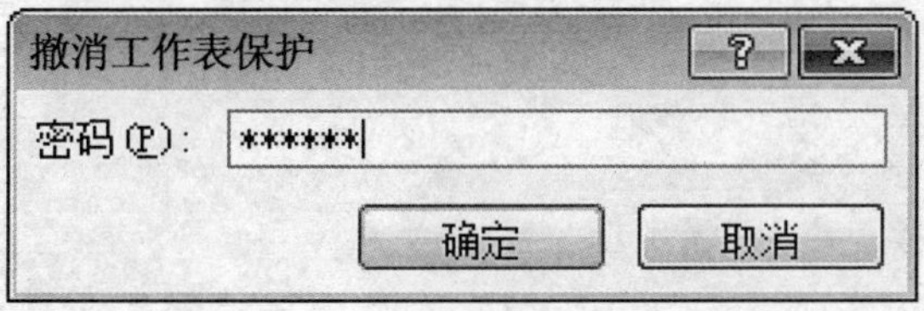

图 60-6

步骤 8:

选择 A2:B11 区域,单击“开发工具—(代码)—宏”,弹出“宏”对话框。

在“宏”对话框中,选择“保护工作表”宏,单击“执行”按钮。

执行完毕后,A2:B11 区域的内容被保护起来,不可以被编辑修改;如果要撤消保护,必须输入撤消密码 123456。

参考文献

1. Excel Home. Excel 2010 数据透视表应用大全[M]. 北京：人民邮电出版社，2013

2. Excel Home. Excel 2010 应用大全[M]. 北京：人民邮电出版社，2013

3. 汪薇，袁胜，朱秀娟. Excel 2010 高效办公实战 228 例[M]. 北京：中国青年出版社，2012

4. 庄君，黄国芬，王骞. Excel 财务管理与应用精彩 50 例[M]. 北京：电子工业出版社，2013

5. 赛贝尔资讯. Excel 在市场营销中的典型应用[M]. 北京：清华大学出版社，2008

6. 中文 Excel 门户网站论坛. http://club. excelhome. net/forum. php

7. 扬州工业职业技术学院精品课程网站. http://skyclass. ypi. edu. cn/sc8/